JÜRGEN SARNOWSKY

# Die Erkundung der Welt

JÜRGEN SARNOWSKY

# Die Erkundung der WELT

Die großen Entdeckungsreisen
von Marco Polo bis
Humboldt

C.H.BECK

Mit 20 Abbildungen und 5 Karten

2. Auflage. 2016
Originalausgabe

Satz: Fotosatz Amann, Memmingen
Druck und Bindung: CPI – Ebner & Spiegel, Ulm
Umschlagentwurf: Geviert – Grafik & Typografie, Christian Otto
Umschlagabbildungen: Vasco da Gamas Flaggschiff São Gabriel von 1497,
Darstellung aus dem Werk «Memorias das Armadas».
© Science Photo Library / akg-images; Weltkugel: © Shutterstock
ISBN 978 3 406 68150 9

*www.chbeck.de*

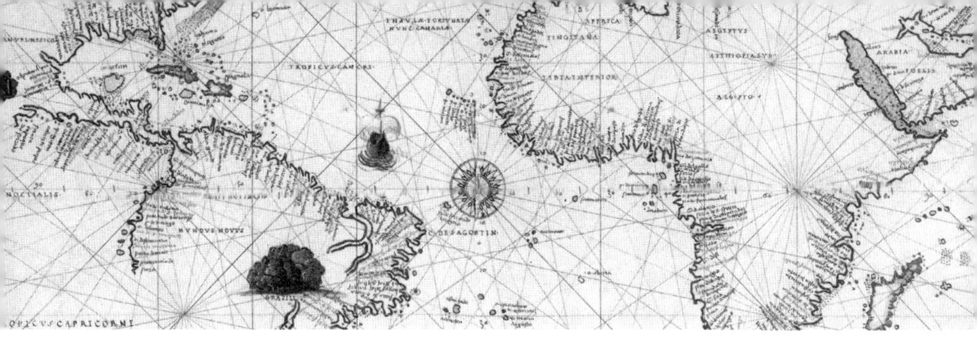

# INHALT

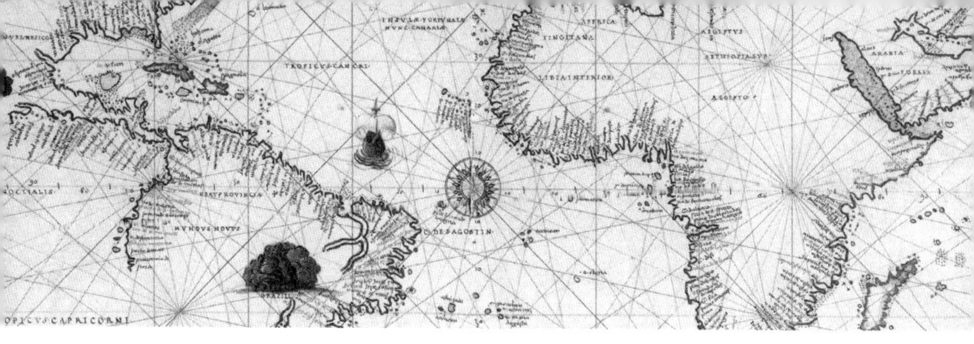

# EINLEITUNG

## Reisen und berichten

Reisende hat es in der Geschichte schon immer gegeben; die Sesshaftigkeit der Menschen ist historisch gesehen eher ein späteres Phänomen. Schon die Sicherung des Überlebens zwang die Menschen oft zum Reisen, entweder weil sie in ihren Siedlungen nicht mehr hinreichend Nahrung fanden oder weil der Kontakt mit anderen menschlichen Gemeinschaften Vorteile materieller oder immaterieller Art versprach. Neben Handel und Austausch traten im Laufe der Zeit auch verschiedene Formen von Gesellschafts- und Herrschaftsbildung, die gewaltsam oder auf friedlichem Wege verlaufen konnten. Wenn man von «Entdeckungsreisen» spricht, ist mindestens im Raum der drei alten Kontinente Afrika, Asien und Europa davon auszugehen, dass vieles schon irgendwie bekannt war und nur selten völlig neue Pfade beschritten wurden. Vielmehr waren die «Entdecker» diejenigen, die als Erste schriftliche Zeugnisse über ihre Reisen hinterließen bzw. deren Reisen heute noch durch andere bekannt sind. Beides lässt sich meist darauf zurückführen, dass sie bewusst bestimmte Ziele ansteuerten, um darüber Näheres zu erfahren oder politisch-wirtschaftliche Vorgaben jener zu erfüllen, die die Reisen finanziert hatten.

Die Entdeckungsreisen haben immer wieder das Interesse der Forschung gefunden, aber selten in einer zusammenfassenden, strukturierten Darstellung und mit der Konzentration auf einzelne Reisende. Zudem standen die Reisen der Moderne im Vordergrund, die leichter erschließbar und vertrauter sind. Schwerpunkt dieser Darstellung sind deshalb die frühen europäischen Reisenden vom Spätmittelalter bis zum Beginn der Moderne, wobei die allerdings eine Auswahl getroffen werden musste. Obwohl ihre Reisen auch im Kontext ihrer Zeit – und der weiteren Überlieferung – verstanden werden müssen, soll vor allem eine Quellengruppe herangezogen werden: die Reiseberichte.

Diese Fokussierung erlaubt einen Zugang, der so bisher noch nicht gewählt wurde. Es geht weniger um die «technischen» Aspekte der Reise wie Finanzierung, Ausrüstung, Reisewege, Verkehrsmittel als vielmehr um die Wahrnehmung der anderen Welten, die sich kontinuierlich wandelte, auch abhängig von den Voraussetzungen und Vorstellungen, die die Reisenden mitbrachten, sowie von ihren Motiven und Zielen. Auf diese Weise sollen die Anfänge der Globalisierung vor allem in vorstellungsgeschichtlicher Perspektive beleuchtet werden. Damit kann für einen zentralen Aspekt deutlich gemacht werden, wie sich Europa – trotz bleibender Vor- und Fehlurteile – im Laufe der Zeit geöffnet und fremden Kulturkreisen zugewandt hat.

Reiseberichte müssen aber als Quelle mit großer Vorsicht benutzt werden. Einen wesentlichen Aspekt demonstriert exemplarisch einer der zentralen spätmittelalterlichen «Reisebestseller», der noch heute in über 250 Handschriften, mehreren Übersetzungen und auch in frühen Drucken überliefert ist: der Bericht des Jean de Mandeville. Das Werk zerfällt in zwei Teile. Im ersten werden die Pilgerwege nach Jerusalem, die Heiligen Stätten sowie Kairo beschrieben, im zweiten folgen geografische Beschreibungen zu Reisen nach Afrika, in den Nahen Osten, nach Indien, China, Südostasien und in das fiktive Reich des Priesterkönigs Johannes. Gerade im zweiten Teil macht schon die Konzentration auf Wundergeschichten sowie fantastische und ungewöhnliche Elemente den literarischen Charakter des Berichts deutlich. Während allerdings der erste Teil noch auf eigener Erfahrung beruhen könnte, erweist sich der zweite als eine Kompilation aus Reiseberichten (Wilhelm von Boldensele, Ordorico de Pordenone ...), Enzyklopädien (Vinzenz von Beauvais, Petrus Comestor ...), Dichtungen und Historienwerken (Flavius Josephus, Jacques de Vitry, Albert von Aachen ...) und anderem mehr. Selbst die Autorschaft ist umstritten: Jean de Mandeville war ein 1322 auf dem Kontinent nachweisbarer Ritter aus St. Albans in England, doch nennt der Chronist Jean d'Outremeuse als möglichen Autor einen Arzt Jean de Bourgogne.

Der vermeintliche Weltreisende entpuppt sich also als ein gelehrter Mann, der eigene – oder vielleicht auch fremde – Reiseerfahrungen mit Hilfe umfangreicher Literatur zu einem literarischen Werk verdichtet hat. Das nimmt dem Bericht des Jean de Mandeville aber nicht seinen Wert als Quelle. Vielmehr macht er auch so die Vorstellungen seiner Zeit deutlich, die er zugleich mitprägte und beeinflusste. Interessant ist in diesem Zusammenhang, dass der Text unter anderem das durchaus gängige Weltbild einer Kugelgestalt der Erde weiterverbreitet und sogar auf die Rolle der Pole hinweist, auch wenn insbesondere im fiktiven Teil sagenhafte Reiche, Fabeltiere, Wunder und Monster im Zentrum der Darstellung stehen.

Dieser Befund lässt sich verallgemeinern. Keiner der Reisenden gab ungefiltert das wieder, was ihm unterwegs begegnet war. Sofern nicht zusätzliche Informationen aus älteren Vorlagen übernommen oder fremde Texte in die eigene Schrift integriert wurden – ein Plagiat im modernen Sinne kannten die meisten Zeitgenossen in früheren Jahrhunderten nicht –, war die Darstellung durch die eigene Herkunft und den Bildungsstand, durch Vorkenntnisse, Vorurteile und subjektive Wahrnehmungen geprägt. Sie vermittelt daher zunächst die Sicht der Herkunftsregion auf die fremden Länder und Kulturen, reflektiert aber immer auch

Entdeckerrouten
Grönland
Baffininsel
Island
Nordamerika
Neufund-
land
Atlantischer
Ozean
Plymouth
Neu Amsterdam
Lissab
Los P
Nant
Kanarische
Inseln
Kuba
Hispaniola
Kapverdischen
Inseln
Pazifischer
Ozean
San Salvador
Äquator
Südamerika
Polynesien
Tahiti
Rio de Janeiro
Atlantischer
Ozean
Magellanstraße
Kap Horn

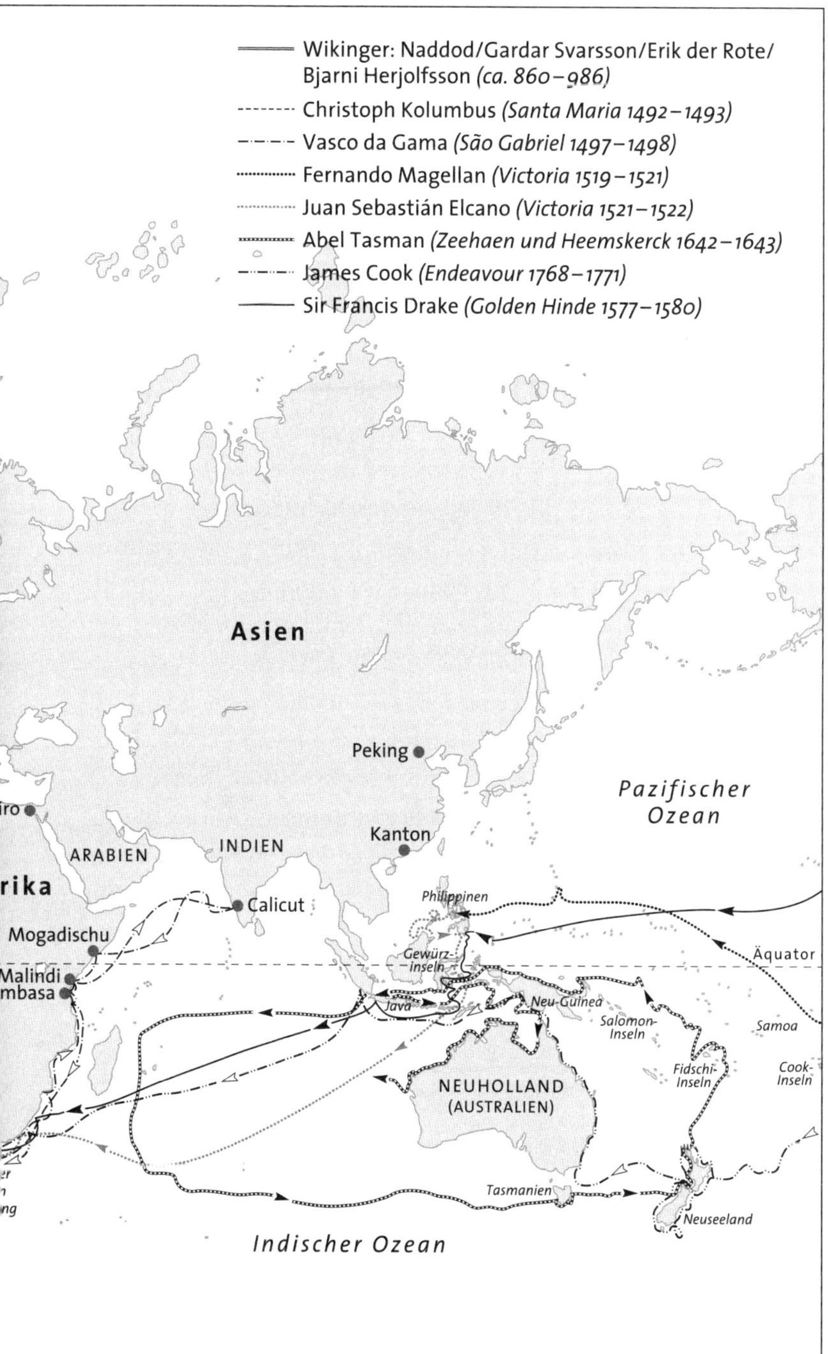

Wikinger: Naddod/Gardar Svarsson/Erik der Rote/
Bjarni Herjolfsson (ca. 860–986)
Christoph Kolumbus (Santa Maria 1492–1493)
Vasco da Gama (São Gabriel 1497–1498)
Fernando Magellan (Victoria 1519–1521)
Juan Sebastián Elcano (Victoria 1521–1522)
Abel Tasman (Zeehaen und Heemskerck 1642–1643)
James Cook (Endeavour 1768–1771)
Sir Francis Drake (Golden Hinde 1577–1580)
Asien
Peking
Pazifischer
Ozean
Kanton
ARABIEN
INDIEN
rika
Calicut
Philippinen
Mogadischu
Gewürz-
inseln
Äquator
Malindi
mbasa
Java
Neu-Guinea
Salomon-
Inseln
Samoa
Fidschi-
Inseln
Cook-
Inseln
NEUHOLLAND
(AUSTRALIEN)
Tasmanien
Neuseeland
Indischer Ozean

die neue Lebenswelt, die die Reisenden in sich aufnahmen. So bieten Reiseberichte auch «authentische» Informationen, die in den besuchten Ländern inzwischen verloren gingen und nicht mehr überliefert sind. Es bedarf daher eines kritischen Zugangs zu den Quellen, um die Vorstellungen der Autoren und ihrer Umwelt herauszuarbeiten und ihre Mitteilungen und Eindrücke einzuordnen.

Zweifellos waren im Laufe der Geschichte immer wieder Reisende aus verschiedenen Kulturen unterwegs, nicht nur Europäer. Dennoch waren es die Europäer, deren Erkundungsfahrten die weitreichendsten Folgen hatten – nicht zuletzt durch die militärische Eroberung und wirtschaftliche Kontrolle, die ihnen folgte, aber auch aufgrund der Rezeptionsgeschichte der Texte. Wenn auch immer wieder den Reisen anderer Völker Aufmerksamkeit geschenkt werden soll, so werden die von Europäern im Fokus des Buchs stehen. Dabei droht zwar die Gefahr einer eurozentrisch geprägten Darstellung, dies soll jedoch durch den vorstellungsgeschichtlichen Ansatz vermieden werden. Die Beschränkung auf die Epoche vom Spätmittelalter bis zum Beginn der Moderne, d. h. auf die Anfänge der europäischen Expansion, bietet einen zusätzlichen Fokus, da die überlieferten Reiseberichte einen relativ homogenen Charakter haben. Ungeachtet ihres literarischen Charakters gewinnen die Texte, so viel lässt sich schon vorab sagen, einen zunehmend wissenschaftlichen, geografisch-ethnologischen Anspruch, der aber erst mit Alexander von Humboldt seine Vollendung erreicht. Im Folgenden wird somit die Epoche bis zum frühen 19. Jahrhundert vorgestellt, ausgehend von den frühen Berichten jener Reisenden, die im 13. Jahrhundert das lateinische Europa verließen.

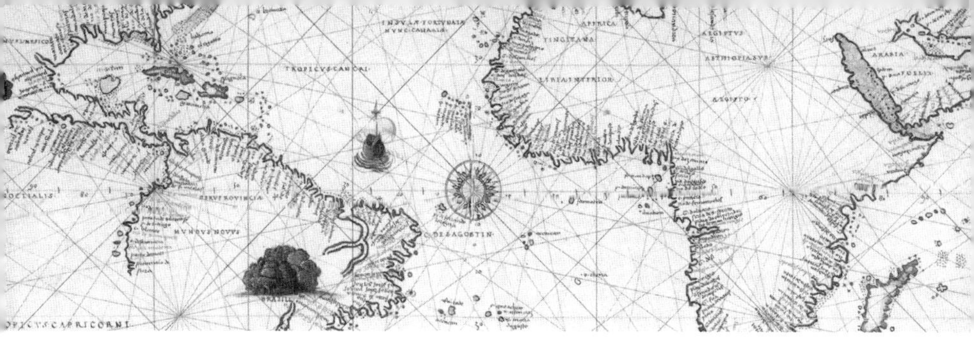


# — 1 — VERLOCKUNGEN

## Die Reichtümer und Wunder Asiens

### *Zwischen Frömmigkeit und Neugier: Die Jerusalempilger des späten Mittelalters*

Für ein Verständnis der frühen europäischen Entdeckungen ist es unverzichtbar, sich zunächst den Reisenden des späteren Mittelalters zuzuwenden. Das Mittelalter gilt im populären Verständnis als eine Epoche geringer Mobilität, allerdings zu Unrecht. Gerade im späteren Mittelalter waren relativ große Teile der Bevölkerung in der einen oder anderen Weise auf den Straßen und Wasserwegen der Zeit unterwegs. Bauern, Handwerker und Händler reisten zu den Märkten, um Naturalien und Produkte auszutauschen; Herrscher und Adlige zogen mit ihrem Gefolge von Ort zu Ort, um in ihrem Herrschaftsbereich präsent zu sein; Mitglieder geistlicher Orden, Magister und Scholaren waren zu anderen Konventen und Bildungseinrichtungen unterwegs, um innerhalb ihrer Gemeinschaften neue Aufgaben wahrzunehmen, ihr Wissen an andere zu vermitteln oder an anderer Stelle zu vertiefen und zu ergänzen; Diplomaten und Vertreter von Ständen und Städten reisten zu Verhandlungen und Versammlungen, um gemeinsame

Lösungen für politische und wirtschaftliche Fragen zu finden; und daneben gab es die Ärmsten, die als «wanderndes Volk» immer auf der Suche nach Lebensunterhalt waren.

Angehörige aller sozialen Schichten waren zudem unterwegs, um etwas für ihr Leben im Jenseits, für ihr Seelenheil, zu tun oder für vergangene Sünden Buße zu leisten. Die Ziele dieser Pilger waren sehr verschieden. Gerade regionale Pilgerziele besaßen – angesichts der hohen Kosten des Reisens – vielfach eine hohe Popularität, z. B. Canterbury in England und Wilsnack in Norddeutschland. Neben den mittleren Reisezielen wie Thann im Elsass gab es vor allem drei große Pilgerziele, *peregrinationes maiores*, nämlich Rom, Santiago de Compostela sowie Jerusalem, das Heilige Land und den Berg Sinai. Sucht man nach den Anfängen der Entdeckungsreisen, kommt zweifellos den Pilgern und ihren Berichten, ungeachtet ihrer ganz anderen Motivation, eine wichtige Rolle zu.

Gerade von den spätmittelalterlichen Jerusalempilgern haben sich zahlreiche Berichte erhalten, in deutscher, niederländischer und französischer, aber auch in italienischer, englischer und spanischer Sprache. Die Kosten und Mühen der Reise erlaubten es nur wenigen – meist reichen Bürgern, hochstehenden Geistlichen oder Adligen –, die Pilgerfahrt nach Jerusalem anzutreten. Sie waren von dieser Gruppe von Reisenden auch die Einzigen, die den europäischen Boden verließen und sich in einen anderen Kulturkreis, den islamischen, begaben. Dennoch haben ihre Berichte nur zum Teil persönlichen Charakter und geben eigene Beobachtungen wieder; vielmehr bauen sie häufig auf älteren Vorlagen auf und beschränken sich auf stereotype Urteile. Dem geistlichen Ziel der Reise entsprechend konzentrierten sich die Berichterstatter oftmals nur auf die Heiligen Stätten und die dort zu erlangenden Ablässe. Das fremde Land und seine Bewohner fanden kaum Berücksichtigung – oder nur als Hindernisse auf dem Weg zu einem möglichst hohen Gewinn für das eigene Seelenheil.

Dabei gab der meist stark reglementierte Ablauf dieser Pilgerreisen durchaus Gelegenheit zur Reflexion der eigenen Erlebnisse. Wenn man nicht, und das war die Ausnahme, von Venedig aus über Alexandria und den Sinai ins Heilige Land reiste, schloss man üblicherweise bei der Ankunft in Venedig einen Vertrag mit einem Patron, der die Details der Reise regelte. Über mögliche Zwischenstationen wie Rhodos und Zypern ging es nach Jaffa, wo die Pilgergruppe von Amtsträgern der Landesherren, der in Ägypten und Syrien herrschenden Mamluken, in Empfang genommen wurde. Vertreter dieser Kriegerkaste geleiteten die Pilger nach Jerusalem und zu den Heiligen Stätten. In Jerusalem selbst gab es seit 1336 einen Konvent der Franziskaner, die die Pilger aufnahmen und während ihres Aufenthalts kontrollierten, begleiteten und unterstützten. Im späteren 15. Jahrhundert erteilte der Guardian der Franziskaner dem ranghöchsten Pilger am Heiligen Grab den Ritterschlag, der diesen dann weitergab. Sofern sie nicht noch zum Katharinenkloster auf dem Sinai ziehen wollten, kehrten die Pilger danach nach Jaffa zurück und traten von dort die Rückreise nach Venedig an.

Es waren vor allem jene Pilger, die durch Ägypten, das Zentrum der Mamlukenherrschaft, anreisten, die häufiger zusätzliche Elemente in ihre Berichte integrierten. Zu den frühesten bekannten Reisenden nach dem Fall Akkons und dem Verlust der letzten Kreuzfahrerbesitzungen im Heiligen Land 1291 zählen zwei Deutsche, Wilhelm von Boldensele (wohl der bremische Stiftsministeriale Otto von Nigenhus) und Ludolph, Pfarrer des untergegangenen westfälischen Dorfes Sudheim, um 1330 bzw. zwischen 1336 und 1341. Wilhelm reiste zunächst über Konstantinopel, Kreta und Zypern nach Tyrus, dann über Akkon und Gaza nach Ägypten, um danach über den Sinai, das Heilige Land und Beirut nach Europa zurückzukehren. Ludolph folgte ihm in seinem Pilgerbericht teilweise wörtlich, doch ungeachtet seiner Abhängigkeit von Wilhelm finden sich bei ihm eigenständige Beobachtungen, die den besonderen Wert seiner Darstellung ausmachen.

Ein Beispiel dafür bieten die Berichte zu Alexandria und Akkon. Ersteres wird als «überaus schön und durch hohe Türme und nicht zu erobernde Mauern geschützt» beschrieben (Ludolph, *De Itinere*, S. 36), im Inneren als sehr sauber und durchweg weiß gestrichen, mit durch Röhren geführten Wasserleitungen. Neben dem christlichen Patriarchen hebt Ludolph die mit Mosaiken und Marmor wunderschön verzierte Kirche hervor, wo die Venezianer für tägliche Gottesdienste sorgten. Der – lange zurückliegende – Übergang Alexandrias aus christlicher in muslimische Hand wird emotionslos erwähnt. Dagegen beginnt Ludoph die Schilderung Akkons, der zweiten Hauptstadt des Königreiches Jerusalem während der Herrschaft der Kreuzfahrer, mit der Bemerkung, ihm sei zum Weinen zumute, denn «wer hat ein so steinernes Herz, dass ihn die Zerstörung und der Untergang einer solchen Stadt nicht bewegen würde?» (ebd, S. 39). Akkons vergangene Schönheit wirkt gegenüber Alexandria um ein Vielfaches gesteigert. Die Mauern der Häuser seien aus gleichmäßig geschnittenen Quadern erbaut gewesen, die Fenster mit Glas und Malereien verziert, die Straßen überaus sauber und zum Schutz gegen die Sonne von Tüchern überspannt, die zahlreichen Festungen der Adligen durch hohe Türme, feste Mauern und Türen aus Eisen geschützt. Die Stadt wurde nach der Eroberung 1291 gründlich zerstört und dem Verfall preisgegeben. Ludolph schaltet hier einen Bericht über die Eroberung ein, sieht aber die Hauptschuld bei den Christen selbst, zwischen denen Streit geherrscht habe.

Ludolph und andere Autoren waren somit zwar in ihrer Berichterstattung durchaus parteilich, doch teilweise wird eine gewisse Offenheit oder zumindest Neutralität gegenüber den Muslimen deutlich. Das setzte sich auch im 15. und frühen 16. Jahrhundert fort. Während der Dominikaner Felix Fabri, der 1480 und 1483/84 ins Heilige Land reiste und mehrere Berichte darüber verfasste, trotz aller individuellen Beobachtungsgabe und positiver persönlicher Eindrücke islamfeindlich blieb, öffneten sich andere Reisende wie der niederrheinische Adlige Arnold von Harff (1496–1498) stärker der fremden Umwelt. Dieser war über Alexandria vorgeblich als Kaufmann nach Ägypten eingereist und kaschiert in seinem Bericht offenbar einen längeren Aufenthalt in Kairo mit einer erfundenen Rundreise vom Sinai nach Indien, Madagaskar, Äthiopien und zu den Nilquellen, bei der er unter anderem – als Muslim gekleidet – im Zentrum des Islam, in Mekka, und in weiteren Moscheen gewesen sein will. Harff, der von seinen Reisen kleine Wörterbücher für den Alltagsgebrauch mitbrachte, etwa in Arabisch und Hebräisch, widmet in seinem Bericht Kairo größeren Raum als Jerusalem. Er hatte dort Kontakte zu den Mamluken, speziell zu zwei deutschstämmigen Konvertiten, einem Danziger und einem Baseler, die ihn offenbar mit islamischen Gebräuchen und Glaubensregeln vertraut machten. Trotz gewisser Vorurteile – etwa über die «Leichtgläubigkeit» der Muslime, die somit auch leicht zum Christentum bekehrt werden könnten – bleibt er anders als Fabri durchweg sachlich.

Diese wenigen Beispiele zeigen, dass schon die Fernreisenden unter den Pilgern des späteren Mittelalters nicht nur durch Frömmigkeit und den Wunsch nach Erlangung des Seelenheils angetrieben waren, sondern auch Abenteuerlust und Neugier auf fremde Welten eine Rolle spielten. Zwar blieben – selbst bei Arnold von Harff – die klassischen Pilgerziele, die dortigen heiligen Stätten und der zu erwerbende Ablass, zentral; sie sollten für die Leser und damit für mögliche spätere Pilger genauestens, nahezu dokumentarisch, beschrieben und festgehalten werden. Dennoch zeigen eingeschobene Elemente wie die Schilderung Alexandrias und Akkons bei Ludolph oder der fiktive Reiseteil bei Arnold, dass es auch um das Erzählen von Neuigkeiten und um Berichte über ferne Länder ging. Schon die Pilgerberichte trugen so zur Verbreitung von Kenntnissen über die Welt jenseits des lateinisch-christlichen Europa bei.

## *Kaufleute aus Venedig und Genua am Schwarzen Meer, in der Levante und im fernen Orient*

Die individuellen Wege der Händler, die im späteren Mittelalter ferne Länder aufsuchten, lassen sich weitaus schlechter erschließen als die der Pilger, da ihr Auftreten oft nur indirekt belegt werden kann. Eine besondere Rolle spielte der Mittelmeerraum mit seinen alten, intensiven kulturellen und wirtschaftlichen Beziehungen. Auf christlicher Seite gewannen seit dem 10. Jahrhundert die italienischen Küstenstädte zunehmend an Bedeutung, allen voran Pisa, Venedig und Genua. Sie beschränkten sich nicht nur auf den Austausch mit fremden Kaufleuten, sondern erwarben im südlichen und östlichen Mittelmeerraum und darüber hinaus feste Stützpunkte, die den Ausgangsort von Handelsreisen bildeten. Der Aufstieg der Seestädte wurde anfangs auch durch die Kreuzzüge begünstigt, die ihnen die Etablierung im Heiligen Land ermöglichten. So waren Pisaner und Genuesen schon am Ersten Kreuzzug beteiligt, während sich die Venezianer erst 1100 durch die Vernichtung einer pisanischen Flotte vor Rhodos in die Ereignisse einschalteten. Alle drei Städte kontrollierten in der Folge jeweils eigene Viertel in den Küstenstädten des Königreichs Jerusalem. Dazu kam ein wachsender Einfluss im durch zahlreiche Krisen geschwächten Byzantinischen Reich. 1182 wurden die Italiener zwar aus Konstantinopel vertrieben, konnten aber in den 1190er Jahren dorthin zurückkehren. Dramatische Veränderungen brachte dann der Vierte Kreuzzug, der 1204 mit der Eroberung Konstantinopels endete. Während sich Pisa nicht dauerhaft halten konnte, gelang Venedig der Aufbau eines eigenen Kolonialreichs.

Dies begann schon 1202 mit der Eroberung Zaras (heute Zadar). Bei der Errichtung des Lateinischen Kaiserreichs auf dem Boden von Byzanz nach 1204 sicherten sich die Venezianer wesentliche Stationen auf dem Seeweg nach Konstantinopel, die

Ionischen Inseln, die Stützpunkte Modon und Koron auf der Peloponnes, ein Herzogtum um die Insel Naxos, die Insel Euböa (Negroponte) und ein größeres Viertel in Konstantinopel. Dazu wurde zwischen 1207 und 1236 die Insel Kreta (Candia) erobert, die trotz bis 1299 mehrfach ausbrechender Aufstände gehalten werden konnte. Kreta wurde von Venedig aus besiedelt und einem straffen kolonialen Regiment unterworfen. Von Konstantinopel griffen die Venezianer ins Schwarze Meer aus. Schon seit 1204 finden sich venezianische Händler in Soldaia (heute Sudak) auf der Krim, um 1300 waren sie in Tana am Don (heute Asow) etabliert, dann seit 1319 auf der Basis von Verträgen im byzantinischen Nachfolgestaat in Trapezunt.

Venedig konnte so zwar die Genuesen nach 1204 zurückdrängen, diese gewannen aber durch die Erneuerung des Byzantinischen Reiches nach 1261 wieder an Boden. Genua erhielt in Pera, einem Stadtteil Konstantinopels, sein eigenes Viertel zurück und orientierte sich bald ebenfalls stark auf den Handel mit dem Schwarzmeerraum hin. Seit 1280 konnten sich die Genuesen in Kaffa auf der Krim (heute Feodossija) etablieren, das trotz gewisser Instabilität und mongolischer Angriffe gehalten wurde. Bei der genuesischen Expansion spielten häufig die führenden Familien der Stadt eine wesentliche Rolle. So gelang den Zaccaria 1267 der Erwerb eines Privilegs für den Abbau von Alaun im kleinasiatischen Phokäa; das 1304 erworbene und nach kurzzeitigem Verlust 1346 durch eine Gemeinschaft von Investoren (eine *Maona*) zurückeroberte Chios wurde später zusammen mit Phokäa durch die *Maona* der Giustiniani dominiert, und Lesbos und seine Nachbarinseln kamen nach 1355 unter die Herrschaft der Gattilusio.

Venezianer und Genuesen konkurrierten auch auf Zypern, das Richard I. von England erobert und 1192 dem ehemaligen König von Jerusalem, Guido von Lusignan, übergeben hatte. Zyperns Bedeutung wuchs mit dem Verlust Akkons 1291, so dass Venezianer und Genuesen immer wieder in Konflikt gerieten. 1372 kam es zur Vertreibung der Genuesen, die aber bald darauf mit Hilfe der

*Maona* von Famagusta nach Zypern zurückkehrten und die Insel trotz fortbestehender Herrschaft der Lusignan zu einem genuesischen Protektorat machten. Erst ein längerer Thronstreit brachte 1464 die Wende: durch die Eheschließung Jakobs II. mit der Venezianerin Katharina Cornaro, die ihm 1474 auf dem Thron folgte. Zypern gelangte unter venezianische Kontrolle und wurde 1489 sogar unter direkte Herrschaft genommen.

Während des 13. und 14. Jahrhunderts dehnten die italienischen Kaufleute ihre Fahrten sowohl nach dem Westen als auch nach Süden und Osten kontinuierlich aus. So fuhren die Genuesen spätestens seit den 1270er Jahren durch die Straße von Gibraltar in den Atlantik hinaus, und seit 1317 verkehrten jährlich venezianische Galeeren nach Flandern. Venedig organisierte im 14. Jahrhundert jährlich Staatskonvois nach Konstantinopel, Beirut und Alexandria. Gerade Alexandria ermöglichte über das Rote Meer den Zugang zum Handel im Indischen Ozean und mit China. Erste Belege für den Austausch mit den ferneren Regionen sind die Nachweise chinesischer Seide in Genua seit 1255; 1264 setzte der Venezianer Pietro Villoni sein Testament in Täbris auf, und schon vor 1300 lassen sich genuesische Schiffe auf dem Kaspischen Meer nachweisen.

Insbesondere die Genuesen profitierten vom Aufstieg des mongolischen Reichs der Ilkhane, begründet durch Hülegü (1256–1265). Während der lateinische Westen an Bündnispartnern gegen die Muslime interessiert war, suchten die Ilkhane ihrerseits Unterstützung gegen die Mamluken. Ilkhan Arghun schickte 1285 und 1287 zwei Gesandtschaften unter der Leitung von Christen, zunächst von Isa, dann von Rabban Sauma, zum Papst und zu westlichen Herrschern. Die Vielfalt der Beziehungen zwischen den Regionen der Alten Welt spiegelt sich in Rabban Sauma: einem türkischstämmigen, in Peking geborenen nestorianischen Christen, der von Papst Nikolaus IV. in Ehren aufgenommen wurde – geschildert in seinem in persischer Sprache überlieferten Reisebericht. Er verbrachte den Winter 1287/88 in Genua, bei Tomasso de Anfussis. Dieser hatte die erste Gesandtschaft Arghuns begleitet, war also offenbar zuvor selbst am Hof des Ilkhans gewesen.

Ein anderer Genuese, Buscarel de Giuzulfis, brachte im Sommer 1289 Briefe Arghuns zum Papst, zum französischen König Philipp IV. und zu Eduard I. von England. Seine engen persönlichen Beziehungen zum Ilkhan werden auch daran deutlich, dass Buscarel seinen Sohn – nach dem Ilkhan – Argone nannte. Buscarel erschien schon Ende 1290 für eine weitere Mission Arghuns bei Eduard I. und reiste im Herbst 1291 mit dem englischen Gesandten Geoffrey of Langley nach Täbris. Die Zusammenarbeit der Ilkhane mit den Genuesen ging so weit, dass Arghun 1290 ein Kontingent von 900 Seeleuten in Dienst nahm, die den Auftrag hatten, zwei Galeeren zu bauen, mit denen sie den ägyptischen Handel auf dem Indischen Ozean stören sollten. Das Vorhaben scheiterte schließlich an einem antichristlichen Aufruhr gegen die Seeleute, die eine Moschee in Bagdad entweiht hatten, und an dem Aufkommen interner Streitigkeiten zwischen den stadtitalienischen Parteiungen der Guelfen und Ghibellinen, die sich, nachdem sie den Tigris hinabgesegelt waren, in Basra gegenseitig angriffen. Trotz allem blieb dieser Plan im Gedächtnis der Nachwelt. Kurz vor 1318 erwähnt der Dominikaner Guillaume Adam, der 1322 zum Erzbischof für das persische Sultāniyyah berufen wurde, ähnliche Pläne, mit drei bis vier Galeeren und 1200 Genuesen, und der arabische Seefahrer Ibn Majid geht ein Jahrhundert später davon aus, dass tatsächlich genuesische Schiffe auf dem Indischen Ozean unterwegs waren.

Genuesen und Venezianer nutzten ihre Stützpunkte auf der Krim zu Reisen in das Innere Asiens und nach Südasien. So drangen die Genuesen zum Kaspischen Meer und zum Uralsee vor und importierten die leichten Organdi-Tuche aus Urganch, südlich des Aralsees. 1315 machten sich zwei Genuesen, Percivalle Stancone und Benedetto Vivaldi, auf die Reise nach Indien, Benedetto starb dort vor 1322. Für diese Zeit bestätigt auch der Missionar Jourdain de Séverac die regelmäßige Präsenz europäischer

Der Grabstein der Catarina Vilioni (1342) in Yangzhou ist ein Beleg für die langfristige Präsenz italienischer Kaufleute in China. Ein chinesischer Künstler hat darauf das Martyrium der heiligen Katharina dargestellt.

Kaufleute an der südindischen Malabarküste. 1338 reiste zudem eine Gesellschaft von sechs venezianischen Kaufleuten, darunter drei Mitglieder der Familie der Loredano, von Urganch nach Delhi und machte trotz hoher Bestechungsgelder vor Ort und ungeachtet des Todes zweier Mitreisender hohe Profite. Venezianische Kaufleute gelangten, vielleicht auch infolge der Mission der Polo-Familie, spätestens seit dem Ausgang des 13. Jahrhunderts nach China. In den 1330er und 1340er Jahren findet sich dort unter anderem ein Franceschino Loredano, und die wohl von chinesischen Künstlern gestalteten Grabsteine der im Juni 1342 und im November 1344 in Yangzhou bestatteten Geschwister Catarina und Antonio Vilioni belegen die langfristige Präsenz ihrer Familie in China. Ihr Vater Domenico Viloni könnte ein Nachfahre des 1264 in Täbris belegten Pietro Villoni sein. Ungeachtet vieler Lücken in der Überlieferung wird erkennbar, dass es offenbar vielfach starke Familientraditionen gab.

Mit dem Zusammenbruch der mongolischen Herrschaft im Iran und dem Vordringen der Mamluken in das südliche Kleinasien seit 1337 verschlechterten sich die Rahmenbedingungen für den genuesischen und venezianischen Handel. So wurde 1339 ein Genuese in Almaliq, heute an der Grenze von China und Kasachstan gelegen, ermordet, und 1343 starben westliche Kaufleute auf der Krim. Die Genuesen gaben zwar ihre Niederlassung in Täbris nach 1344 auf, kehrten aber nach der Großen Pest nach Kaffa zurück und blieben dort bis 1475; die Familie der Giuzulfis konnte sich in Mantrega am Schwarzen Meer sogar bis 1482 halten. Auch die Venezianer blieben bis zum Fall des Kaiserreichs Trapezunt sowie von Tana auf der Krim an die Osmanen (1461/1471) im Schwarzen Meer aktiv.

Während die Venezianer den lukrativen Handel mit dem Mamlukenreich dominierten, führten die Probleme in der Levante zu einer stärkeren Orientierung der Genuesen nach Westen und Süden. Genuesen verfügten schon lange über intensive Handelsbeziehungen zum muslimischen Spanien und zu Nordafrika, seit dem 12. Jahrhundert zum Reich der Almohaden und später zum Königreich Granada. Sie vermittelten afrikanisches Gold, Alaun aus Kleinasien und chinesische Seide zwischen den Kontinenten und trugen wesentlich zur Ausbreitung des Zuckeranbaus vom östlichen Mittelmeer nach Sizilien und in die Algarve, später nach Madeira, auf die Kapverden und nach Guinea bei. Obwohl nur sehr wenig über die individuellen Wege und Erfahrungen der Kaufleute erkennbar wird, können sie nicht zuletzt aufgrund ihrer wirtschaftlichen Motivation und ihres steten weiteren Vordringens als Vorläufer der Entdeckungsreisenden gelten.

### *Nicht nur Marco Polo: Missionare und Gesandte bei Mongolen und Indern*

Das am Anfang des 13. Jahrhunderts entstandene Mongolenreich und seine zentralasiatischen Nachfolgestaaten stellten für das lateinische Europa eine doppelte Herausforderung dar. Zum einen bildete es eine konkrete Bedrohung, wie die verheerenden mongolischen Angriffe auf Ungarn und Polen 1241/42 zeigten. In ihrem Gefolge entstanden negative Stereotype, die Mongolen als grausam, ohne Recht, Gesetz und Religion, als Monster und Menschenfresser sahen und mit den christlichen Endzeitvölkern Gog und Magog sowie der antiken Unterwelt, dem Tartaros, verbanden. Zum anderen aber hoffte man, in den «Tartaren», den Mongolen, Bündnispartner gegen die Muslime zu finden, um nach dem Verlust Jerusalems 1244 die letzten christlichen Positionen im Heiligen Land besser verteidigen zu können. Papst Innozenz IV. versuchte deshalb 1245 eine Kontaktaufnahme, indem er zugleich mehrere Gesandtschaften zu den Herrschaftszentren der Mongolen auf den Weg brachte. An ihrer Spitze standen Brüder der Bettelorden, Dominikaner und Franziskaner, die sich aufgrund ihrer Bildung und strengen Lebensführung besonders gut für solche Missionen eigneten.

Die erste Begegnung mit den Mongolen ergab sich bereits durch den Plan der ungarischen Dominikaner, die noch in der ungarischen Urheimat lebenden «Großungarn» und benachbarte Völker zum Christentum zu bekehren. 1234/35 gelangten «Frater Julianus» und seine Begleiter nach einigen Mühen tatsächlich an ihr Ziel, erreichten aber trotz guter Verständigung mit den Großungarn wenig. Da sie von einem mongolischen Gesandten erfuhren, dass das nicht weit entfernt stehende mongolische Heer eine Invasion vorbereite, reisten sie so schnell wie möglich zurück. Julian begab sich Ende 1236 an die Kurie, um schon im Frühjahr 1237 mit einem neuen Auftrag wieder nach Osten aufzubrechen.

Inzwischen hatten allerdings die Mongolen die Großungarn und die benachbarten Völker unterworfen, auch die russischen Fürstentümer waren bedroht, so dass Julian wieder umkehrte. Sein in Eile verfasster Bericht schildert die legendären Ursprünge der Mongolen, gibt aber auch ein wirklichkeitsnahes Bild der mongolischen Eroberungen im Wolgagebiet und in Russland. So würden nach der Eroberung alle Fürsten und Adligen der unterworfenen Völker ermordet, «von denen man annehmen könnte, daß sie einmal Widerstand leisten würden» (Der Mongolensturm, S. 106), und die Krieger und kampftüchtigen Bauern würden zum Dienst im mongolischen Heer gezwungen. Den zur Bestellung der Felder zurückbleibenden Bauern aber mache man die «Auflage, sich künftig als Tataren zu bezeichnen» (ebd.).

Auch auf der Grundlage des Berichts eines Russen mit Namen Peter, der im Juni 1245 auf dem Konzil zu Lyon zu den Mongolen befragt wurde, entschied sich dann Innozenz IV. für die Entsendung seiner Missionen. Die erste wurde von dem italienischen Franziskaner Giovanni di Pian del Carpine geleitet, der Ostern 1245 mit zwei Briefen Innozenz' IV. an den Großkhan und die Mongolen sowie dem Auftrag abreiste, Näheres über die mongolische Herrschaft zu erkunden. Über Breslau, Kiew und die China mit dem Westen verbindende kontinentale Seidenstraße erreichte er ein Lager, das für die Erhebung des neuen Großkhans Güyük errichtet worden war. Bei dieser von zahlreichen Fürsten und Gesandten besuchten Zeremonie war Giovanni bereits anwesend. Er schildert sie eindrucksvoll, erhielt allerdings erst nach drei Monaten eine Audienz. Zuvor musste er sich unter anderem einer Prüfung wie dem Durchschreiten zweier Feuer stellen und wohl auch einem Abbild des ersten Großkhans, Dschingis Khan, seine Referenz erweisen.

Die Hoffnungen auf eine Allianz gegen die Muslime oder gar eine Bekehrung zum Christentum zerschlugen sich, da der Großkhan die Eroberungspolitik seiner Vorgänger fortsetzen wollte. So kehrte Giovanni im August 1247 mit Briefen Güyüks nach Lyon

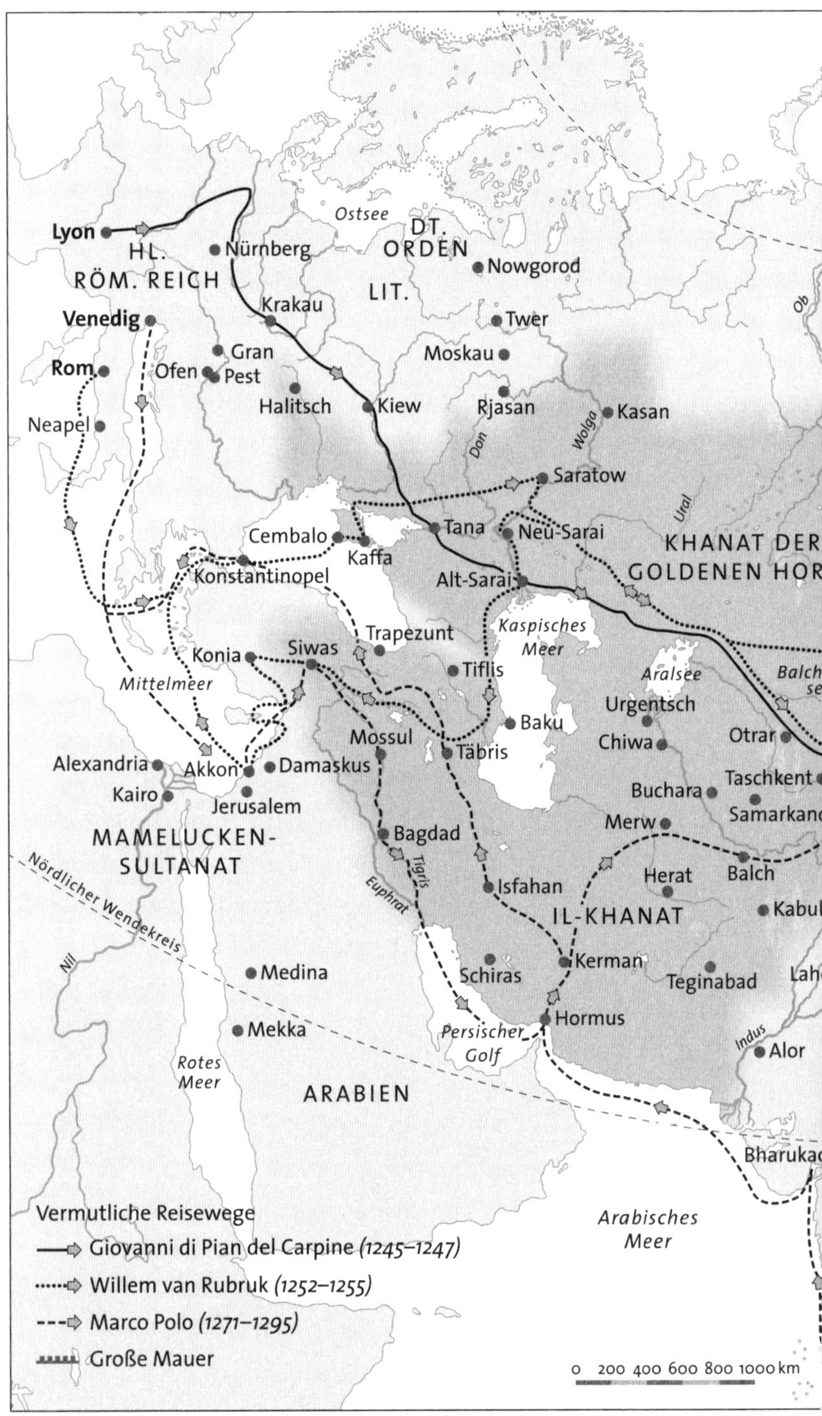

Ostsee
DT. ORDEN
Lyon
HL. RÖM. REICH
Nürnberg
Nowgorod
LIT.
Venedig
Krakau
Twer
Moskau
Gran
Rom
Ofen
Pest
Halitsch
Kiew
Rjasan
Kasan
Neapel
Don
Wolga
Saratow
Ural
Ob
Tana
Neu-Sarai
Cembalo
Kaffa
KHANAT DER GOLDENEN HOR
Konstantinopel
Alt-Sarai
Kaspisches Meer
Trapezunt
Siwas
Konia
Tiflis
Aralsee
Balch se
Mittelmeer
Urgentsch
Baku
Mossul
Chiwa
Otrar
Täbris
Alexandria
Akkon
Damaskus
Taschkent
Kairo
Buchara
Jerusalem
Samarkand
Merw
MAMELUCKEN-SULTANAT
Bagdad
Balch
Herat
Tigris
Nördlicher Wendekreis
Euphrat
Isfahan
Kabul
IL-KHANAT
Nil
Kerman
Medina
Schiras
Teginabad
Hormus
Mekka
Persischer Golf
Indus
Alor
Rotes Meer
ARABIEN
Bharukac
Arabisches Meer
Vermutliche Reisewege
Giovanni di Pian del Carpine (1245–1247)
Willem van Rubruk (1252–1255)
Marco Polo (1271–1295)
Große Mauer
0 200 400 600 800 1000 km

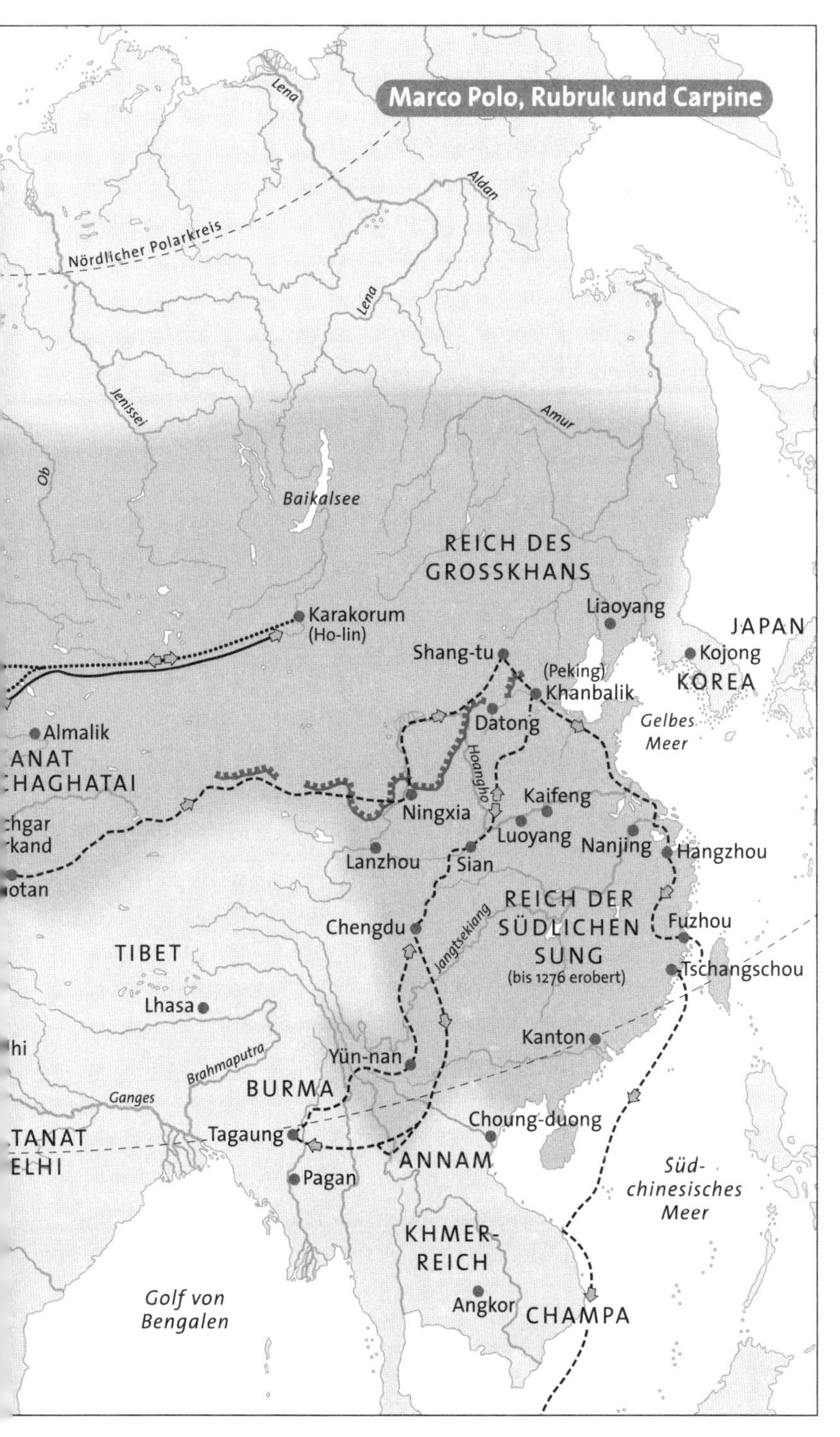

Marco Polo, Rubruk und Carpine
Lena
Aldan
Nördlicher Polarkreis
Lena
Jenissei
Amur
Ob
Baikalsee
REICH DES
GROSSKHANS
Liaoyang
JAPAN
Karakorum
(Ho-lin)
Shang-tu
Kojong
(Peking)
Khanbalik
KOREA
Datong
Gelbes
Meer
Almalik
ANAT
CHAGHATAI
Hoangho
Kaifeng
Ningxia
Luoyang
Nanjing
Hangzhou
Lanzhou
Sian
otan
REICH DER
SÜDLICHEN
SUNG
(bis 1276 erobert)
Chengdu
Jangtsekiang
Fuzhou
TIBET
Tschangschou
Lhasa
Kanton
Brahmaputra
Yün-nan
BURMA
Ganges
Choung-duong
TANAT
ELHI
Tagaung
ANNAM
Pagan
Süd-
chinesisches
Meer
KHMER-
REICH
Golf von
Bengalen
Angkor
CHAMPA

zurück, die Papst und Könige zur persönlichen Unterwerfung vor dem mongolischen Hofe aufforderten. Seine Eindrücke fasste er in der *Ystoria Mongolorum* zusammen, dem ersten eigenständigen europäischen Bericht über die Mongolen, der auch über das *Speculum historiale* des Vincenz von Beauvais weite Verbreitung erfuhr. Darin betont er, die Mongolen hätten von Dschingis Khan den Auftrag bekommen, die Welt zu unterwerfen, und planten deshalb eine Invasion Europas. Giovanni begegnete den Mongolen durchweg mit Misstrauen und Zurückhaltung. Den gängigen Vorurteilen entsprechend, beschrieb er sie als gewaltsam, jähzornig, durchtrieben und besitzgierig. Ihren Gewohnheiten und Tischsitten stand er ablehnend gegenüber.

Innozenz IV. entsandte danach auf anderen Wegen auch die Dominikaner Ascelino di Cremona, Simon de St. Quentin und André de Longjumeau. Ascelino und Simon erreichten den mongolischen Feldherrn Baiju in seinem Lager am Aras im heutigen Armenien, erfuhren aber angesichts ihrer Weigerung, Geschenke zu übergeben oder Baiju die üblichen Ehrungen zu erweisen, lange eine herabsetzende Behandlung. Schließlich gab man ihnen erneut einen Brief mit, der den Papst zur persönlichen Unterwerfung vor dem Großkhan aufforderte. André reiste dagegen mit einem päpstlichen Brief über Aleppo nach Täbris, wo er auf einen mongolischen Befehlshaber traf. Er blieb einige Zeit in Persien und begegnete dort zwei orientalischen Christen, David und Markus, die von den Mongolen zu Ludwig IX. entsandt worden waren. Sie erreichten den französischen König im Dezember 1248 auf Zypern, und André, der in Persien seine Sprachkenntnisse vertieft hatte, interpretierte die von David und Markus übermittelte Nachricht als Bündnisangebot der Mongolen gegen die muslimischen Machthaber in Syrien. Daraufhin wurde André nunmehr im Januar 1249 vom König von Frankreich mit Briefen Ludwigs und des päpstlichen Legaten sowie mit reichen Geschenken zum Großkhan geschickt. Allerdings war Güyük gerade verstorben, so dass die Gesandten – außer der Mitgabe von Geschenken durch Güyüks Witwe – wenig erreichten, zumal sie vor der Wahl des neuen Großkhans Möngke abreisten. André kehrte 1251 nach Palästina zurück, wo er König Ludwig Bericht erstattete.

Andrés Mission ist vor allem aus dem Bericht des nächsten Reisenden, des flämischen Franziskaners Willem van Rubruk, bekannt, der wohl 1248 Ludwig IX. ins Heilige Land gefolgt war und sich 1253 über Konstantinopel auf den Weg nach Zentralasien machte. Er führte zwar einen Brief des französischen Königs mit sich, sah sich aber eher als Missionar, der hoffte, führende Mongolen am Hof des Großkhans bekehren zu können. Bei seinen Gesprächen in Karakorum, dem Zentrum des Mongolenreichs, fand er sich dennoch bereit, die Antwort des Großkhans Möngke an Ludwig entgegenzunehmen, ließ sie übersetzen und übergab sie letztlich dem Empfänger. Anders als Giovanni di Pian del Carpine, der sich als päpstlicher Gesandter auf offizieller Mission befand, konnte Willem nur durch seine Persönlichkeit und Gelehrsamkeit wirken. Er war aber auch ein guter Beobachter, der nicht nur Tischsitten und Gelage am Hof kritisierte, sondern auch einen guten Eindruck von der mongolischen Welt gewann und zudem Informationen über China, dessen Sprache, Schrift, Papiergeld und Medizin, sammelte. Obwohl er in einer Disputation mit Nestorianern, Buddhisten und Muslimen die Lehren des römischen Christentums verteidigte, zeigte er sich dennoch an anderen religiösen Vorstellungen interessiert. Seine Erfahrungen legte er nach seiner Rückkehr 1255 in Akkon schriftlich nieder, berichtete aber auch 1257 persönlich in Paris. Sein Bericht zirkulierte in den gelehrten Kreisen, auch durch die Aufnahme in das *Opus maius* des englischen Franziskaners Roger Bacon, wurde aber weniger rezipiert als der Giovannis.

Die Ausweitung der Mongolenherrschaft nach China, formal abgeschlossen unter Kublai Khan, der sich 1271 zum Kaiser erheben ließ und so die Yuan-Dynastie begründete, eröffnete den christlichen Missionaren und Gesandten endgültig die Möglichkeit, auch in diesem Raum tätig zu werden. Die Ersten, die dies

Niccolò und Maffeo Polo in der Wüste zwischen Cherman und Cobinian (Iran). Illustration einer Pariser Handschrift des *Libro delle meraviglie del mondo* (Atelier des Boucicaut-Meisters, um 1412, Paris, Bibliothèque Nationale, Ms. fr. 2810, fol. 15 v)

nutzten, waren jedoch keine Missionare, sondern Kaufleute, die zu Gesandten wurden: die Mitglieder der Familie Polo. Die Venezianer Niccolò und Maffeo Polo reisten 1260 über Konstantinopel zur mongolischen Goldenen Horde im Wolgagebiet und hielten sich danach drei Jahre in Buchara auf, um schließlich selbst an den Hof Kubilai Khans zu gelangen. Dort wurden sie mit einer diplomatischen Mission zum Papst beauftragt, der sie jedoch bei ihrer Rückkehr um 1269 wegen einer Sedisvakanz nicht nachkommen konnten. Als sich Anfang 1271 immer noch keine Neuwahl abzeichnete, brachen sie erneut von Venedig aus auf, diesmal zusammen mit Niccolòs Sohn Marco. Die Polos hatten dabei vielleicht noch die Gelegenheit zur Kontaktaufnahme mit dem im

September 1271 gewählten Gregor X., der sich bei seiner Wahl als Legat im Heiligen Land aufhielt. Nach einer langen Reise über Persien, Afghanistan und die Wüste Gobi erreichten sie um 1275 Khanbalik (Peking), das sich Kubilai Khan als Residenz gewählt hatte. Marco Polo, sein Vater und sein Onkel blieben rund 17 Jahre am Hof des Kaisers. Sie kehrten erst 1291/95 mit einer mongolischen Gesandtschaft über den Seeweg, die «maritime Seidenstraße» durch die Straße von Malakka und um Südindien herum, nach Persien sowie von dort über Trapezunt und Konstantinopel nach Venedig zurück.

Bald nach seiner Rückkehr geriet Marco Polo im Krieg zwischen Venedig und Genua (1296–1299) in Gefangenschaft. Über die wohl berühmteste Asienreise des Mittelalters erfährt man nur aus dem Bericht, den er seinem Mitgefangenen, dem Pisaner Rustichello, gab und den dieser bearbeitete. Das im Französisch der Zeit verfasste, aber bald mehrfach übersetzte Werk mit dem Titel *Divisament dou monde* («Einteilung der Welt»), auch *Libro delle meraviglie del mondo* («Buch über die Wunder der Welt») oder *Il Milione* (nach dem Familienzweig Marcos) fand rasch weite Verbreitung. Die Reisen der Polos werden darin nur in der Einleitung knapp beschrieben. Marco, der sich durchgängig mit den herrschenden Mongolen, aber nicht mit den im mongolischen Klassensystem erst dritt- bzw. viertrangigen Chinesen identifiziert, berichtet vor allem von den Erfolgen der Mongolenherrschaft. Gerade von Kubilai Khan und seinem Hof wird ein besonders positives Bild gezeichnet. Dennoch beobachtete Marco vieles auch im Alltag, obwohl er es nicht immer richtig einordnen konnte. So spricht er kurz von der chinesischen Schrift und erwähnt die chinesischen Frauen, die mit zierlichen Schritten liefen, ohne dass er von der Verkrüppelung der Füße wusste. Volksreligiöse Praktiken nahm er wahr, ohne sich wesentlich für die buddhistischen oder konfuzianischen Lehren zu interessieren. Auch Berichte über Selbstmorde zur Wiederherstellung der eigenen Ehre vermag er nicht richtig einzuordnen. Bei den Chinesen lobt er deren vorbildliches Auftreten in der Öffentlichkeit, kritisiert aber ihre Scheu vor Konflikten und militärischen Auseinandersetzungen.

Trotz mancher Lücken und einiger vielleicht auch auf Rustichello zurückgehender Missverständnisse entwickelte sich Marco Polos Bericht zur wichtigsten Grundlage abendländischen Wissens über China. Allerdings hatten bereits die vorhergehenden Missionen gezeigt, dass die Fortführung der Kontakte zu den Mongolen sinnvoll war. So beauftragte Papst Nikolaus IV. schon 1289, vor der Rückkehr der Polos, den Franziskaner Giovanni da Montecorvino, der in den 1280er Jahren als Missionar im Reich der Ilkhane gewirkt hatte, gemeinsam mit weiteren Bettelordensbrüdern zum Großkhan zu reisen und diesen für das Christentum zu gewinnen. Giovanni gelangte über Persien zunächst an die Malabarküste (in Südindien) und wirkte dort 13 Monate als Missionar. Von dort aus erreichte er um 1293 Khanbalik, wo er am Kaiserhof freundliche Aufnahme fand. Dennoch war ihm bei seiner eigentlichen Aufgabe kein Erfolg beschieden; weder Kubilai Khan noch seine Nachfolger ließen sich bekehren. Zudem wurde Giovanni von den Nestorianern bedrängt, die ihn – bis zum Eingreifen des Kaisers – am Hof diskreditieren und sogar ins Gefängnis bringen wollten.

Dennoch gelangen ihm bei der Missionierung erhebliche Erfolge. Auch mithilfe von europäischen Kaufleuten konnte er Grundstücke in der Nähe des kaiserlichen Palastes erwerben und zwei Kirchen errichten, später noch eine dritte. Den Chordienst leisteten 40 Jungen, die er im Alter von sieben bis elf Jahren gekauft und ausgebildet hatte. Giovannis Kenntnisse der mongolischen Sprache gingen so weit, dass er das Neue Testament und den Psalter übersetzen, in Mongolisch predigen und Messen lesen konnte. 1305/06 berichtete Giovanni von seinen Erfolgen an den Papst, verwies aber auf sein hohes Alter von 58 Jahren und bat um Hilfe, da ihm bisher nur der Franziskaner Arnold von Köln zur Seite stehe. Papst Clemens V. entsandte daraufhin weitere Gruppen von Franziskanern, die Giovanni zum ersten Erzbischof von Peking weihen und ihn bei der Gründung weiterer Suffraganbistümer unterstützen sollten. Es gelang die Errichtung eines Bistums im südchinesischen Quanzhou, für das mehrere Bischöfe bezeugt sind, unter anderem Andrea da Perugia, dessen Grabstein 1941 entdeckt wurde.

Giovannis Erfolge führten zu Missionen von Bettelordensbrüdern, die ähnlich wie er den Weg über Persien und Indien wählten und dabei längere Zeit in Indien verbrachten. So wurde zum Beispiel der Dominikaner Jourdain (oder Cathala de Séverac) nach China ausgesandt, aber 1321 in Bombay aufgehalten. Während vier ihn begleitende Franziskaner in Thana bei Bombay den Tod fanden, begann Jourdain dort, in Gujarat und später in Quilon an der Malabarküste mit der Mission. In zwei Briefen nach Persien berichtete er 1321 und 1323/24 über seine Erfolge; er spricht von 130 Taufen. 1328 reiste er in den Westen zurück, wurde in Avignon zum Bischof erhoben und erhielt 1329 Quilon als Sitz zugewiesen, das dem Erzbischof im persischen Sultāniyyah unterstellt wurde. 1330 kehrte er nach Indien zurück, um die Mission fortzusetzen. Er berichtete in seinen *Mirabilia* über Indiens Geografie, Sitten, Religion und Erzeugnisse. Dort findet sich auch die früheste klare Zuordnung des legendären, zuvor oft in Indien vermuteten christlichen Priesterkönigs Johannes zu Afrika.

Während dieser Bericht nur geringe Verbreitung fand, wurde der des Franziskaners Odorico de Pordenone weit rezipiert. Odorico brach um 1314/18 über Indien nach China auf, erreichte 1321 Thana bei Bombay, brachte von dort die Gebeine der vier Franziskaner zur angemessenen Bestattung nach Quanzhou und lebte schließlich bis 1329 in der Franziskanergemeinschaft, die sich in Khanbalik gebildet hatte. Obwohl er wie die anderen Missionare glaubte, die Großkhane würden die christliche Religion besonders bevorzugen – dabei war diesen nur an geistlicher Unterstützung durch möglichst viele verschiedene religiöse Gemeinschaften gelegen –, öffnet sich Odorico doch wesentlich weiter für die fremden Gesellschaften als Marco Polo und die anderen Reisenden. So berichtet er von Witwenverbrennungen in Indien, der Herstellung von Brot aus der Sagopalme, von der Klosterstadt Saskya und allerlei Gebräuchen in Tibet sowie vom Alltag der Chinesen, nicht zuletzt von der Tradition des Füßebindens bei den Mädchen. Nach seiner Rückkehr in den Westen ließ Odorico seinen Bericht auf Anordnung seiner Ordensoberen im Mai 1330 durch den Mitbruder Guglielmo da Solagna aufschreiben. Er plante zwar die Rückkehr nach China, starb aber nach schwerer Erkrankung bereits im Januar 1331 in Udine.

Der Tod des Giovanni da Montecorvino und das Fehlen geistlicher Betreuung für die katholischen Christen in Khanbalik führte 1338 zu einer Botschaft des Großkhans Toghan Timur (oder seiner Ratgeber) an Papst Benedikt XII. Dieser entsandte daraufhin eine 50-köpfige Delegation, von deren Reise ein Teilnehmer, der Franziskaner Giovanni de' Marignolli, in seiner im Auftrag Karls IV. entstandenen *Cronica Boemorum* knapp berichtet. Die Gruppe zog zum Schwarzen Meer und durch die Wüste Gobi und erreichte tatsächlich trotz mehrerer Opfer unterwegs Khanbalik. Viel bewirkten die Männer dort jedoch nicht. Giovanni reiste nach dreijährigem Aufenthalt über den Seeweg zurück und kam 1348 nach Quilon, wo er noch auf Mitglieder der Gemeinde Jourdains traf und 16 Monate blieb. Sein weiterer Rückweg lässt sich nur schwer erschließen, doch gelangte er wohl über Madras (mit dem Grab des Apostels Thomas), Hormuz und Aleppo schließlich 1353 nach Avignon zurück, wo er Papst Innozenz VI. Bericht erstattete.

Im 15. Jahrhundert bestand die Präsenz katholischer Missionare in Asien fort, wenn auch zum Teil unter anderen Vorzeichen. Der italienische Dominikaner Giovanni war zunächst als Missionsbischof in Armenien tätig, bevor er 1398 zum Erzbischof von Sultāniyyah erhoben wurde. Im selben Jahr und dann wieder ab 1402 war er als Gesandter des Mongolenherrschers Timur im Westen unterwegs, um erste Kontakte herzustellen. Er reiste nach

Italien, Frankreich, Spanien, England und Deutschland und erfuhr überall freundliche Aufnahme. Nach Timurs Tod (1405) blieb er im Westen, nahm 1409 am Konzil von Pisa teil und begab sich auf weitere Missionen. Zuletzt ist er in Lemberg (Lwiw) bezeugt, vermutlich auf dem Weg nach Khanbalik, um die Verwaltung des dortigen Erzbistums zu übernehmen. Neben einem Bericht über Timur hat er ein «Büchlein zur Beschreibung der Welt» (*Libellus de notitia orbis*) hinterlassen, das nicht nur die Literatur, sondern auch eigene Eindrücke aus Armenien und Persien verarbeitete.

Die Missionsreisen zeigen ein erhebliches Maß an Mobilität zwischen Europa und Asien, und die darüber verfassten Reiseberichte zeugen trotz der zum Teil nur sehr fragmentarischen Form, in der sie überliefert sind, und trotz mancher Übernahme aus älteren Vorlagen von einem recht breiten Strom an Informationen, der Europa erreichte. Noch kann man nicht von Entdeckungsreisen im eigentlichen Sinn sprechen, denn es ging nicht primär um fremde Länder, sondern um die Verbreitung des Christentums. Jedoch gewannen spätestens im 15. Jahrhundert nichtreligiöse Motive und Faktoren an Einfluss.

## *Abenteurer in Vorderasien, Indien und Südostasien*

Seit dem Ausgang des 14. Jahrhundert treten mit ihren Berichten einzelne Reisende stärker hervor, die sich nicht im religiösen Auftrag auf den Weg nach Asien machten oder machen mussten. Ein Beispiel für ihre oft abenteuerlichen Schicksale bietet der wohl aus einer bayerischen Adelsfamilie stammende Hans Schiltberger, der in jungen Jahren 1396 nach der Niederlage des Kreuzfahrerheers bei Nikopolis an der Donau in die Gefangenschaft der Osmanen geriet. Nachdem ein Fluchtversuch scheiterte, musste er für den

Sultan Bayezid I. an mehreren Feldzügen teilnehmen, die ihn unter anderem nach Ägypten führten. Auch bei der Niederlage Bayezids gegen die Mongolen unter Timur bei Ankara 1402 war er beteiligt und hatte wieder Glück im Unglück. Er kam in mongolische Gefangenschaft und wurde zuerst unter Timur, dann unter dessen Nachfolgern im Irak und in Aserbeidschan, schließlich durch zwei Khane im Machtbereich der Goldenen Horde als Kriegersklave eingesetzt. Nachdem er sich 1427 endlich befreit hatte, verfasste er ein «Reisebuch», das weite Verbreitung fand. Er übernahm zwar Teile seiner geografischen Schilderungen aus älteren Werken, nicht zuletzt aus Jean de Mandeville, und hatte nicht alles selbst gesehen, was er beschrieb, brachte aber viele eigene Beobachtungen ein. So berichtet er über von den Franziskanern bekehrte Christen in Zentralasien und deren Vaterunser in «tartarischer» Sprache (Hans Schiltbergers Reisebuch, S. 38), schildert die Grausamkeit der Kriege sowie der mongolischen Herrschaft in Südrussland und bestätigt mit seiner Darstellung Timurs als maßlos und grausam – besonders im Umgang mit seinen Gegnern – die Stereotype über die Mongolen.

Dennoch schien Timurs Aufstieg dem Westen die Möglichkeit zu eröffnen, einen neuen Bündnispartner gegen das Osmanische Reich zu gewinnen. Auch König Heinrich III. von Kastilien versuchte deshalb, nähere Informationen über die Entwicklungen zu erhalten. So kam es, dass kastilische Gesandte bei der Schlacht von Ankara anwesend waren. Sie wurden von Timur freundlich empfangen, und Timur schickte seinerseits eine Gesandtschaft mit reichen Geschenken für Heinrich in den Westen. Der kastilische König und seine Ratgeber wollten die so entstandene Beziehung festigen und mehr über Timurs Pläne erfahren. Daher entsandten sie im Frühjahr 1403 den königlichen Kammerherrn Ruy González de Clavijo, den Dominikaner Alfonso Paez de Santa Maria und weitere Begleiter, die rund drei Jahre unterwegs waren. Schon die Anreise von Cádiz über Trapezunt nach Samarkand zog sich über fast 15 Monate hin, bedingt durch einen längeren Aufenthalt in

Konstantinopel und weil die Gesandten den schnell vorrückenden Herrscher nicht mehr in Syrien oder Persien erreichen konnten. Die Rückreise gestaltete sich ähnlich, mit einem erzwungenen Aufenthalt von sechs Monaten in Täbris, dem wirtschaftlichen Zentrum Persiens.

Der von Clavijo und Paez verfasste Bericht enthält Informationen zur Geografie und zum Leben in den Städten, zur Wirtschaft der durchreisten Regionen sowie zur Geschichte Timurs und seiner Horde. Auch dabei werden wiederum Stereotype bestätigt, etwa durch die Schilderung endloser Gelage der Mongolen, die niemand nüchtern verlassen durfte – besonders schwierig für Clavijo, der Alkoholgenuss strikt ablehnte –, sowie durch den Bericht über die Grausamkeiten Timurs wie die berüchtigten Pyramiden mit den Schädeln seiner Gegner. Zugleich finden sich aber viele genaue und interessante Beobachtungen. Neben der Pracht an Timurs Hof bewunderten die Gesandten imposante Bauten wie die Moschee und den Palast in Timurs Geburtsstadt Kesch (Shahrisabz im heutigen Usbekistan) sowie die Bauwerke in der Residenz Samarkand. Sie nahmen aber auch dynastische Wirren wahr, wurden durch eine schwere Krankheit Timurs im November 1404 zur Abreise gezwungen und nach seinem Tod durch die Konflikte zwischen den zahlreichen Erben in Täbris festgehalten. Die politische Landschaft in Vorderasien war im Umbruch, und im Zuge der Veränderungen wurden die Kontakte und der Handel schwieriger.

Dennoch dürften insbesondere italienische Kaufleute immer wieder direkte Kontakte mit Asien gesucht haben, wie sie schon im 13. und 14. Jahrhundert bestanden. Neben den vielen, von denen sich keine oder nur wenige Zeugnisse erhalten haben, ist ein venezianischer Kaufmann zu erwähnen: Niccolò de' Conti, der nach eigenen Angaben rund 25 Jahre im Vorderen Orient und in Indien war. Da er unterwegs zu seiner Sicherheit und der seiner Familie – er hatte eine Inderin geheiratet – zum Islam konvertieren musste, suchte er nach seiner Rückkehr 1439 bei Papst

Eugen IV. die Absolution. Wohl bei dieser Gelegenheit kam der Kontakt zu dem Humanisten Poggio Bracciolini zustande, der Niccolòs Bericht in sein Werk über die Wechselhaftigkeit menschlicher Schicksale (*De varietate fortunae*) integrierte und dabei literarisch verarbeitete. Niccolò kam offenbar als junger Mann um 1414 wegen Geschäften zu seinem Vater nach Damaskus. Nachdem er sich mit dem orientalischen Handel vertraut gemacht und Arabisch gelernt hatte, brach er in der Absicht, sich direkt in den lukrativen Indienhandel einzuschalten, mit einer Karawane nach Bagdad auf und erreichte schließlich über den Euphrat und den Persischen Golf die südindische Malabarküste. Auch wenn der Bericht keine eindeutigen Schlüsse zulässt, zog es ihn offenbar von dort in noch entferntere Regionen. Er erkundete als erster bekannter Europäer das Hindukönigreich Vijayanagara im Inneren Südindiens, reiste auf dem Ganges und erreichte Java, vielleicht auch Borneo. Der eigentliche, im Wesentlichen chronologische Reisebericht wird durch eine Geografie Indiens ergänzt. Darin berichtet er nicht nur von den Erzeugnissen der verschiedenen Regionen, sondern auch von religiösen Gebräuchen – wie der Witwenverbrennung –, von den Geschlechterbeziehungen, von der Zeitrechnung und von Münzverhältnissen.

Zu den europäischen Händlern, die es nach Indien zog, gehörte auch der Russe Afanassi Nikitin, der 1466/68, ein Vierteljahrhundert nach der Rückkehr Contis, aus seiner Heimatstadt Twer aufbrach. Über Wolga und Kaspisches Meer gelangte er nach Persien, blieb dort rund ein Jahr, reiste dann aber über Hormuz nach Indien – in die muslimischen Dekkan-Sultanate nach Chaul und Golkonda – weiter. Nach drei Jahren in Indien kam er über Maskat, Trapezunt und die Krim 1472/74 nach Russland zurück, starb aber auf dem Heimweg nach Twer. Sein Bericht bietet unter anderem eigenständige Beobachtungen zu Hinduismus, Buddhismus und Islam, wobei sich Nikitin als streng russisch-orthodoxer Gläubiger auch während der Reise an die religiösen Feste seiner Kirche hielt.

Eine ganz andere Mischung von Motiven zeigt sich beim ersten wirklichen Abenteurer unter den spätmittelalterlichen Fernreisenden: Der aus Bologna stammende, vermutlich militärisch ausgebildete Ludovico de Varthema verließ Europa wohl 1502 auf einem Weg, den zumeist Kaufleute, aber auch Jerusalem-Pilger wählten, nämlich über Alexandria und Kairo nach Syrien. Dann aber nahm seine Reise eine ungewöhnliche Wendung. In Damaskus schloss er sich einer Gruppe von Mamluken an, Mitgliedern der herrschenden Militärelite, die muslimische Pilger auf der Hadsch nach Mekka und Medina begleiten sollten. Das setzt ein erhebliches Maß an Camouflage und zumindest eine erfolgreich vorgetäuschte Bekehrung voraus, auch wenn sich die Mamluken unter anderem aus zum Islam bekehrten Europäern rekrutierten. Auf diese Weise gelangte er jedenfalls nach einigen Abenteuern nach Mekka, das er als erster Europäer ausführlich und realistisch beschrieb.

Das war Varthema aber nicht genug, er fasste den Plan, auch nach Indien zu reisen. Er zog nach Aden weiter, geriet dort jedoch als mutmaßlicher christlicher Spion in Schwierigkeiten. Die Geschichte seiner Befreiung mithilfe der Sultanin gehört zweifellos zu seinen literarischen Erfindungen. Das setzt sich bei der Reiseroute fort: Varthema behauptet, zweimal nacheinander nach Indien gereist zu sein, zunächst über Somalia, dann, nach einer Rückkehr nach Maskat und Hormuz, über Persien. Unklar ist, warum er eine solche «Schleife» einbaut; vielleicht wollte er Ereignisse auf der Arabischen Halbinsel verschleiern, die ihm unangenehm waren. Persien hat er nie erreicht, das war in dem von ihm angegebenen Zeitraum nicht möglich. Vielmehr dürfte er 1504/05 in Diu angekommen sein, um dann über Goa zur Malabarküste mit Calicut und Cannanore weiterzuziehen. Persien nutzt er insbesondere, um einen Freund in seine Erzählung einzuführen, einen persischen Kaufmann, mit dem er angeblich immer weitere Ziele anstrebte. Dieser war Muslim, also erhielt Varthema auch während dieser Teile der Reise seine Tarnung aufrecht.

Von Südindien aus will Varthema dann nach Ceylon, Tenasserim im heutigen Burma, Pegu, Bengalen, Malakka, Java, Sumatra und selbst zu den Banda-Inseln und den Molukken gesegelt sein. Allerdings sind die von ihm genannten Zeiten wenig plausibel, denn seine Angaben lassen die Einflüsse der Monsunwinde völlig außer Acht. Manches ist aus antiker Literatur übernommen, etwa die Wander-Anekdote des Kannibalismus an alten Menschen auf Java, anderes wie eine angebliche Witwenverbrennung in Tenasserim passt nicht zur Lokalisierung. Auch wenn Varthema nicht über Südindien hinausgekommen sein sollte, bleibt seine Reise eindrucksvoll. Allerdings ließ sich Varthemas Tarnung offenbar nicht dauerhaft aufrechterhalten. In Cannanore entschloss er sich, zu den inzwischen massiv in Südindien präsenten Portugiesen zu fliehen. Dabei musste er zwei Italiener, die in Diensten des Königs von Cannanore standen und Geschütze bauen sollten, zurücklassen. Varthema nahm an der Seeschlacht von Cannanore teil, trat dann als Faktor, d. h. Leiter der Handelsniederlassung, in Cochin in portugiesische Dienste, empfing vom Vizekönig Francisco de Almeida den Ritterschlag und kehrte 1508 über Afrika nach Europa zurück. Zunächst berichtete er dem portugiesischen König und dem venezianischen Senat, legte dann aber 1510 seinen Reisebericht in italienischer Sprache im Druck vor. Mehrere Übersetzungen folgten und fanden weite Rezeption.

Mit Varthema ist ein neues Zeitalter erreicht: das der portugiesischen Expansion nach Indien und Südostasien. Die rasche und weite Verbreitung seines Berichts zeugt von einem regen Interesse an Entdeckungen. Hatten schon die Pilger- und Missionsberichte Aufmerksamkeit über das religiöse Moment hinaus gefunden, verstärkte sich dies im 15. Jahrhundert weiter. Kommerzielle und politische Aspekte gewannen an Bedeutung. Auch nutzte man die neuen Informationsquellen, um die überlieferten geografischen Kenntnisse zu ergänzen oder zu korrigieren. Dazu kamen jetzt vor allem im Südwesten Europas systematische Versuche, neue Wege nach Asien und neue Regionen zu erkunden.

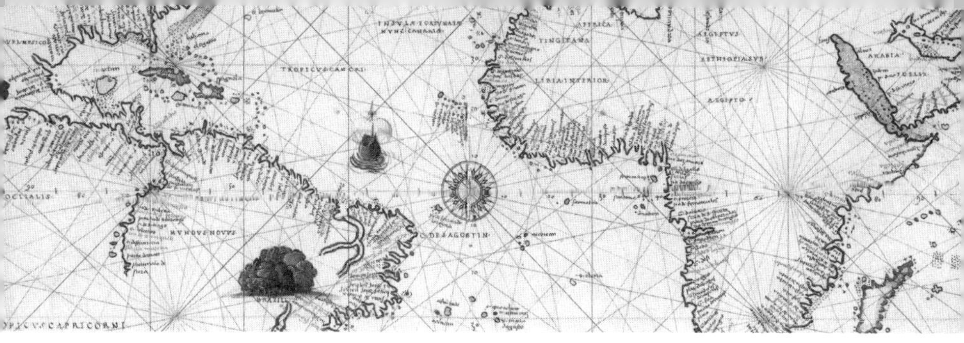

# — 2 —
# GEHEIMNISSE

## Die Küsten Afrikas

*Abenteurer suchen den «Goldfluss»*
*und den Weg um den Kontinent*

Die große wirtschaftliche und politische Bedeutung Asiens lässt meist die Rolle Afrikas bei den Entdeckungsreisen in den Hintergrund treten. Tatsächlich war die europäische Wahrnehmung Afrikas im Mittelalter sehr eingeschränkt. Die meisten Kenntnisse hatte man von den Küstenregionen Nordafrikas zwischen Marokko und dem Sinai, vor allem von Ägypten mit dem Nildelta. Man wusste von der Herkunft Augustins aus der Region um das antike Karthago sowie von dem geografisch nicht eindeutig bestimmten Land der *Aethiopes*, häufiger im Süden von Ägypten, manchmal auch in Asien lokalisiert. Dabei traten die christlichen Herrscher Äthiopiens seit dem 13. Jahrhundert langsam ins europäische Bewusstsein. Äthiopien fand schon seit 1245 Aufnahme in die päpstlichen Pläne für die Missionen in Asien. So ordnete Clemens IV. 1267 die Entsendung von Dominikanern nicht nur nach Indien, sondern auch nach Nubien und Äthiopien an, nachdem offenbar zuvor, zwischen 1260 und 1265, ein Dominikaner namens Vasinpace den Weg nach Äthiopien gefunden hatte.

Dennoch blieb das Wissen über das Innere Afrikas zumeist gering. Dies spiegelt sich auch in der Ausgestaltung der *mappae mundi* und der einfacheren T-O-Karten – mit kreisrunder Darstellung der Erde und T-förmiger Dreiteilung der Landmassen – bis ins spätere Mittelalter. In der um Jerusalem herum angelegten, zumeist geosteten Darstellung der drei bekannten Kontinente wird Afrika ein Viertel der bewohnten Welt zugewiesen. Nur die Grenzregionen an Mittelmeer und Nil wurden dabei relativ konkret ausgestaltet. Im Laufe des 14. und 15. Jahrhunderts wurde dann die Westküste Afrikas auf den Portolankarten, die vor allem die Küstenstädte verzeichnen und mit einem Liniennetz die Navigation erleichtern sollen, etwas genauer wiedergegeben. Ein Beispiel dafür ist der *Portolano Laurenziano* (Florenz, Biblioteca Laurenziana), dessen Datierung auf 1351 umstritten ist, der aber wohl doch dem 14. Jahrhundert angehört. Die Repräsentation Afrikas entspricht sehr grob dem tatsächlichen Bild des Kontinents, doch das ist eher zufällig. Nur der Norden bietet einige Genauigkeit, die auf detailliertere Kenntnisse schließen lässt. Südlich des Kap Bojador ist zudem die Mündung eines unbenannten Flusses eingezeichnet.

Der um 1375 auf Mallorca entstandene Katalanische Weltatlas von Abraham und Jehuda Cresques geht dann in der Darstellung Afrikas einen Schritt weiter. Die durch Elemente der *mappae mundi* ergänzte Portolankarte gibt nur den Norden Afrikas wieder, aber dies schon relativ genau. Sie zeigt ein langgezogenes Atlasgebirge, Zelte, Kamelreiter, ein Bild des Herrschers von Mali, Mansa Musa (gest. 1337), der als Symbol seines Reichtums einen Goldklumpen in der Hand trägt, sowie die symbolische Repräsentation des in den Atlantik mündenden «Goldflusses». Die Kenntnisse über das Innere Nordwestafrikas ergaben sich seit dem 12. Jahrhundert vor allem durch die Handelskontakte der Pisaner und Genuesen, die afrikanisches Gold nach Europa importierten. Die Präsenz von

Genuesen in Ceuta ist schon für 1183 belegt, als der spanisch-muslimische Geograf und Dichter Ibn Jubair auf seinem Weg nach Mekka auf einem genuesischen Schiff von Ceuta nach Alexandria reiste. Für 1253 wird eine genuesische Expedition nach Safi erwähnt, die vermutlich weitere Möglichkeiten zum Ankauf von Gold erkunden sollte, und für 1283 berichtet der mallorquinische Gelehrte Ramon Lull über eine Reise der Gesandten von Ceuta nach Sijilmassa am Rand der Sahara. Dieser Ort erscheint dann um 1310 ebenfalls auf der Karte von Giovanni da Carignano als Station auf der Transsahara-Route nach Tlemcen und 1375 auf dem Afrikateil des Katalanischen Weltatlasses, der wohl unter anderem auf dem berühmten Reisebericht Ibn Battutas aufbaut, eines Zeitgenossen von Mansa Musa.

Auch im um 1350 entstandenen *Libro del conoscimiento de todos los reynos y tierras y señorios que son por el mundo …* («Buch vom Wissen über alle Königreiche, Länder und Herrschaften, die es auf der Welt gibt …») wurden muslimische Quellen verwendet. Es ist das Werk eines unbekannten spanischen Franziskaners, das mit zahlreichen Abbildungen von Flaggen und Wappen illustriert ist und unter anderem mit knappen Angaben Wege durch die Sahara skizziert. So werden wiederum Sijilmassa, Tlemcen und Buda erwähnt; der Autor gibt vor, selbst zum Königreich Guinea und zum Goldfluss gereist zu sein, den er als westlichen Arm des Nils ansah. Selbst wenn seine Angaben vermutlich nicht auf eigenen Reisen beruhen und das Werk vielfach mit mythisch-fantastischen Elementen durchsetzt ist, spiegelt es doch konkrete Kenntnisse des Raums.

Von den europäischen Reisenden, die neue Wege suchten, wissen wir zumeist nichts oder nur sehr wenig. Das gilt zum Beispiel für Ugolino und Vadino Vivaldi, zwei Brüder aus Genua. Nach einem Eintrag der genuesischen Annalen des Jacopo Doria für das Jahr 1291 begaben sie sich im Mai mit zwei Franziskanern auf eine Reise, wie sie «bis jetzt niemand zu unternehmen gewagt hatte» (*Monumenta Germaniae Historica, Scriptores,* 18, 335). Sie hatten zusammen mit Thedisio Doria zwei Galeeren mit Lebensmitteln und anderen benötigten Gütern ausgerüstet, um durch die Straße von Gibraltar um Afrika herum nach Indien zu segeln und von dort Handelswaren zurück nach Genua zu bringen. Allerdings verlor sich die Spur der Brüder bereits südlich von *Gozora*, d. h. bei Kap Juby an der marokkanischen Küste. Vermutlich waren die Galeeren nicht für den rauen Atlantik geeignet und gingen verloren.

Eine Andeutung ihres Schicksals findet sich im «Buch vom Wissen über alle Königreiche», wo von Genuesen die Rede ist, deren Galeere im Machtbereich des Priesterkönigs Johannes Schiffbruch erlitt, während ein zweites Schiff dem entging, allerdings mit unbekanntem weiterem Schicksal. Ugolinos Sohn Sorleone, der in einem genuesischen Dokument von 1302 belegt ist, soll dann seinen Vater in der Hauptstadt Äthiopiens gesucht haben, in Magdasor. Dort habe ihm aber der Kaiser die Weiterreise verboten, «weil der Weg unsicher und die Straße gefährlich war» (*Libro del conoscimiento,* 68). Ein später, aber vielleicht erfundener Hinweis auf das Ende des Unternehmens findet sich schließlich 1455 im Brief des Antoniotto Usodimare an seine genuesischen Gläubiger; er will in Gambia einen Nachfahren der in Afrika gescheiterten Genuesen getroffen haben. Das sonst nicht näher zu erschließende Unternehmen der Vivaldis erscheint wie ein Vorgriff auf die Umrundung Afrikas und die Entdeckung des Seewegs nach Indien durch die Portugiesen, auch wenn es offenbar an der Unkenntnis der geografischen Voraussetzungen scheiterte. So erwartete man, auf dem Seeweg schnell zum Reich des Priesterkönigs Johannes zu gelangen. Die in den genuesischen Annalen genannten wirtschaftlichen Motive dürften auch mit der Hoffnung auf christliche Verbündete im Hinterland des Mamlukenreichs verbunden gewesen sein. Es ist vielleicht kein Zufall, dass die Reise zeitlich mit dem Fall Akkons und dem ersten päpstlichen Embargo gegen Ägypten zusammenfällt.

Ein weiteres Unternehmen ist im Wesentlichen nur auf Karten dokumentiert. So verzeichnet der Katalanische Weltatlas vor der marokkanischen Küste ein Schiff. Im beigefügten Text findet sich die Notiz, ein gewisser Jacme Ferer sei im August 1346 mit einem Lastschiff von Mallorca aus zum Goldfluss in Westafrika aufgebrochen. Der Goldfluss erscheint auf den Karten als ein nach Westen fließender Arm des Nils, der den Niger repräsentieren könnte und durch das in Europa als «Goldland» bekannte Mali verläuft – Jacme Ferer hoffte offenbar, am Goldhandel teilhaben zu können. Auch auf einer weiteren katalanischen Weltkarte, der des Mecia de Viladestes von 1413, erscheinen das Schiff und dieselbe Legende. Der Text kehrt schließlich Ende des 15. Jahrhunderts in einer Sammlung von Abschriften von Kartenlegenden wieder, mit dem Hinweis, dass «sie danach von dieser Galeasse niemals mehr irgendeine Nachricht hatten» (*Annali di Geografia e di Statistica,* 2, 1802, 290). Diese Karten und ihre Legenden veranlassten immer wieder andere, sich auf die Suche nach dem Goldfluss zu machen. Auch Jean de Béthencourt und Gadifer de la Salle, die Eroberer Fuerteventuras und Gran Canarias, setzten um 1400 auf Entdeckungen an der westafrikanischen Küste.

## *Erste europäische Stützpunkte im Atlantik*

Die Anfänge der europäischen Expansion im östlichen Atlantik sind untrennbar mit der Entdeckung und Eroberung der Inseln und Inselgruppen dieser Region verbunden. Eine besondere Rolle spielten dabei die Kanarischen Inseln. Sie rückten bei der Erkundung der Seewege als erste in den Blick der Entdecker, und ihre strategische Lage führte bald zu einer Konkurrenz zwischen Portugiesen, Aragonesen, Kastiliern und Franzosen um ihren Besitz. Zudem wurden bei ihrer Kolonisierung Methoden erprobt, die später auch in den anderen europäisch beherrschten Gebieten Anwendung fanden.

Es ist unklar, wann die europäischen Seefahrer erstmals wieder auf die schon in der Antike beschriebenen Kanaren gelangten.

Um 1337 erwähnt Petrarca «glückselige Inseln» im Westen, die schon zu Lebzeiten seiner Eltern bekannt gewesen seien. Vielleicht konnte auch der Genuese Lancelotto (Lanzarote) Malocello, der wohl 1336 in portugiesischen Diensten auf der später nach ihm benannten Insel Lanzarote sowie auf Fuerteventura landete, auf früheren Berichten aufbauen. Auf jeden Fall gab er damit den Anstoß für die besser belegte Mission eines weiteren Genuesen, Niccoloso da Recco, von 1341. Niccoloso, der vielleicht schon zu den Begleitern Lancelottos gezählt hatte, nahm an einer vom portugiesischen König Alfons IV. ausgerüsteten Expedition von Italienern, Kastiliern und Portugiesen teil, die auf drei Schiffen zu den Kanarischen Inseln reisten. Da einer der Kapitäne, Angelino de Tegghia de' Corbizzi, Florentiner war, beteiligten sich offenbar auch in Sevilla ansässige florentinische Kaufleute an diesem Unternehmen. Sie sandten einen ausführlichen Bericht darüber in ihre Heimatstadt, in dem sie neben den Beteiligten zunächst die von den Inseln mitgebrachten Waren – Ziegen- und Robbenfelle, Talg und Fischtran sowie seltene Hölzer und Färbemittel – beschrieben sowie eine Gruppe von vier Inselbewohnern, die nach Lissabon verschleppt wurden. Darauf folgen Angaben zur Entfernung und zur Lage, eine Beschreibung der Begegnungen mit der fremden Gesellschaft sowie der Lebensformen und Sitten der Bewohner.

So beobachteten die europäischen Reisenden auf Gran Canaria große Gruppen von meist unbekleideten Männern und Frauen, die den Anweisungen einer durch Kleidung hervorgehobenen Führungsschicht oder eines Fürsten folgten. Die Kontaktaufnahme scheiterte letztlich an den Europäern, die die «wohlklingende» und «fließende», angeblich dem Italienischen ähnliche Sprache der Einheimischen nicht verstanden und sich deshalb nicht vom Schiff trauten (Die mittelalterlichen Ursprünge der europäischen Expansion, Nr. 7, 49; Monumenta Henricina, 1, 203). Vielmehr wurden Indigene, die in die Nähe der Schiffe schwammen, abgewehrt oder sogar gefangen genommen. Bei einer Landung im

Norden der Insel stieß man aber auf eine Gegend mit reichem Anbau verschiedenster Früchte und Gemüse, auf solide errichtete Häuser sowie «ein Bethaus oder einen Tempel» (ebd., 50 bzw. 204). Darin stand die steinerne Statue eines nur mit einem Lendenschurz aus Palmzweigen bekleideten Mannes, der eine Kugel hielt; die Statue wurde auf eines der Schiffe geladen. Von den weiteren Inseln, die man sichtete, wird insbesondere Teneriffa mit dem in Wolken gehüllten Pico de Teide beschrieben. Der Bericht hebt die einfache Lebensweise der Einwohner hervor, bei denen es keine Reichtümer zu holen gebe, zeichnet aber ein fast modernes Bild edler Wilder, wenn es etwa heißt: «Treue und Redlichkeit gelten bei ihnen sehr viel. Keine Speise kann man einem von ihnen nämlich geben, ohne dass er, bevor er davon kostet, sie in gleiche Portionen aufteilt und den anderen ihren Anteil gibt» (ebd., 52 bzw. 206).

Dieser angeblich Boccaccio übermittelte Text spiegelt die Faszination, die die fremde Gesellschaft auf die europäischen Reisenden ausübte, aber auch die Enttäuschung darüber, kaum die Ausgaben für das Unternehmen durch Handelswaren wieder hereinbekommen zu haben. Dennoch blieben die im Bericht von 1341 als neu- oder wiederentdeckt beschriebenen Kanarischen Inseln auch weiterhin im Bewusstsein der lateinischen Christen, was nicht zuletzt in ihrer Verzeichnung auf Karten fassbar ist. Das erste bekannte Beispiel für die Darstellung von Inseln vor der afrikanischen Küste, insbesondere von Lanzarote, ist die Karte des Angelino Dulcert von 1339. Der Katalanische Atlas zeigt dann 1375 bereits die Inselgruppe vollständig, ebenso Madeira.

Es begann ein Wettstreit zwischen Portugal, Kastilien und Aragón um den Besitz der Inseln. Schon im April 1342 vergab König Jakob III. von Mallorca (das bis 1343 unabhängig war) vier Lizenzen für Forschungsreisen zu den «verlorenen» und wiedergefundenen Kanarischen Inseln. Wie eine spätere Auseinandersetzung um die Bezahlung eines Seemanns zeigt, fand mindestens eines dieser Unternehmen tatsächlich statt, auch wenn der Leiter, Pere

Margre, auf der Reise den Tod fand und das Ganze als Fehlschlag endete. Vermutlich waren die portugiesischen Fahrten auf Mallorca nicht bekannt. Mit der Besetzung und Inkorporation des Königreichs Mallorca durch Peter IV. von Aragón seit 1343 trat die Missionierung der Kanaren in den Vordergrund. Im Mai 1351 erließ Papst Clemens VI. eine Bulle für Joan Doria und Jaume Segarra. Sie sollten zusammen mit zwölf Katalanisch sprechenden, zum Christentum bekehrten Ureinwohnern der Kanaren, die man offenbar zuvor gefangen genommen hatte, die Mission beginnen. Das Ergebnis des Unternehmens war im November 1351 die Errichtung eines Bistums «Fortuna» (für die «glückseligen Inseln») in Telde auf Gran Canaria, das bis 1393 Bestand hatte. Zwischen 1352 und 1386 sind noch fünf weitere Missionsreisen belegt. Das königliche Interesse, sich auf den Kanaren dauerhaft zu etablieren, dokumentiert die Anweisung an den Kapitän Joan Mora von 1366, in der See um die Inselgruppe zu patrouillieren und zu verhindern, dass sich Schiffe anderer Nationen näherten.

Zu diesem Zeitpunkt waren jedoch schon andere Kräfte auf den Plan getreten. Im November 1344 hatte Clemens VI. dem Kastilier Luis de la Cerda, einem Nachfahren Alfons' IX. von Kastilien und Ludwigs IX. von Frankreich, und seinen Erben in einer feierlichen Zeremonie in Avignon die *insulae fortunatae* als ewige Lehen verliehen – gegen Mannschaft und Treueid sowie die Zahlung von 400 Gulden jährlich nach erfolgreichem Abschluss der Eroberung. Wie wenig dabei von den zeitgleichen Fahrten bekannt war, zeigt das merkwürdige Faktum, dass man die Inseln in der Urkunde mit Plinius d. Ä. *insulae fortunatae* nannte. Obwohl Clemens die Könige von Aragón, Kastilien und Portugal parallel über das Unternehmen informierte, um Unterstützung dafür bat und es noch Anfang 1345 in den Rang eines Kreuzzugs erhob, machten diese in ihren Antworten an den Papst eigene Rechte geltend. Aragón erwirkte schließlich auf genuesischen Druck 1346/47 das Scheitern des Vorhabens.

Es ist unklar, inwieweit Portugal trotz der beim Papst angemeldeten königlichen Ansprüche weiterhin Kontakte zu den Kanaren unterhielt. Ein Hinweis darauf ist eine nur indirekt überlieferte Urkunde König Ferdinands I. für seinen Admiral Lancelotto (Lanzarote) da Framqua vom Juni 1370. Darin übertrug er ihm die Inseln *Nosa Señora a Framqua* (Lanzarote) und Gomera «mit allen ihren Territorien und Einkünften, die aus ihnen fließen oder fließen sollen, mit ihren Steuern samt den zugehörigen Pertinenzen [...]» (Die mittelalterlichen Ursprünge, 274; Monumenta Henricina, 1, 246). Zudem ist die Rede von Siedlern, die die Inseln kultivieren sollten. Allerdings scheint es im Folgenden zu erheblichem indigenem Widerstand gekommen zu sein, der diese Pläne verhinderte. Im Juli 1376 bestätigte Ferdinand zwar Lancelotto als Kapitän der Inseln, glich aber zugleich die ihm entstandenen Verluste durch Einkünfte aus dem Süden Portugals aus. Dies hat zusammen mit der Feststellung im «Buch vom Wissen über alle Königreiche», die Insel Lanzarote sei so benannt, «weil die Einwohner einen Genuesen dieses Namens töteten» (*Libro del conoscimiento,* 50), zu Diskussionen darüber geführt, ob es sich dabei um den Lancelotto von 1336 gehandelt habe. Allerdings spricht die lange Zeitspanne zwischen 1336 und 1370/76 eher dagegen.

In Kastilien entwickelte sich Sevilla im Laufe des 14. Jahrhunderts zu einem Ausgangshafen für Abenteurer, die auf den Kanaren Sklaven erbeuten wollten. 1390 soll dann nach einer späteren Überlieferung der sevillanische Adelige Fernán Peraza von König Heinrich III. die Erlaubnis für ein Unternehmen zur Eroberung der Inseln bekommen haben. 1393 verband sich die Familie der Peraza jedenfalls für eine Raubexpedition mit den Guzmán, den Grafen von Niebla. Auf Lanzarote nahmen sie einen lokalen Anführer und sein Gefolge gefangen und verbreiteten danach, dass die Inseln leicht zu erobern seien. Dennoch ging der entscheidende Impuls von zwei Franzosen aus, von Jean de Béthencourt und Gadifer de la Salle. Beide erfuhren offenbar über einen Verwandten, Robert de Braquemont, der in Kastilien geheiratet hatte, von den Kanarischen Inseln; dieser half später auch mit einem

Darlehen aus. Während La Salle ein Abenteurer war, wird bei Béthencourt seine hohe Verschuldung ein Hauptmotiv für das Unternehmen gewesen sein.

Im Mai 1402 brach eine kleine Flotte mit 280 Mann von La Rochelle auf, doch führten Streitigkeiten und die zeitweilige Inhaftierung La Salles unter dem Verdacht der Piraterie zu einer raschen Verringerung der Teilnehmerzahl; nur 63 kamen auf den Kanaren an. So konnte sich die Gruppe zwar auf Lanzarote festsetzen, Béthencourt musste aber nach Kastilien zurückkehren, um Verstärkung zu rekrutieren. Während La Salle mit seinen begrenzten Mitteln die Eroberung Fuerteventuras begann, hielt sich Béthencourt längere Zeit am Hof Heinrichs III. auf und wurde in den kastilischen Dokumenten zum «Herrn der Kanarischen Insel» und Vasallen Kastiliens. Im Dezember 1403 folgte sogar die Erhebung Béthencourts zum «König von Canaria». Dies löste bei Gadifer de la Salle tiefe Verärgerung aus, da ihm eine gleichzeitige Lehnsnahme verwehrt wurde. Als sein Protest beim kastilischen Hof ohne Erfolg blieb, zog er sich in der Folge enttäuscht aus dem Unternehmen zurück.

Wie der von den Franziskanern Pierre Bontier und Jean le Verrier verfasste Bericht *Le Canarien* nahelegt, führten die wachsenden Schwierigkeiten seit 1403 dazu, dass der kastilische Einfluss auf die ursprünglich französische, vielleicht von König Karl VI. angeregte Mission stetig zunahm. So wurden zwar auf dem zuletzt eroberten Hierro durch Béthencourts Neffen und Verwalter Mathieu noch einmal 160 Normannen angesiedelt, doch kam der größere Teil der ab 1405 gewonnenen Siedler aus Kastilien, und das Kastilische ist die Sprache der ersten auf den Kanaren überlieferten Dokumente. Sowohl für König Heinrich wie für die Autoren von *Le Canarien* stand die Bekehrung der Ureinwohner im Fokus. Ihr Widerstand lieferte dann die (nachträgliche) Rechtfertigung für das gewaltsame Vorgehen. Die Eroberung verlief dennoch nur partiell erfolgreich, wirtschaftlich stellte das Unternehmen sogar einen Misserfolg da. Béthencourts geplante Fahrt zum

Goldfluss, den er auf einer Karte ähnlich wie auf dem Katalanischen Weltatlas markiert hatte, kam offenbar nie zustande. Die aufgelaufenen Schulden führten im November 1418 dazu, dass Mathieu de Béthencourt den größeren Teil der Rechte an Enrique Pérez de Guzmán, den Grafen von Niebla, verkaufte.

Die kastilische Eroberung der Kanarischen Inseln sollte sich noch bis Ende des 15. Jahrhunderts hinziehen. So unternahm die Peraza-Familie, die die Inseln kontrollierte, Ende der 1440er Jahre Angriffe auf Gomera und La Palma, konnte aber nur Gomera erobern. Portugal suchte zwischenzeitig über den Papst alte Ansprüche geltend zu machen, und auch der Vertrag von Alcaçovas, der die portugiesischen und kastilischen Herrschaftsbereiche abgrenzte, brachte 1479 noch keine dauerhafte Regelung. Allerdings gelang Pedro de Vera 1478–1483 die Eroberung Gran Canarias für Kastilien, bis 1496 folgte nicht ohne Hindernisse die Eroberung Teneriffas und La Palmas. Die indigene Bevölkerung wurde dabei durch die Gefangennahme von Sklaven und eingeschleppte Krankheiten mehr und mehr dezimiert.

Während die Portugiesen auf den Kanarischen Inseln unterlagen, konnten sie sich parallel zur kastilischen Expansion die anderen, nördlicheren Atlantikinseln sichern. Madeira, das neben Porto Santo schon auf dem Katalanischen Weltatlas verzeichnet ist, wurde zwischen 1418 und 1420 erobert und 1433 formal dem jüngeren Sohn König Johanns I., dem Infanten Heinrich (später «der Seefahrer»), unterstellt, der die Einkünfte von der Insel für die Finanzierung seiner Unternehmen heranzog. Dabei wurden die Methoden feudaler Expansion auf die Inseln angewandt. So wurde im November 1446 Porto Santo dem aus einer genuesischen Familie stammenden, wohl seit 1428 auf der Insel lebenden Bartolomeu Perestrelo, dem späteren Schwiegervater von Kolumbus, übertragen. Er erhielt die niedere Gerichtshoheit, die Kontrolle über die Getreidemühlen und anderen gewerblichen Mühlen sowie das Recht zur Anwerbung von Siedlern, so dass er «durch seine Urkunden das Gebiet dieser Insel unter Beachtung der Bestimmungen des Foral [königlichen Rechts] dieser Insel übertragen kann, wem er möchte» (Die mittelalterlichen Ursprünge, 280; Monumenta Henricina, 9, 210). Die wirtschaftliche Bedeutung der Inseln stieg durch die Einführung des Zuckerrohranbaus, mit dem 1455 zunächst auf Madeira begonnen wurde. Auch die zwischen 1427 und 1452 eroberten Azoren wurden 1439 Prinz Heinrich sowie dem portugiesischen Nachfolgeorden der Templer, dem Christusorden, unterstellt.

## *Der Ruf des Goldes: Von Ceuta bis zum Río d'Ouro*

Portugal rückte seit dem 14. Jahrhundert bei Entdeckungsreisen und außereuropäischen Unternehmungen immer mehr ins Zentrum der Aktivitäten. Das kleine Land im Südwesten Europas hatte bereits in den 1260er Jahren durch die Eroberung der Algarve seine heutigen Grenzen erreicht. König und Adel hielten aber am Ziel der Reconquista, der Rückeroberung des ehemals westgotischen christlichen Spanien von den muslimischen Herrschern, fest. So nahm etwa Alfons IV. 1340 mit Erfolg an einem kastilischen Feldzug gegen das muslimische Königreich Granada teil. Auch das nordafrikanische Festland wurde als ehemaliger Teil des Westgotenreiches und damit als ein Ausgreifen nach Süden, als Fortsetzung der Reconquista, verstanden. Außerdem hoffte man, den legendären Priesterkönig Johannes, einen reichen und mächtigen christlichen Herrscher, dem angeblich 72 Könige unterstanden, aufzusuchen und für den Kampf gegen die Muslime zu gewinnen. Man vermutete ihn in Indien oder bei den Nilquellen, so dass die Umrundung Afrikas auch die Möglichkeit versprach, ihn über Wasserwege zu erreichen. Schließlich spielten auch wirtschaftliche Aspekte eine Rolle. Entdeckungen und Eroberungen eröffneten dem durch die wirtschaftliche Krise seit dem 14. Jahrhundert besonders betroffenen Adel neue Möglichkeiten, so dass viele Adlige ihre Reise antraten, um sich den legendären, auf Karten wie dem Katalanischen Weltatlas verzeichneten Goldvorkommen Afrikas zu nähern.

Dies bildet den Hintergrund für die Eroberung des marokkanischen Ceuta, das 1235 schon einmal in genuesischer Hand gewesen war. Die erweiterte Reconquista und die Entdeckung neuer Seewege waren allerdings, wie sich im Laufe des 15. Jahrhunderts zeigen sollte, konkurrierende Ziele, da eine Konzentration auf Marokko, die eine Fortführung älterer Kreuzzugspläne darstellte, Kräfte für die weitere Erkundung des Atlantiks abzog. Nachdem auf der Iberischen Halbinsel eine etwas ruhigere Phase eingetreten war, fand eine Forschungsreise nach Afrika in Portugal weitgehende Zustimmung. Granada und auch Gibraltar wurden wegen möglicher Konflikte mit Kastilien als Ziele verworfen, Ceuta versprach wegen seiner Anbindung an den Sahara-Handel wirtschaftliche Vorteile und konnte als Brückenkopf der Reconquista dienen. So wurde die Stadt am 21. August 1415 erobert und portugiesischer Verwaltung unterstellt; dazu kam 1420 die Gründung eines Bistums, das bald darauf dem Christusorden zugewiesen wurde. Allerdings zerschlugen sich die mit der Eroberung verbundenen Hoffnungen rasch, da die Marokkaner lange Jahre die Rückeroberung versuchten und die Stadt in einem fast permanenten Belagerungszustand blieb. Auch ein größerer Feldzug unter dem Infanten Heinrich brachte 1419 keine wesentliche Änderung. Vielmehr musste eine permanente Garnison von rund 2700 Mann unterhalten werden, die sich insbesondere aus dem Ämter suchenden Adel und aus Mitgliedern der Unterschichten rekrutierte.

Johann und seine Söhne, vor allem der Infant Heinrich, verfolgten von nun an eine doppelte Strategie, die neben der Stabilisierung Ceutas auch die Fortsetzung der Fahrten entlang der afrikanischen Küste zum Ziel hatte. Heinrich, seit 1415 Herzog von Viseu, standen dafür Einkünfte aus der Algarve, aus dem Monopol am Thunfischfang sowie – seit Heinrichs Berufung zum Administrator des Christusordens 1420 – aus dem Vermögen der geistlichen Ritterorden Portugals zur Verfügung. Mit dem Regierungsantritt seines Bruders Duarte 1433 kam Madeira hinzu, 1439 die Inselgruppe der Azoren. Heinrich, der seinen erst im 19. Jahrhundert entstandenen Beinamen «der Seefahrer» nicht eigenen Reisen, sondern der Ausrüstung von Entdeckungsfahrten verdankt, sandte seit 1422 immer neue Schiffe aus, die den Seeweg nach Süden erkunden sollten.

Dabei erwies sich zunächst das Kap Bojador, südlich der Kanaren an der afrikanischen Küste gelegen, als großes Hindernis. Heinrich schickte Männer, die sich in Kriegen ausgezeichnet hatten, doch – so sein Chronist Gomes Eanes de Zurara, ein Bruder des Christusordens – «niemand wagte es, das Kap Bojador zu passieren, um mehr über das Land jenseits davon zu erfahren, wie es der Infant gewollt hatte; und das geschah nicht aus mangelnder Tapferkeit oder fehlendem guten Willen, sondern wegen der Neuheit der Angelegenheit, zusammen mit den alten Geschichten, die die Seeleute Spaniens seit langem über viele Generationen erzählen» (Zurara, Crónica do descobrimento, 50). So fürchtete man sich vor einem «Meer der Finsternis» oder Ungeheuern, wie sie auch bei antiken Geografen beschrieben waren. 1433 schickte Heinrich Gil Eanes, ein Mitglied seines Hofes, zum Kap Bojador. Nachdem dieser zunächst nur bis zu den Kanaren gelangte, soll ihn Heinrich bei seinem erneuten Aufbruch 1434 ermuntert haben, er könne «keine so große Gefahr finden, dass nicht die Belohnung noch größer wäre» (ebd., S. 57) –, und tatsächlich gelang Eanes die Umfahrung von Kap Bojador.

1436 erreichte einer der Begleiter von Eanes, Afonso Gonçalves Baldaia, eine Bucht, die er irrig als Rio d'Ouro «Goldfluss», bezeichnete. Er kehrte von dort mit Robbenfellen und -fett zurück. 1441 sandte Heinrich deshalb Antão Gonçalves aus, um eine Ladung mit Robbenfellen und -fett zu erwerben. Dieser brachte aber vom Rio d'Ouro auch gefangene Männer nach Portugal zu-

Prinz Heinrich der Seefahrer mit dem künftigen König Johann II. auf einem Polyptychon von Nuno Gonçalves (Tafel zum heiligen Vincent, um 1460)

rück – der Beginn eines einträglichen Sklavenhandels. Bald darauf stieß sein Begleiter Nuno Tristão mit dem Auftrag, Sklaven zu fangen, bis Cabo Blanco nach Süden vor. 1443 segelte er darüber hinaus zur Bucht von Arguim, wo vierzehn Männer gefangen genommen wurden. 1444 folgte die erste organisierte Fahrt zur Sklavenbeschaffung: Lanzarote, der Steuereinnehmer des portugiesischen Lagos, brachte auf sechs Karavellen rund 235 Sklaven zurück. Bis 1453 wurden über 900 Sklaven nach Portugal verschleppt und dort verkauft.

Der Chronist Zurara, der die Ankunft von Lanzarotes Sklavenschiffen beobachtete, beklagt die schlechte Behandlung der Gefangenen, ihren miserablen gesundheitlichen Zustand und das Zerreißen von Familienbanden. So notiert er, sein Gewissen weine «im Anblick der bedauernswerten Gruppe [von Menschen, die ...] auch von den Söhnen Adams abstammen» (ebd., 132). Zugleich begrüßt er aber die Bekehrung von Sklaven – einige wurden freigelassen und konnten heiraten – und hebt die Rolle des Infanten für die Verbreitung des Christentums hervor. Die Haltung der Kurie dazu war ähnlich. So verbot Papst Eugen IV. zwar 1434 in der Bulle *Creator omnium* – benannt nach ihren Anfangsworten – mit Blick auf die Kanarischen Inseln die Versklavung von Heiden, doch wurde dies unter dem Einfluss von König Duarte bereits 1436 in einer weiteren Bulle relativiert. Allerdings stießen die Portugiesen beim weiteren Vordringen nach Süden auf Regionen mit geregelter Landwirtschaft und politisch stabilen Königreichen, die den Sklavenjägern mehr Widerstand entgegensetzten und den Sklavenhandel erschwerten.

## *Nach Süden bis zum Kap der Guten Hoffnung*

Nach dem frühen Tod Duartes 1438 kam es zu innenpolitischen Auseinandersetzungen, die neue Entdeckungsfahrten behinderten. Der Infant Heinrich bediente sich daher öfter kundiger italienischer Navigatoren, um weiter nach Süden vorzudringen. Einer von ihnen war der Genuese Antoniotto Usodimare, der 1455 Senegal und den Gambiafluss erreichte, bevor er nach Angriffen von Einheimischen umkehren musste. Hochverschuldet war er in die Dienste der portugiesischen Krone getreten, und er berichtete seinen Gläubigern in einem Brief aus Portugal von seiner Reise, bevor er 1456 ein weiteres Mal aufbrach. Er spricht dabei von seinen Hoffnungen auf weiteren Gewinn – ein indigener Herrscher habe ihm gegen Tuch vierzig Sklaven, Elfenbein und Papageien gegeben – und auf die Entdeckung des Seewegs zum Reich des Priesterkönigs Johannes, das keine 300 Meilen mehr entfernt sei.

Auf der ersten Reise war er am Kap Verde dem ebenfalls von Heinrich ausgesandten Venezianer Alvise Ca' da Mosto begegnet. Die beiden hatten ihre Reise gemeinsam fortgesetzt und waren dann 1456 erneut zusammen aufgebrochen. Da Mosto hatte sich dem Infanten schon 1454 angeschlossen und war von ihm mit einem Schiff ausgerüstet worden. Seinem ausführlichen Bericht kann man Näheres über beide Reisen entnehmen. So erklärt er die Angriffe gegen die Europäer in Gambia damit, dass die einheimische Bevölkerung sie für Kannibalen auf der Suche nach Beute gehalten habe. Die Karavellen waren in den Fluss hineingefahren, trafen aber trotz des Einsatzes von Armbrüsten und Bombarden und trotz zahlreicher Opfer unter den Angreifern auf heftigsten Widerstand. Nach schweren Kämpfen gelang zumindest auf einige Distanz eine erste Kontaktaufnahme. So legten die Europäer dar, im Auftrag ihres Herrn, des Königs von Portugal, in friedlicher Absicht zu kommen. Sie erhielten allerdings von den Einheimischen zur Antwort, «sie hätten über unsere Reise einige Informationen bekommen, wie wir mit den Schwarzen (*Nigri*) des Senegal umgegangen seien, nach denen es – außer für schlechte Menschen – nicht möglich sei, mit uns Freundschaft zu haben, da sie es für sicher hielten, dass wir Christen Menschenfleisch äßen und Schwarze nur zum Verzehr kauften» (Montalboddo, *Paesi novamente retrovati,* h iii v; vgl. *Die mittelalterlichen Ursprünge,* 302–303). Obwohl es den Europäern gelang, die Gegner durch ein Segelmanöver ans Ufer zu treiben, war die Besatzung so verängstigt, dass eine Meuterei drohte und die Reise bald darauf abgebrochen werden musste.

Die zweite Reise von 1456 verlief dann erfolgreicher. So gelang es, mit einem der lokalen Herrscher am Gambiafluss, Batimansa, friedlichen Kontakt herzustellen und Handel zu treiben. Da Mostos Bericht belegt sein Interesse an der Geografie und Ethnographie Afrikas. So beschreibt er die geringe Höhe des Polarsterns in der besuchten Region und berichtet über Klima, Tier- und Pflanzenwelt sowie über Sitten und Gebräuche, Rituale bei Hof, Religion, Kleidung und Kriegführung. Die Nachrichten über die Reiche Batimansas und Budomels (südlich des Senegalflusses) werden durch Informationen über das Reich von Mali und insbesondere über die Handelswege des Goldes ergänzt, die aus zweiter Hand stammen. Allerdings stießen die Europäer bei der Fortsetzung der Reise auf Völker, mit denen sie sich nicht mehr verständigen konnten, so dass sie sich wiederum zur Umkehr entschlossen. Erst nach dem Tod des Infanten Heinrich wurden zwei weitere Karavellen unter Pero de Cintra ausgesandt, der zunächst 1460 nach Sierra Leone, dann 1462 bis zum Cape Mount im heutigen Liberia vordrang und Da Mosto nach seiner Rückkehr Bericht erstattete.

Auch da Mosto hebt mehrfach die Möglichkeiten für den Handel hervor. Dies zeigt die Richtung, die die Entdeckungsfahrten inzwischen genommen hatten: Die Seefahrer wurden angewiesen, den Laderaum der Schiffe auch für Geschäfte zu nutzen und Waren zurückzubringen. Schon 1445 entstand dann auf der Insel Arguim vor Mauretanien ein erster Handelsposten, und zudem wurde die *Companhia de Lagos* gegründet, die ein Monopol für alle Afrika-Geschäfte, vor allem für den Handel mit Textilien und Pferden gegen Sklaven und Gold, erhielt. Die Händler, Fischer und Robbenjäger, die den Entdeckern folgten, mussten dem Infanten Heinrich bzw. der Krone Gebühren zahlen und wurden für eigenmächtiges Vorgehen hart bestraft.

Dennoch blieben auch die religiösen Motive bestehen, und Portugal konnte das Papsttum für seine Politik gewinnen. Ein erster Schritt war die Bulle *Dum diversas* von Nikolaus V. vom Juni 1452, der die Kreuzzugsunternehmen in Afrika fördern wollte und dabei auch die Bekämpfung von Heiden und die Inbesitznahme eroberter Territorien erlaubte. Nur wenige Jahre später, im Januar 1455, ging der Papst mit der Bulle *Romanus Pontifex* noch einmal erheblich weiter. Mit dem Hinweis auf das Wirken des Infanten Heinrich seit 1415 erhielt Portugal von Nikolaus nicht nur die bisher entdeckten und – auch aus der Hand von Heiden – eroberten Gebiete, sondern auch alle Länder südlich von Kap Nun und Kap Bojador, zusammen mit dem Recht zur Kontrolle des Handels und dem Patronat über die errichteten oder noch zu errichtenden Kirchen. Letzteres wurde 1456 von Calixt III. auf den Heinrich unterstellten Christusorden übertragen. Die weitgehenden Zugeständnisse von *Romanus Pontifex* erklärten sich nicht zuletzt aus der päpstlichen Hoffnung, nach dem Fall Konstantinopels über die Portugiesen die Hilfe des mächtigen Priesterkönigs Johannes zu erlangen. Aber es wird auch die Erwartung deutlich, man könne auf diese Weise einen Seeweg nach Indien finden.

Dennoch kam es nach Heinrichs Tod zu einer Neuorientierung der portugiesischen Politik. Alfons V. erwarb sich den Beinamen «der Afrikaner», indem er sich auf Kreuzzüge gegen Marokko und Mauretanien konzentrierte. Nach mehreren Anläufen gelang 1471 die Eroberung Tangers, das bis ins 17. Jahrhundert portugiesisch blieb. Demgegenüber wurden die Fahrten nach Süden «privatisiert» und zwischen 1469 und 1475 an Fernão Gomes vergeben. Dieser erhielt den Auftrag, jährlich 500 Kilometer Küste zu erkunden, am Ende waren es über 2000 Kilometer, die seine Kapitäne, darunter Pero de Cintra, vom heutigen Liberia bis Nigeria entlang der Küste nach Osten vordringen konnten. Neu war dabei, dass Gomes jährlich Handelsflotten mit bis zu zwanzig Schiffen aussandte.

Als Gomes seinen jährlichen Zahlungen nicht mehr nachkommen konnte, übernahm der Kronprinz, seit 1481 König Johann II., 1475 die vollständige Verantwortung für die Afrika-Unternehmen Portugals. Er verteidigte die afrikanische Küste gegen kastilische Händler und Abenteurer und ließ feste Stützpunkte einrichten, so am Gambiafluss und in der Handelsoase Wadan. 1481/82 folgte an einem handelsstrategisch günstigen Platz nahe der Volta-Mündung das Fort São Jorge da Mina – mit direktem Zugang zum Goldhandel, unter dem Befehl Diogos de Azambuja von einhundert Handwerkern errichtet. Zu den bedeutenderen afrikanischen Herrschern, den Wolof in Senegambien, den Obas von Benin und den Herrschern des Kongo, wurden freundschaftliche Beziehungen aufgebaut, während der Handel mit Afrika in Lissabon durch die Gründung der *Casa da Mina e Tratos de Guiné* zentralisiert wurde. Für den Schiffbau wurde das *Armazém de Guiné* eingerichtet, und Johann nahm den Titel eines «Herrn von Guinea» an. Die zunächst umstrittene Entscheidung zur Etablierung in Mina erwies sich bald als voller Erfolg. Schon in der Mitte der 1480er Jahre kamen im Durchschnitt jährlich zwölf Schiffe nach Mina, zudem wurden wachsende Mengen Gold über Mina nach Lissabon exportiert, während die Portugiesen auch die lokalen Märkte miteinander verbanden.

Auch in diesen Jahren gingen die Entdeckungsfahrten weiter. So erreichte 1472 Fernão do Pó die damals nach ihm benannte Insel (bis 1973, heute Bioko), und São Tomé und Príncipe wurden um die Jahreswende 1478/79 entdeckt. Durch den Frieden von Alcaçovas zwischen Portugal und Kastilien von 1479, der ihre Ansprüche ausglich – Kastilien erhielt endgültig die Kanaren, Portugal Madeira, die Azoren und die Kapverdischen Inseln sowie das Handelsmonopol an der afrikanischen Küste –, konnte das portugiesische Kolonialreich fortan ohne europäische Konkurrenz weiter ausgebaut werden. So brach Diogo Cão im Frühjahr 1482 mit dem ausdrücklichen Auftrag auf, den Seeweg nach Süden zu erkunden und mit weiteren Herrschern Kontakt aufzunehmen. Im Juni 1483 fand er die Kongomündung und errichtete dort den ersten der zahlreichen *padrões,* der Steinsäulen mit dem portugiesischen Wappen und einem Kreuz, die die portugiesischen Herrschaftsansprüche symbolisierten. Eine zweite Säule wurde in Benguela an der Küste Angolas aufgestellt, bevor Cão seine Heimreise antrat.

Noch im Jahr seiner Rückkehr, Ende 1484, startete er zu einer zweiten Reise, auf der ihn möglicherweise der Nürnberger Geograf Martin Behaim begleitete, der Details dazu auf seinem 1492 entstandenen Globus vermerkte. Cão kehrte zunächst in den Kongo zurück und fuhr den Fluss bis zu den Yellala-Fällen hinauf, um den König des Kongo zu treffen. Erst danach wandte er sich erneut nach Süden und erreichte schließlich Anfang 1486 Cape

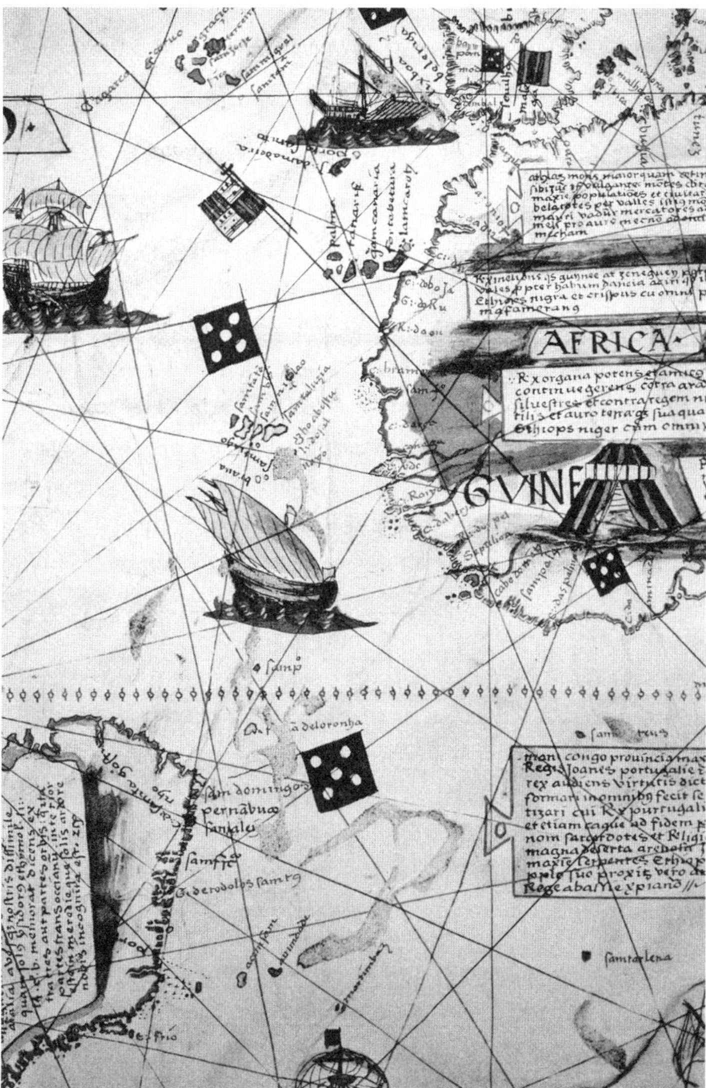


Die Iberische Halbinsel, Westafrika (Guinea) und Brasilien auf einer portugiesischen Portulankarte (1517) mit den wichtigsten Zwischenstationen auf dem Weg nach Indien

Cross nördlich der Walfischbucht, wo ein weiterer *padrão* aufgestellt wurde. Diogo Cão starb allerdings kurz darauf, und die Mannschaft kehrte nach Portugal zurück. Doch entsandte König Johann schon im August 1487 eine weitere Mission unter Bartolomeu Dias in den Süden Afrikas. Zur Sicherheit blieb sein Bruder mit einem Schiff in der Walfischbucht zurück, und Dias selbst segelte weiter nach Süden, wo seine Schiffe von einem Sturm um die Südspitze Afrikas herumgetrieben wurden. Da in Richtung Osten kein Land mehr erkennbar war, wandte sich Dias nach Norden und erreichte eine Bucht mit Rinderherden. Die weitere Fahrt nach Nordosten musste er wegen Skorbut und einer drohenden Meuterei abbrechen, errichtete aber vor der Rückkehr im März 1488 einen *padrão* in Kwaaihoek an der Küste von Algoa Bay in der östlichen Kapprovinz. Ein weiterer folgte im Mai am Kap der Guten Hoffnung, das er «Kap der Stürme» nannte. Als Dias im Dezember 1488 nach Portugal zurückkehrte, begleitet von Gesandten des kongolesischen Königs, konnte er berichten, dass er den Weg um Afrika, das Ziel vieler vorangehender Reisen, gefunden hatte.

Entgegen modernen Erwartungen kam es dennoch nicht unmittelbar zu einem Versuch, den Seeweg nach Indien vollständig zu erkunden. Vielmehr wurde die Politik Johanns II. durch andere Faktoren dominiert. So wurden die Beziehungen zu Westafrika durch Reisen wie die von João Afonso de Aveiro nach Benin (1484), von Gil Vaz nach Mali (1488) und von Pedro da Evora nach Timbuktu (1490) intensiviert, und es folgte eine größere diplomatische Mission zum König des Kongo (1491). Zum anderen entsandte der König 1489 Pero da Covilhã, der andere Wege zum Priesterkönig Johannes erkunden sollte. Covilhã reiste zunächst, als Muslim getarnt, von Kairo über Aden an die Westküste Indiens und nach Sofala in Ostafrika, um dann nach seiner Rückkehr von Kairo aus wiederum nach Hormuz, Mekka und Medina sowie Äthiopien aufzubrechen. Seine Briefe aus Kairo könnten weitere Unternehmungen im Süden ebenso verzögert haben wie die erneute Konzentration Johanns II. auf Marokko. Dazu kamen Konflikte um die Thronfolge und das gespannte Verhältnis zu Kastilien, das 1492 das Königreich Granada eroberte und mit der Rückkehr von Christoph Kolumbus 1493 eigene Ansprüche auf koloniale Eroberungen erhob.

Portugal konnte zwar auf den Vertrag von Alcaçovas verweisen, der 1481 auch von Papst Sixtus IV. bestätigt worden war und die Gebiete südlich der Kanaren Portugal zuwies, doch gelang Kastilien im Mai 1493 ein diplomatischer Sieg, indem der katalanische Papst Alexander VI. mit der Bulle *Inter Caetera* alle entdeckten und noch aufzufindenden Territorien westlich und südlich der Azoren den Kastiliern übertrug. Der drohende Konflikt konnte schließlich im Juni 1494 durch den Vertrag von Tordesillas entschärft werden. Der Kompromiss bestand in der Festlegung einer Grenzlinie, die 370 Seemeilen westlich von Kap Verde verlief und von den Portugiesen offenbar in Kenntnis der Windrichtungen auf dem Atlantik durchgesetzt wurde. Damit waren die Entdeckungen von Kolumbus unbestritten in der Hand Kastiliens, aber auch Portugal sicherte sich, wie sich herausstellen sollte, einen Anteil an der Neuen Welt. Später sollte eine entsprechende Grenzlinie östlich der Philippinen vereinbart werden. Johann II. starb im Oktober 1495, und sein Nachfolger, Manuel I., ein Enkel König Duartes, konnte auf dem Erreichten aufbauen.

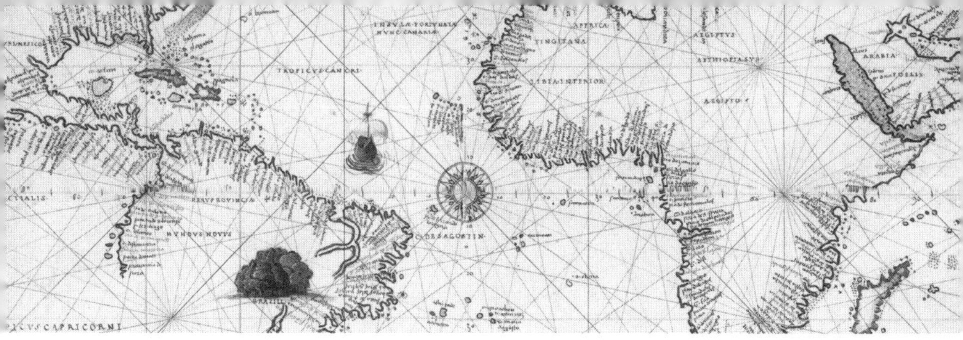


— 3 —

# ÖFFNUNGEN

## Der Seeweg um das Kap nach Indien

### *Vorstoß in den Indischen Ozean*

Mit dem Indischen Ozean erreichten die Portugiesen ein Weltmeer, das schon durch Seefahrer vieler Nationen gut erschlossen war. Ägypter, Araber, Inder, Malayen und andere hatten ein weit gespanntes Handelsnetz aufgebaut, das das östliche Mittelmeer mit dem Fernen Osten verband. Nicht nur die Mamluken-Herrscher Ägyptens, sondern auch die chinesischen Kaiser rechneten den Indischen Ozean zu ihrem Einflussgebiet. In der ersten Hälfte des 15. Jahrhunderts erreichte der chinesische Einfluss durch die Expeditionen des Admirals Zheng He einen Höhepunkt. Zwischen 1405 und 1433 wurde der chinesische Eunuch siebenmal ausgesandt, um den «Westlichen Ozean» (unterschieden vom «Östlichen Ozean» bis zum modernen Ostindonesien) zu erkunden, die Oberherrschaft des «Landes der Mitte» zur Anerkennung zu bringen und wirtschaftlichen und wissenschaftlichen Interessen nachzugehen – genauer lassen sich die Motive nicht mehr erschließen. Die eindrucksvolle Flotte mit den großen Dschunken, den «Schatzschiffen», erreichte unter anderem Java,

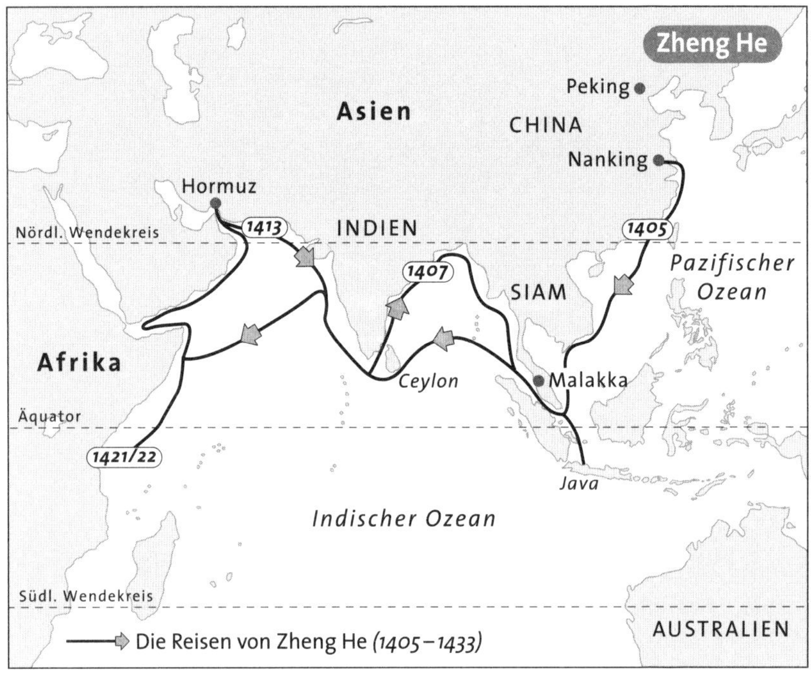


Ceylon, die Malabarküste, Aden sowie Ostafrika bis Mogadischu. Schließlich führten aber die hohen Kosten 1433 zum Ende der Unternehmungen. Die Schiffe wurden nicht mehr genutzt, teilweise abgewrackt. Während sich die Portugiesen nach der Umrundung des Kap Bojador anschickten, den Seeweg um Afrika herum zu entdecken, zog sich China verstärkt auf sich selbst zurück.

Die Idee der Umschiffbarkeit Afrikas war schon auf der 1459 im portugiesischen Auftrag angefertigten Karte des Kamaldulensermönchs Fra Mauro fassbar, 1488 gelang es Diogo Cão und Bartolomeu Dias, den Weg um die Südspitze Afrikas zu finden. Ende 1496 hatte Manuel I. die anfänglichen Schwierigkeiten überwunden, so dass er die Entdeckungsfahrten der Zeit Johanns II. wieder aufnahm, selbst wenn der Fokus seiner Politik auf Kastilien und Marokko blieb. 1497 wurden mit einigen Mühen vier Schiffe ausgerüstet (eines von der Marchioni Bank finanziert), wahrscheinlich mit 170 Mann besetzt und einem Ritter des Santiago-Ordens, Vasco da Gama, unterstellt. Wie sich herausstellte, war da Gama zwar ein fähiger Seefahrer und entschlossener Befehlshaber, verfügte trotz einiger Erfahrungen aber nur über unzureichendes diplomatisches Geschick. Sein Auftreten gegenüber den Muslimen, von denen er eine Verschwörung gegen sein Unternehmen befürchtete, und gegenüber lokalen Herrschern wie dem König (Samorin) von Calicut führte die erste portugiesische Mission in Konflikte hinein, die sich auch von seinen Nachfolgern kaum auflösen ließen.

Da Gama brach am 8. Juli 1497 von Lissabon auf, bis zu den Kapverdischen Inseln noch begleitet von Bartolomeu Dias. Die Kapitäne der vier Schiffe waren Gonçalo Álvares, Nicolau Coelho, Paulo da Gama, sein Bruder, und Gonçalo Nunes, alle erfahrene Seeleute, die teilweise schon an früheren Unternehmungen beteiligt gewesen waren. Als Übersetzer wurden Martim Afonso und Fernão Martins angeworben, die verschiedene Bantu-Sprachen bzw. das Arabische beherrschten. Weiter verfügte einer derjenigen, die als Exilierte an Bord kamen, über arabische und hebräische Sprachkenntnisse: João Nunes, ein konvertierter Jude.

Von den Kapverden segelte die Flotte in einem großen Bogen nach Süden, und erst beim südlichen Wendekreis nach Osten. Die rund 4500 Meilen über See führten durch den Mangel an frischem Wasser und Nahrung bei vielen zu Krankheiten und ließen die Stimmung der Mannschaft sinken, auch wenn das anonyme Tagebuch zur Reise (der oft Alvaro Velho zugeschriebene *Roteiro*) die über neunzig Tage in wenigen Zeilen zusammenfasst. Erst am 4. November wurde Land gesichtet, nordwestlich des Kaps der guten Hoffnung. Man fand einen geeigneten Ankerplatz in einer Bucht, um die Schiffe nach der langen Fahrt zu überholen und zu reinigen und Wasser und Lebensmittel an Bord zu nehmen. Die Einwohner der Region werden im Bericht in typischer Weise beschrieben: «In diesem Land sind die Einwohner von gelbbrauner

Weltkarte des venezianischen Kamaldulensers Fra Mauro (1459, Kopie von Andrea Bianco), vermutlich basierend auf Informationen aus Portugal. Die Karte mit vielen geografischen Details belegt bereits die Idee der Umschiffbarkeit Afrikas.

Farbe. Sie essen nur Robben und Wale und das Fleisch von Gazellen und die Wurzeln von Pflanzen. Sie kleiden sich in Felle und tragen Hüllen über ihren natürlichen Teilen» (Roteiro, 5; Em nome de Deus, 36). Die zunächst friedlichen Beziehungen endeten jedoch in Auseinandersetzungen. So wurde die Reise am 16. November fortgesetzt, um das Kap zu umrunden.

Am 25. November erreichte man die Bucht von Sao Braz (Mossel Bay), an der Dias zuerst gelandet war. Das nicht mehr benötigte Versorgungsschiff wurde zerlegt und verbrannt, die restliche Ladung auf die anderen Schiffe verteilt. Auch hier mündete der anfangs friedliche Kontakt, mit einer Vorführung von Tänzen durch die Eingeborenen, am Ende in einen Konflikt. Am 16. Dezember wurde der letzte *padrão* gesichtet, den Dias aufgestellt hatte, doch ungünstige Winde und Strömungen behinderten die Weiterfahrt. Auf dem Weg nach Norden gelangte die Flotte schließlich in den muslimischen Einflussbereich, mit kleineren, muslimisch-afrikanisch dominierten Reichen. Da Gama umschiffte Sofala, das ein wichtiger Umschlagplatz im Handel mit Elfenbein war, blieb dann aber ab dem 24. Januar dreißig Tage bei Quelimane in Mozambique, um die Schiffe zu reinigen, einen Mast auszubessern und Wasser aufzunehmen.

Am 2. März erreichte man die Insel Mozambique. Der dort im Namen des Sultans von Kilwa regierende lokale Machthaber kam mit seinem Gefolge zu den Schiffen, war aber ungehalten über die minderwertigen portugiesischen Geschenke – ein Problem, das sich in Indien noch verstärken sollte. Dennoch stellte er zwei Lotsen für die Weiterfahrt über den Indischen Ozean zur Verfügung. Als diese erfuhren, dass sie Christen helfen sollten, versuchten sie zu fliehen, und nur einer konnte mit Gewalt an Bord gehalten werden. In der Folge kam es mehrfach zu Konflikten. Während ungünstige Winde bis zum 29. März eine Weiterfahrt verhinderten, konnten immerhin zwei kundige arabische Lotsen angeworben werden.

Auf der nächsten Station, in Mombasa, versuchten Einheimische sogar eine Kaperung der Schiffe. Friedlichere Kontakte gelangen erst in Malindi, das am 14. April erreicht wurde. Da Gama ließ zunächst einen zuvor gefangenen älteren Muslim an Land, der den König aufsuchen und von den Portugiesen berichten sollte. Als er in einem gut ausgestatteten Boot zurückkehrte, gab ihm da Gama Geschenke für den König mit. Um nicht in dessen Palast gehen zu müssen, behauptete er, der portugiesische König habe ihm Landgänge verboten,. Daraufhin näherte sich der Herrscher von Malindi auf einem geschmückten Boot, in einem Damask-Ornat und mit einem verzierten Turban; er umkreiste die portugiesischen Schiffe, während diese zu seinen Ehren Salut schossen.

In Malindi kam es wohl zum ersten Mal zu einem Missverständnis, das auch die weitere Reise bestimmte. Nach dem anonymen Tagebuch gab es dort vier Schiffe mit, wie der Autor glaubte, indischen Christen. Diese hätten auf dem Schiff von Paulo da Gama eine Darstellung Marias mit dem toten Christus und den Aposteln verehrt. «Als die Inder das Altarbild sahen, knieten sie vor ihm nieder; und solange wir da waren, kamen sie dorthin, um zu beten» (Roteiro, 47; Em nome de Deus, 66). Zudem riefen sie angeblich mehrfach «Christus, Christus!», wenn da Gama an ihren Schiffen vorbeifuhr. Vermutlich handelte es sich um Hindus, die eine Ähnlichkeit zu ihren Göttern entdeckt hatten. Selbst später in Indien meinte da Gama noch lange, auf Christen getroffen zu sein. Jedenfalls blieb es bei der freundlichen Atmosphäre in Malindi. Noch neun Tage vergingen mit gemeinsamen Feiern, und ein Lotse aus Gujarat wurde für die Überfahrt an die Malabarküste gewonnen. Ziel war Calicut, über das die Portugiesen möglicherweise durch einen Brief des Pero da Covilhã unterrichtet waren.

## *Vasco da Gama in Calicut: Missverständnisse und Enttäuschungen*

Da Gamas Abreise mit seiner Flotte von Malindi erfolgte am 24. April. Die Lakkadiven wurden am 18. Mai, Calicut nach einer kurzen Zwischenstation in unmittelbarer Nähe am 21. Mai 1498 erreicht. Wie schon zuvor wurde zunächst einer der an Bord befindlichen Exilierten, der konvertierte Jude João Nunes, ausgesandt, um die Lage zu erkunden. Er traf auf zwei Muslime aus Tunis, die Kastilisch und Genuesisch sprachen und ihn fragten, was ihn hergeführt habe. Die berühmte Antwort lautete – so im anonymen Tagebuch: «Wir kommen auf der Suche nach Christen und Gewürzen» (ebd., 51 bzw. 71). Die Muslime reagierten keineswegs feindlich, vielmehr begleitete einer der beiden Nunes sogar zum Schiff zurück und begrüßte die Mannschaft mit dem Ausruf, sie sollten Gott dankbar sein, dass er sie in ein so reiches Land geführt habe. Die Seefahrer konnten es kaum glauben, wieder eine vertraute Sprache zu hören. Zumindest für einen kurzen Moment wurde die Muslime und Christen vereinende Welt des Mittelmeerraums lebendig.

Das heimatliche Gefühl wurde durch das Missverständnis verstärkt, Calicut sei überwiegend von Christen bewohnt, die sich eben nur durch ein ungewohntes Äußeres auszeichnen würden. Als da Gama das erste Mal zum Samorin aufbrach, führte man ihn und seine Begleiter zu einem großen Tempel, den die Portugiesen als Kirche der indischen Christen ansahen, mit einer runden Kapelle im Zentrum. Das darin befindliche Bild identifizierten sie als Mariendarstellung, zumal auch die Rufe der Brahmanen auf Maria deuteten. Da Gama und die anderen Portugiesen blieben vor der Kapelle, weil sie das als regionalen Brauch verstanden, knieten aber nieder und sprachen ihre Gebete. Das Tagebuch vergleicht Teile der Kleidung der Brahmanen mit der Stola christlicher Diakone und den Gebrauch «weißer Erde», die auf Stirn und Brust gestreut wird, mit dem des Weihwassers. Auch da Gama nahm diese «weiße Erde» für sich mit. Der Autor des Tagebuchs beschreibt zudem die zahlreichen Bilder von, wie er meint, Heiligen an den Wänden, die mit Kronen, aus dem Mund herausstehenden Zähnen und vier bis fünf Armen dargestellt waren. Offenbar spielten für dieses Missverständnis gleichermaßen die Hoffnung, endlich im Orient Christen zu entdecken, wie auch Probleme der Übersetzung eine Rolle.

Die diplomatischen Kontakte entwickelten sich zunächst gut. Auf eine Botschaft da Gamas an den zeitweilig abwesenden König reagierte dieser freundlich mit dem Versprechen seiner baldigen Rückkehr. Schließlich wurde da Gama samt seinem Gefolge mit großen Ehren in einer Sänfte zum Palast geleitet. Das Tagebuch bietet eine Beschreibung der königlichen Ausstattung mit edlen Stoffen und einem großen goldenen Becher zum Ausspucken des Bethels. Da Gama hatte sich vorab über die Gebräuche des Landes informiert, begrüßte den Samorin durch das Zusammenlegen der Hände – wie im Gebet, schreibt der anonyme Autor – und hielt eine gewisse Distanz. Auf seine Bitte erhielt da Gama eine private Audienz, die er zu einer kleinen Ansprache nutzte. Dabei hob er hervor, seine Mission sei es, die christlichen Könige des Orients zu finden und freundschaftliche Beziehungen mit ihnen aufzubauen. Denn der König von Portugal sei reicher und mächtiger als die anderen europäischen Herrscher, so dass es nicht darum gehe, Gold und Silber zu gewinnen.

Nach einer beschwerlichen Rückkehr in die Nähe der Schiffe brachte da Gama am nächsten Tag für eine zweite Audienz die vorgesehenen Geschenke mit, darunter Korallenketten, Hüte, Waschbecken und Fässer mit Öl und Honig. Die zuständigen Amtsträger des Königs konnten ihre Belustigung kaum unterdrücken und sagten, «dass der ärmste Kaufmann aus Mekka oder irgendeinem anderen Teil Indiens mehr als das geben würde» (ebd. 64 bzw. 81). Das geforderte Gold konnte da Gama nicht bieten, es half wenig, dass er darauf bestand, er sei kein Kaufmann, sondern Gesandter. Die Audienz kam so erst am folgenden Tag zustande, und auch der König fragte, warum er als Gesandter eines reichen Königs nichts von Wert mitgebracht habe. Zumindest kam es aber zur Verlesung der Schreiben des portugiesischen Königs, auch in einer arabischen Übersetzung, die der Samorin mit Zufriedenheit aufnahm. Die Frage nach den portugiesischen Handelswaren, die da Gama mit Hinweis auf Getreide, Tuch, Eisen und Bronze beantwortete, mündete schließlich in der königlichen Anweisung, die Portugiesen sollten in ihre Quartiere zurückkehren, um ihre Waren zu ordnen und zum besten Preis zu verkaufen.

Der Aufenthalt entwickelte sich nun mehr und mehr zu einem Desaster. Die portugiesischen Waren ließen sich kaum absetzen, obwohl der König nach einem Protest da Gamas eine Gruppe nicht-muslimischer Kaufleute zur Einschätzung der Waren ausgesandt hatte. Als der Samorin Ende Juni Träger stellte, um entsprechend einer Bitte da Gamas die Waren ins Zentrum von Calicut zu bringen, befürchteten die Portugiesen bereits eine Verschwörung. Dennoch gab es während des Juli noch einen regen Handelsaustausch, viele Einwohner kamen zu den Schiffen, um etwa Gewürze und Edelsteine gegen Tuche und Metalle einzutauschen. Anfang August sandte da Gama mit Diogo Dias Geschenke zum König, um seine Abreise anzuzeigen und eine Botschaft und Geschenke für den portugiesischen König zu erbitten. Offenbar plante er, einen Faktor und einen Schreiber vor Ort mit Waren zu hinterlassen. Der Samorin wollte jedoch die Geschenke gar nicht erst sehen und forderte von den Portugiesen die Zahlung von 600 *ashrafis* (180 000 *reis*) für ihre Geschäfte. Dann brachte man Dias zum Lager mit den portugiesischen Waren zurück, setzte ihn aber dort mit seinen Leuten gefangen. Zudem sollten keine Boote mehr zu den Schiffen da Gamas hinausfahren.

Am 13. August erfuhren die Portugiesen von den Ereignissen und sahen sich in der Vermutung bestätigt, die muslimischen Kaufleute hätten den König für sich eingenommen. Zudem wurden sie von einem Muslim und zwei Christen gewarnt, nicht an Land zu gehen, da sie sonst getötet würden. Als sich am 19. August fünfundzwanzig Männer in Booten den Schiffen näherten, ließ da Gama achtzehn von ihnen, darunter sechs Mitglieder der städtischen Führungsschicht, als Geiseln nehmen und informierte den königlichen Faktor, dass er sie im Tausch gegen seine Männer freilassen würde. Nichts geschah, und so bereiteten die Portugiesen die Abreise vor, wurden aber von ungünstigen Winden an der Abfahrt gehindert. Während sie noch unweit von Calicut ankerten, erreichte sie am 26. August die Nachricht, Diogo Dias sei nunmehr beim König, und sie sollten die Geiseln freilassen. Da Gama war misstrauisch und forderte daher seinerseits die Freilassung der Portugiesen, bevor er handeln würde. Dias hatte inzwischen vom König die Erlaubnis erhalten, auf die Schiffe zurückzukehren, sollte aber die dort Gefangenen mitbringen und ebenso das *padrão*, das da Gama an der Küste errichten wollte. Zudem gab ihm der König ein Schreiben für Manuel I. mit: «Vasco Gama, ein Edler deines Haushalts, kam in mein Land, was mir viel Freude bereitete. Mein Land ist reich an Zimt, Nelken, Ingwer, Pfeffer und wertvollen Steinen. Was ich von dir im Austausch begehre, ist Gold, Silber, Korallen und Scharlachtuch» (ebd., 84–85 bzw. 94).

Als Diogo Dias und seine Begleiter wieder an Bord waren, ließ sie da Gama nicht mehr an Land zurückkehren. Den Vertretern des Samorin übergab er nur das *padrão* und die angesehensten Gefangenen, behielt aber sechs Gefangene bei sich, für die er die Rückgabe seiner noch an Land befindlichen Handelswaren forderte. Dieser Austausch scheiterte am 28. August am Misstrauen da Gamas, der eine List befürchtete und daher erklärte, er werde die Männer nach Portugal mitnehmen und bald wieder nach Calicut zurückkommen (tatsächlich kehrten fünf von ihnen 1500 mit Cabral zurück). Die Flotte brach am folgenden Tag in Richtung Heimat auf, da man das eigentliche Ziel der Reise als erfüllt ansah.

Die Rückreise gestaltete sich vielfach noch dramatischer als die Hinfahrt. Die Unkenntnis des Wechsels der Monsunwinde führte zu Behinderungen durch Flauten und Gegenwind, so dass man zunächst nordwärts segelte und dabei wohl mit dem Herrscher von Cannanore (Kannur) Beziehungen aufnahm. So erreichte man am 20. September die Anjediven, wo es zu zwei Angriffen von Schiffen kam, die unter anderem mit Kanonen abgewehrt wurden, sowie zu Kontakten, denen da Gama mit Misstrauen begegnete. Ein etwa 40-jähriger Mann, der Venezianisch sprach und gut gekleidet war, erschien ihm dabei zunächst als «Spion» von Piraten, die eine Attacke auf die Portugiesen planten, wie er unter Folter gestand. Er blieb an Bord und erwies sich als jüdischer Kaufmann, wurde zum Christentum bekehrt und erhielt – nach seinem Paten und einem der Heiligen Drei Könige – den Namen Gaspar da Gama. Gaspar wurde zum wichtigen Informanten der Portugiesen über die Verhältnisse im Indischen Ozean.

Nach dem Aufbruch von den Anjediven am 5. Oktober dauerte es fast drei Monate, ehe die Seeleute wieder Land sahen. Viele erkrankten an Skorbut, dreißig starben allein bei dieser Überquerung des Indischen Ozeans. Nach kriegerischen Auseinandersetzungen vor Mozambique erfuhren sie am 7. Januar 1499 in Malindi wiederum freundliche Aufnahme, setzten aber die Reise nach ein paar Tagen fort. Während Nicolau Coelho mit der *Bérrio* Anfang Juli 1499 als erster in Lissabon eintraf und König Manuel über den Erfolg unterrichtete – der seinerseits umgehend die europäischen Herrscher über den Triumph informierte –, blieb da Gama mit seinem schwer kranken Bruder Paulo auf den Azoren zurück. Erst nach dessen Tod und Bestattung kam er Anfang September nach Portugal und wurde am 18. September mit großen Ehren in Lissabon empfangen. Von rund hundertsiebzig Seeleuten kehrten nur fünfundfünfzig nach Lissabon zurück, und außer der Errichtung einiger *padrões* war wenig Bleibendes erreicht. Dennoch war dies der Anfang weitreichender Entwicklungen, die nicht nur die Welt des Indischen Ozeans verändern sollten.

## *Das indische Vizekönigtum der Portugiesen*

Vasco da Gamas Reise bildete den Auftakt für immer neue, nunmehr jährliche Expeditionen. Schon Anfang März 1500 brach Pedro Álvares Cabral mit dreizehn Schiffen und umfangreicher Begleitung von Lissabon auf, darunter Bartolomeu Dias, der eine Niederlassung in Sofala begründen sollte, aber auch mit Diogo Dias und Nicolau Coelho. Offenbar um nach einem ersten Verlust den stürmischen Raum im mittleren Atlantik zu umgehen, vielleicht auch zur Erkundung der Portugal im Vertrag von Tordesillas zugeschriebenen Weltregionen, wählten Cabral und seine Navigatoren eine weit nach Westen führende Route. Dabei erreichten sie am 22. April überraschend Land, das sie zunächst für eine Insel hielten. Nach dem Austausch von Geschenken ließ Cabral vor den Einheimischen eine Messe lesen, die große Aufmerksamkeit fand. In einem anonymen Bericht über die Reise, der in die Sammlung Fracanzano de Montalboddos einging, wird dann auch die Hoffnung auf eine schnelle Christianisierung formuliert. Die Nachricht über die Entdeckung dieses neuen Landes, der *Terra da Santa Cruz*, bald nach dem weit verbreiteten Brasilholz Brasilien genannt, erschien Cabral so wichtig, dass er umgehend ein Schiff zu König Manuel entsandte, bevor er nach neun Tagen selbst wieder nach Osten aufbrach.

Die Weiterreise wurde jedoch durch heftige Stürme erschwert, die vor dem Kap der Guten Hoffnung zum Untergang von vier Schiffen – und zum Tod des Bartolomeu Dias – führten. Sechs der durch die Stürme getrennten Schiffe kamen erst im ostafrikanischen Kilwa wieder zusammen, und erst am 13. September 1500 erreichte die dezimierte Flotte Calicut. Angesichts der in bester Kleidung heimkehrenden fünf Gefangenen war die Aufnahme freundlich, und der Samorin war diesmal auch mit den portugiesischen Geschenken zufrieden. Cabral wurde persönlich von ihm in Audienz empfangen, und der Samorin stimmte einem Handelsvertrag und der Errichtung einer portugiesischen Faktorei in Calicut, der ersten in Indien, zu. Die Instruktionen Cabrals, der zwar freundliche Beziehungen zu den «christlichen» Herrschern aufbauen, die Muslime aber aus dem Handel verdrängen und ein portugiesisches Monopol errichten sollte, standen jedoch einer friedlichen Entwicklung entgegen. Schließlich mündete der Widerstand der muslimischen Kaufleute gegen die portugiesischen Forderungen in einen Angriff gegen die Faktorei, deren Besatzung dabei größtenteils ums Leben kam. Dies wurde mit der Plünderung und Versenkung muslimischer Schiffe und mit Schüssen auf die Stadt beantwortet, die allein vier- bis fünfhundert Einwohner töteten. Die Portugiesen wichen danach, nicht ohne sich auf dem Weg weitere arabische Schiffe anzueignen, nach Cochin und Cannanore aus. In Cochin entstand eine weitere Faktorei. Mit diesem (Teil-)Erfolg kehrte die restliche Flotte Ende Juli 1501 nach Lissabon zurück – mit der Erkenntnis, dass es neben Christen und Muslimen in Indien noch eine dritte Religion gab, den Hinduismus.

Noch vor Cabrals Rückkehr wurde im März 1501 unter João da Nova mit Florentiner Beteiligung eine weitere Flotte von vier Schiffen entsandt, die im November Cannanore erreichte. Nach einem erneuten Angriff auf Calicut segelte man zunächst nach Cochin. Die dortige Faktorei hatte zwischenzeitig wenig absetzen können, so dass man sich dazu entschloss, auch in Cannanore eine Niederlassung einzurichten, in der wie zuvor in Cochin einige der Portugiesen zurückblieben. Nach Kämpfen mit Schiffen des Samorin bei Calicut brach die Flotte Ende Februar zur Rückreise auf und erreichte im September 1502 Lissabon. Neben gewinnbringenden Gewürzen brachte sie wohl Europäer mit, die lange in Indien gelebt hatten: den über sechzigjährigen Venezianer Benvenuto d'Abano mit seiner Familie sowie Antão Lopes aus Valencia, die wertvolle Informationen über Indien vermitteln konnten.

Obwohl sich die Hoffnungen auf christliche Bündnispartner in Indien zerschlugen und für Portugal militärische Unternehmen im Mittelmeerraum weiterhin einen hohen Rang besaßen, wurde nach Cabrals Rückkehr erneut eine größere Flotte ausgerüstet, die zunächst wohl wieder ihm unterstellt werden sollte, am 10. Februar 1502 aber wohl aufgrund familiärer Beziehungen unter dem Befehl Vasco da Gamas von Lissabon auslief. Ein Teil der Flotte, der später im Indischen Ozean unabhängig operieren und den Zugang zum Roten Meer blockieren sollte, unterstand da Gamas Onkel Vicente Sodré, und im April folgte eine Ergänzungsflotte unter seinem Cousin Estêvão da Gama. Da Gamas zweite Reise stand unter ganz anderen Vorzeichen als die erste. Aus der Sicht

König Manuels hatten die vorangehenden Reisen nur Verluste gemacht. Ihre Fortsetzung erforderte daher höhere Einkünfte, die durch den Handel allein nicht zu erzielen waren. Die Konsequenz war ein noch rücksichtsloseres Vorgehen gegen feindlich gesinnte Machthaber und gegen fremde Schiffe. So forderte Gama in Kilwa von Emir Ibrahim, mit dem Cabral schlechte Erfahrungen gemacht hatte, die Unterwerfung unter die portugiesische Herrschaft und die Zahlung eines jährlichen Tributs. Der Emir stimmte zu und stellte zur Sicherheit einen Kaufmann als Geisel, der schließlich, um nicht sein Leben zu verlieren, den Portugiesen eine hohe Summe zahlte.

Dazu kam die Kaperung von Schiffen. Einen negativen Höhepunkt bildete noch vor der Ankunft an der Malabarküste der Angriff auf eine große Dhau mit muslimischen Pilgern, die auf der Heimreise von Mekka waren. Als die reichen Kaufleute aus Calicut die Übergabe der mitgeführten Gelder und Waren verweigerten, wurde das Schiff mitsamt den Männern und zahlreichen Frauen, die für ihre Kinder um Gnade baten, verbrannt. Nur wenige wurden verschont. Ein flämischer Bericht, um 1504 anonym in Antwerpen unter dem Titel *Calcoen* (Calicut) gedruckt, beschreibt das so: «Aber zur selben Zeit nahmen wir ein Schiff aus Mekka, darin waren 380 Menschen und viele Frauen und Kinder, und wir nahmen daraus wohl 12 000 Dukaten und wohl weitere 10 000 Dukaten an Waren, und wir verbrannten das Schiff und alle Leute zu Asche, am 1. Oktober» (Calcoen, [a iv r]).

In Cannanore wurde Vasco da Gama zwar freundlich empfangen, doch führten die Preisforderungen zu neuen Spannungen, in denen sich der Faktor, Paio Rodrigues, um eine Vermittlung bemühte. Am 22. Oktober wandte sich da Gama vorerst weiter nach Calicut. Der Samorin war zwar zu Verhandlungen bereit, doch forderte da Gama die völlige Vertreibung der muslimischen Kaufleute und ließ nach dem Ablauf eines Ultimatums vierunddreißig im Hafen gefangen genommene Fischer an den Masten der portugiesischen Schiffe aufhängen. Dann ließ er auf eine Menschenmenge am Hafen feuern und begann schließlich mit einem Bombardement der Stadt. Am Abend sandte er einige der Toten von den Schiffen zum König, mit einem Brief, in dem er sein Vorgehen als Strafe für den Angriff auf die portugiesische Faktorei unter Cabral beschrieb und selbst Schadenersatz für den portugiesischen Aufwand an Waffen und Material forderte. Das schwere Bombardement Calicuts wurde auch am nächsten Tag fortgesetzt. Am dritten Tag machte sich da Gama nach Cochin auf, ließ aber eine Flotte von sechs Schiffen unter Vicente Sodré zurück, die den Hafen von Calicut blockieren sollte.

In Cochin traf Vasco da Gama auf die Faktoren Gonçalo Gil Barbosa und Lourenço Moreno, aber die Nachrichten aus Calicut hatten eine gespannte Atmosphäre zur Folge. Bei einem ersten, zeremoniell gestalteten Treffen, zu dem, wie im *Calcoen* berichtet, der Herrscher von Cochin mit sechs Kriegselefanten kam, trat jedoch eine Entspannung ein. Selbst Gerüchte, Cannanore, Calicut und Cochin würden sich gegen die Portugiesen verbünden, führten nicht zum Bruch. Vielmehr machte da Gama Cochin bis zum Januar 1503 zum Zentrum seiner Aktivitäten. So wurden nunmehr aus Cannanore Gewürze aufgekauft und freundliche Kontakte zu den Christen der südlichen Malabarküste, die in den Portugiesen Verbündete sahen, hergestellt. Ein Anfang Januar 1503 überbrachtes Friedensangebot des Samorin blieb jedoch ohne Ergebnis, vielmehr kam es im Februar vor Calicut zu einem Seegefecht. Dennoch konnte da Gama endgültig feste Niederlassungen in Cochin und Cannanore begründen und ließ zu ihrem Schutz und für ein Vorgehen gegen die muslimischen Händler fünf Schiffe unter Vicente Sodré zurück, die erste permanente portugiesische Flotte im Indischen Ozean. Da Gama erreichte im April die ostafrikanische Küste und wurde schließlich im Oktober 1503 triumphal in Lissabon empfangen.

Seine Stellung am Hof König Manuels war allerdings im Streit der Parteien um die richtige Politik in Indien gefährdet, und spätestens als sein Onkel Vicente Sodré zu Angriffen auf muslimi-

Almirante por capitão mór, e partio a dez de fevr.º co
rrou á Jndia Dom Vasq.º da gama Almirante por capitão mór, e partio a dez de fevr.º co
inte Vellas, Repartidas em tres capitanias - ss - Vicente sodree tio delle dom Vasquo da
ma Jrmão de sua may q leuaua a sucessão por capitão mór de cinq.º Vellas que a viã de
gar na Jndia em fauor das feytorias de cochi e cananor, e tambem pera e algũs mes
s do verão jrem guardar a boca do estreyto do mar Roxo, e a capitania mór doutras
nq.º Vellas que não estavão prestes se deu a estevão da gama primo co jrmão de Vasquo
a gama, que depoys partio a primeyro dabril; na qual frota jão estes capitaẽs.

S. pantalião

Pedrafonsso daguiar

Diogo fiz correa
por feytor de cochim

lionarda

Dom luis coutinho Ramiro

S. Jeronimo

Dom Vasq.º da gama

S. graviel

gil matoso

João lopez perestrello

bate cabello

Ruy de castanheda

Antonio do campo
com temporal esgarrou
meo perdido foj Jnvernar
e huãs jlhas na costa d
Melinde .......... onde
tava

gil fiz

leytoa nova

Francisq.º da cunha
das jlhas terceyras

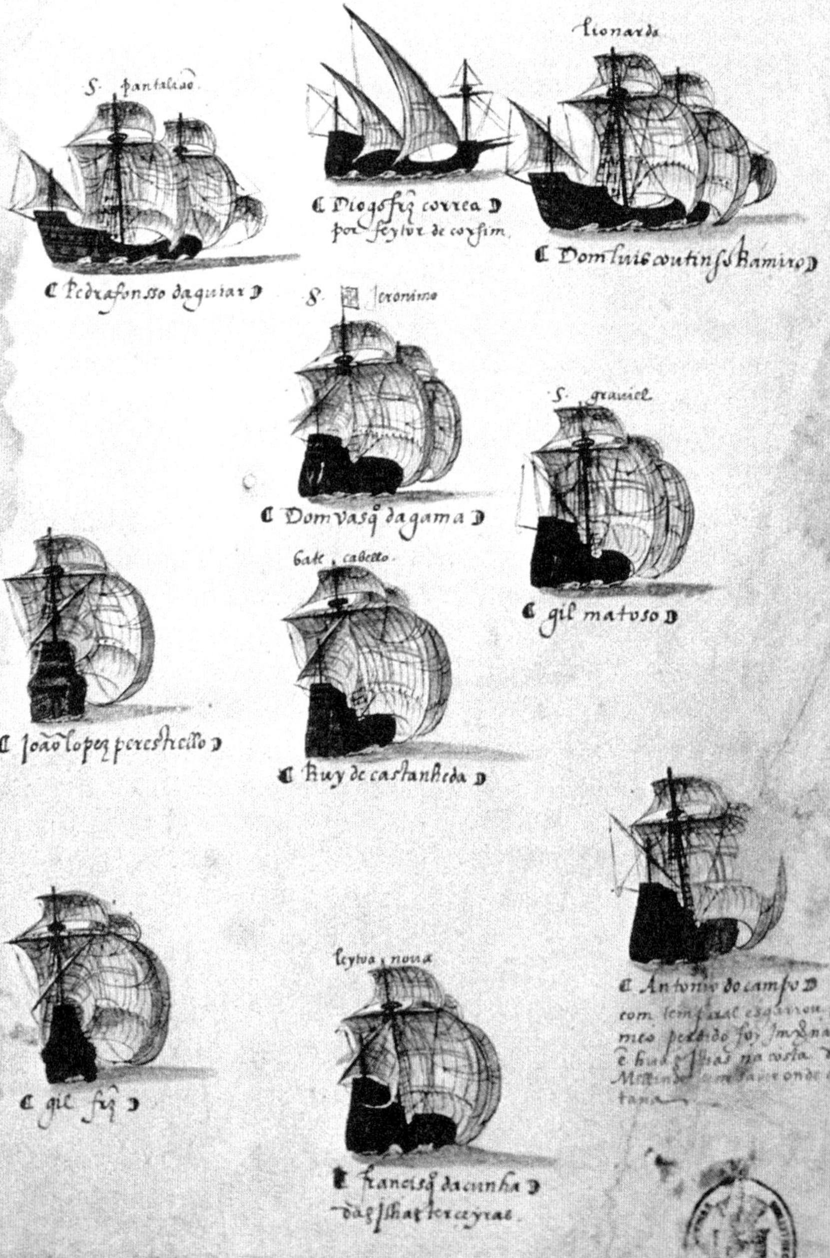

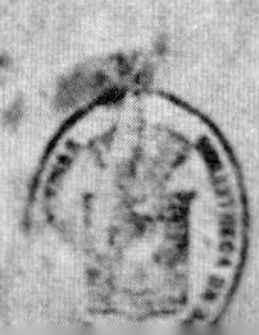

Pera ficare na India e guarda das feytorias de cananor e cochim

sche Handels- und Pilgerschiffe aufbrach, während der Samorin die Abwesenheit der Portugiesen zu einem Angriff auf Cochin nutzte, bei dem die Faktorei aufgegeben werden musste, schlug die Stimmung um. Fast zwanzig Jahre trat da Gama hinter anderen zurück. Im April 1503 waren schon der in vielen Kämpfen in Nordafrika erfahrene Afonso da Albuquerque und sein Cousin Francisco mit jeweils drei Schiffen nach Indien aufgebrochen, gemeinsam mit Duarte Pacheco Perreira und Nicolau Coelho. Sie konnten sich in mehreren Gefechten gegen die Schiffe des Samorin behaupten. Der Herrscher von Cochin wurde wieder eingesetzt, und die Portugiesen errichteten dort ein Fort. Pacheco konnte die Stadt verteidigen, als sie zwischen März und Juli 1504 durch Truppen des Samorin belagert wurde. Zudem wurden Handelsbeziehungen zu Quilon aufgebaut. Die Flotte des Jahres 1504, elf Schiffe unter Lopo Soares de Albergaria, erwies sich gegen den Samorin ebenfalls als erfolgreich. Soares kehrte im Juli 1505 mit reicher Ladung und fast intakter Flotte nach Lissabon zurück.

Während die jährlichen Indienfahrten allmählich zur Routine wurden, entschloss man sich in Portugal endgültig, dauerhafte Strukturen im Indischen Ozean zu schaffen. Ursprünglich war Tristão da Cunha als Leiter des nächsten Unternehmens vorgesehen, doch nach einer Krankheit, die ihn Anfang 1505 kurzzeitig erblinden ließ – vielleicht auch nach Spannungen am königlichen Hof –, übernahm dies Francisco de Almeida. Er erhielt eine Instruktion (*regimento*), nach der er in Indien den Titel eines Vizekönigs annehmen, drei Jahre bleiben und den Aufbau eines portugiesischen Reiches in Indien (*Estado da India*) vorantreiben sollte. Dies schloss die Errichtung von Forts, die eigenständige

Die zweite Flotte unter Vasco da Gama (1502), mit seinem Flaggschiff, der São Jerônimo, in der oberen Mitte der Seite, und den weiteren Schiffen. Aus dem Werk *Memorias das Armadas* (Akademie der Wissenschaften, Lissabon)

Kriegführung, den Abschluss von Verträgen und den Aufbau einer eigenen Verwaltung mit Räten, Ämtern und Gerichten ein. Nach anfänglicher Umsetzung seiner Anweisungen – in Kilwa, Sofala und auf den Anjediven wurden Forts gebaut – gelangte Almeida aber offenbar zu einer anderen Sicht. So forderte er in einem Schreiben an Manuel 1508, sich stärker auf den Ausbau der Flotte als auf den Bau und die Verteidigung von Forts zu konzentrieren.

Almeida residierte fast ausschließlich in Cochin, nicht unbedingt zur Freude des lokalen Herrschers, unternahm aber nur wenig. So verfolgte er die Kontaktaufnahme zum Hindu-Königreich von Vijayanagara und zum Handelsemporium Malakka ohne Nachdruck. Nur einmal, 1506, entsandte Almeida eine Flotte unter seinem Sohn Lourenço an die Westküste Ceylons. Als dieser in einem Seegefecht gegen eine große mamlukische Flotte unter Amir Husain Mushrif al-Kurdi vor Chaul 1508 starb, übernahm er es persönlich, dies zu rächen. Am 3. Februar 1509 kam es vor Diu zur Seeschlacht, in der sich die portugiesischen Kräfte durchsetzten. Dies war ein entscheidender Sieg. Trotz der nunmehr stärker werdenden Präsenz des Osmanischen Reichs im Indischen Ozean sah sich die portugiesische Flotte bis in die 1530er Jahre keiner größeren Bedrohung mehr ausgesetzt. Dieser Erfolg fiel bereits in die Amtszeit von Almeidas designiertem Nachfolger Afonso de Albuquerque, dem er aber wegen ihrer Meinungsverschiedenheiten Ende 1508 die Amtsübergabe verweigerte.

Afonso da Albuquerque stand für eine aktivere, deutlich aggressive Politik, die in der Wahl der Mittel keine Zurückhaltung kannte. Schon 1506 war er erneut mit einer Flotte unter Tristão da Cunha nach Indien aufgebrochen und eroberte Anfang 1507 kurzzeitig Hormuz, musste es aber aufgrund einer Rebellion seiner Offiziere unter João da Nova aufgeben. Nova war es auch, der Almeida mit anderen dazu überredete, die Amtsübergabe zu verweigern. Erst als im November 1509 eine neue Flotte aus Lissabon unter dem Marschall Portugals, Fernando do Coutinho, einem Verwandten König Manuels, ankam, wurde Albuquerque endgültig ins Amt eingeführt. Während Almeida auf der Rückreise in Südafrika umkam, begann Albuquerque mit ersten Aktionen. Ein Angriff gegen den Samorin von Calicut endete zwar im Januar 1510 im Desaster und mit dem Tod des Marschalls, doch konnte Albuquerque nunmehr eigenständig vorgehen.

Albuquerques Strategie zielte auf die Errichtung eines zentral kontrollierten portugiesischen Vizekönigtums mit einem eigenen Territorium und hohen Anteilen am Gewürzhandel. Der erste Schritt dazu war die Eroberung Goas, die nach harten Kämpfen und einigen Rückschlägen im Dezember 1510 abgeschlossen war und für die er gegen den Willen ihrer Befehlshaber auch eine portugiesische Handelsflotte requirierte. Das nächste Unternehmen richtete sich gegen Malakka, wo Diogo Lopes de Sequeira bereits 1509 bei seiner Mission einige Portugiesen zurückgelassen hatte, die inzwischen gefangen gesetzt worden waren. Albuquerque erreichte nach seiner Ankunft im Juli 1511 zunächst gewaltsam die Befreiung der Gefangenen, und als sich die Verhandlungen hinzogen, nahm er die Stadt im August 1511 ein. Die Malayen wurden vertrieben, aber die anderen Bevölkerungsgruppen behielten ihre Rechte und wurden dem portugiesischen Kapitän unterstellt. Nach der Errichtung einer Faktorei und eines Forts kehrte er im Februar 1512 nach Cochin zurück. Danach wandte sich Albuquerque nach Westen, um die Zugänge zum Indischen Ozean zu kontrollieren. Im März 1513 scheiterte ein Angriff auf Aden, doch nach einer Phase der Reorganisation begann Albuquerque im Februar 1515 mit einem Unternehmen zur Unterwerfung von Hormuz. Dies gelang, und zwischen Mai und November 1515 wurde dort eine portugiesische Festung errichtet.

Albuquerque starb auf dem Rückweg nach Goa am 16. Dezember 1515. Seine Eroberungen etablierten den *Estado da India* und öffneten den Portugiesen die Möglichkeit zu vielfältigen Kontakten im west-, süd- und südostasiatischen Raum. So wurden freundlich-neutrale Beziehungen zum König von Vijayanagara aufgebaut, und es kam 1515 sogar zu einem Austausch von Gesandten mit dem Schah von Persien. Nach der Eroberung Malakkas schickte Albuquerque schon 1511 Gesandtschaften nach Pegu (im heutigen Myanmar) und nach Siam. Auch der Weg zu den Gewürzinseln stand nunmehr offen.

## *Frühe Berichte über Indien und Südostasien*

Die regelmäßig von Lissabon nach Indien absegelnden Flotten erlaubten es auch anderen Europäern, Eindrücke von den fernen Regionen Asiens zu gewinnen. Ein Beispiel bietet etwa der erwähnte flämische Bericht *Calcoen* über da Gamas zweite Reise. Für die unter erheblicher Beteiligung fremder Kaufleute finanzierte Flotte des ersten Vizekönigs Francisco de Almeida von 1505 haben sich sogar zwei Berichte von Vertretern der Welser erhalten. Der erste stammt von Hans Mayr. Sein Tagebuch bietet neben technischen Details zur Reise auch Informationen über die besuchten Regionen und ihre Bewohner. Noch etwas ausführlicher ist der Bericht des Balthasar Sprenger, der mit einer Beschreibung des ländlichen Lebens im Senegal beginnt, dann die Ereignisse an der ostafrikanischen Küste schildert und nur kurz auf Indien eingeht. Er wurde 1509 mit Illustrationen des Augsburger Künstlers Hans Burgkmair d. Ä. gedruckt. Hinzuweisen ist auch auf die ergänzenden Berichte italienischer Kaufleute.

Waren diese immer noch aus der Distanz der in die Ferne reisenden Europäer geschrieben, vollzog sich bei den Portugiesen schon früh ein bezeichnender Wandel. Wie Joan-Pau Rubiès herausgearbeitet hat, entstanden schon bald nach der Eroberung Goas die ersten Schriften einer «colonial elite in formation whose novel horizon was a settled, prosperous life in India» (Travel and Ethnology, 205). Ein Beispiel ist das üblicherweise auf 1516 datierte «Buch des Duarte Barbosa» mit ausführlichen Beschreibungen der Länder um den Indischen Ozean, vor allem der Malabarküste, ein weiteres die *Suma Oriental* des Tomé Pires.

Barbosas Lebenslauf lässt sich nur schwer erschließen, da es in dieser Zeit offenbar mehrere Personen dieses Namens in Indien gab. Ein Duarte Barbosa war der Sohn Diogo Barbosas – eines der Kapitäne der dritten Indienflotte unter João da Nova –, der als Schwager Fernando Magellans mit dessen Erdumsegelung in Verbindung gebracht wird, während der er am 1. Mai 1521 auf den Philippinen starb. Die Anlage von Barbosas *Livro* deutet allerdings bereits auf die Reise der Flotte unter Pedro Álvares Cabral. Cabral setzte Gonçalo Gil Barbosa um 1500 als Faktor in Cochin ein, wohl schon in Begleitung seines Neffen Duarte. Dieser Duarte Barbosa lernte so schnell die Sprache der Region, das Malayalam, dass er schon 1503 an der Mission von Francisco de Albuquerque nach Cannanore als Dolmetscher teilnahm und auch für Afonso de Albuquerque tätig war. Als Schreiber der Faktorei in Cannanore gehörte er dann aber zu den Gegnern Albuquerques und musste vielleicht deshalb zwischenzeitig nach Portugal zurückkehren. Noch 1520–1529 oder später ist er jedoch wieder in Indien belegt.

Ähnlich wie zuvor Ludovico de Varthema beschreibt Barbosa die Welt des Indischen Ozeans in einer für die Zeit typischen Dreiteilung. Neben Christen und den als Mauren bezeichneten Muslimen kennt er nur – ohne weitere Differenzierung – *gentios* (Heiden). Dennoch bietet seine Darstellung eine Fülle von Eindrücken, die er geografisch gliedert, nach den Stationen einer Reise vom Süden Afrikas an die Malabarküste, über Malindi, Äthiopien, Arabien, Persien, Diu, Goa und Vijayanagara, sowie von dort bis nach China, über Ceylon, Bengalen, Pegu, Siam, Malakka, Java und die Molukken. Viele der oft kleinen Kapitel bieten vor den Details zunächst eine grobe Einordnung, die neben der Religion kurz die politischen und wirtschaftlichen Verhältnisse sowie die Bedeutung für die Portugiesen beschreibt.

Besondere Aufmerksamkeit finden die Thomas-Christen. So gibt Barbosa ausführlich die Thomas-Legenden wieder und beschreibt das Thomas-Grab in Mylapore. Bei aller Sympathie merkt er aber auch kritisch an, sie seien «gläubige Christen, aber es fehlt ihnen an Unterweisung» (Livro Duarte Barbosa, 166). Zudem würden die immer nur kurz ins Land kommenden armenischen Priester trotz ihres einfachen und gläubigen Auftretens Taufen nur gegen Geld vornehmen, so dass viele Arme ungetauft blieben. An den Hindus bleibt Barbosa trotz der negativen Charakterisierung als «Heiden» durchaus interessiert. So geht er intensiv auf die Brahmanen und auf hinduistische Riten ein und sieht gewisse Parallelen zu den Christen. Sie hätten Glocken wie die Christen und Bilder, die die Heilige Dreieinigkeit repräsentierten – gemeint ist, wie er selbst später ausführt, die Dreiheit der Götter Brahma, Vishnu und Shiva. Barbosa beschreibt aber nicht nur die Ehen und Bräuche der Brahmanen, sondern auch das Kastensystem und die Sitte der Witwenverbrennung. Auch in der Darstellung der muslimischen Reiche finden sich nicht nur negative Elemente. Muslimische Herrscher werden vor allem dort zumindest neutral präsentiert, wo sie, wie der Sultan von Ternate, zur Zusammenarbeit mit den Portugiesen bereit waren. Daneben werden oft militärische, kaufmännische und technische Fähigkeiten der Muslime hervorgehoben. Ein Fokus der Darstellung liegt allgemein auf den Handelswaren, Handelskontakten und Kaufleuten der Regionen, aber auch Stadtbefestigungen und Architektur finden seine Aufmerksamkeit.

Diese nüchterne Art der Beschreibung, fast frei von Stereotypen, findet sich ähnlich, aber noch gesteigert, in der *Suma Oriental* des Tomé Pires. Der Sohn des Apothekers von Johann II. war wohl schon über vierzig, als er 1511 in Indien eintraf. Zunächst Faktor für Arzneimittel in Cannanore, wurde er im April oder Mai 1512 nach Malakka entsandt, um dort die Funktionen eines Schreibers der Faktorei und Verwalters der Arzneimittel zu übernehmen. Im März 1513 nahm er als Faktor an einer Expedition nach Java teil, die Gewürze kaufen sollte. Nach seiner Rückkehr nach Indien im Januar 1515 berief ihn der Nachfolger von Albuquerque, Lopo Soares de Albergaria, im Februar 1516 zum Leiter der ersten diplomatischen Mission Portugals nach China. Diese verlief wenig erfolgreich. Pires starb 1524 (oder sogar erst um 1540) in China.

Es dürfte kein Zufall sein, dass die *Suma Oriental* im 16. Jahrhundert nur in einer anonymen, verkürzten italienischen Übersetzung in den Druck gelangte (durch Giovanni Ramusio 1550) und dass erst 1937 eine vollständige Abschrift aufgefunden wurde. Die Fülle der darin vermittelten Kenntnisse über den Raum, über Handelswaren und -praktiken, Maße, Gewichte und Währungen bedeutete einen Informationsvorsprung, den die portugiesische Krone ungern aus der Hand gab. Pires folgt wie Barbosa dabei einem geografischen Schema. Zunächst behandelt er den Raum zwischen Ägypten und Gujarat, dann die indische Westküste und Ceylon. Der dritte Teil beschreibt das festländische Südostasien, erstmals aus eigener Erfahrung, der vierte den Raum zwischen China und Borneo, mit Japan und den Philippinen. Ein klarer Schwerpunkt liegt auf den Schlussteilen mit dem insularen Südostasien und Malakka.

So beschreibt Pires detailliert die Geschichte Malakkas seit dem 14. Jahrhundert, seine Verwaltung und seine Handelspartner, hebt aber auch die Erfolge seit der Eroberung durch die Portugiesen hervor. Neben der Wirtschaft interessiert auch die Religion, etwa wenn er zu den Molukken feststellt, der Islam sei dort erst vor fünfzig Jahren angekommen, so dass die Könige zwar Muslime, dem Islam aber nicht tief verbunden und drei Viertel ihrer Untertanen noch «Heiden» seien. Detailliert sind oft auch die Ausführungen zu den politischen Verhältnissen, insbesondere auf Java. Anders als bei den älteren Reiseberichten, die sich stärker an den Erwartungen der Leser orientierten und vieles aus anderen Vorlagen übernahmen, ist es Tomé Pires wie schon Duarte Barbosa vor allem wichtig, möglichst genaue Informationen zu vermitteln. Zwar geht damit der literarische Charakter weitgehend verloren, doch wird eine Annäherung an die beschriebenen Regionen deutlich, die nicht mehr nur als fremd und «wunderbar» erscheinen. Der immer noch europäisch geprägte Blick bekommt so jedenfalls eine erweiterte Perspektive.

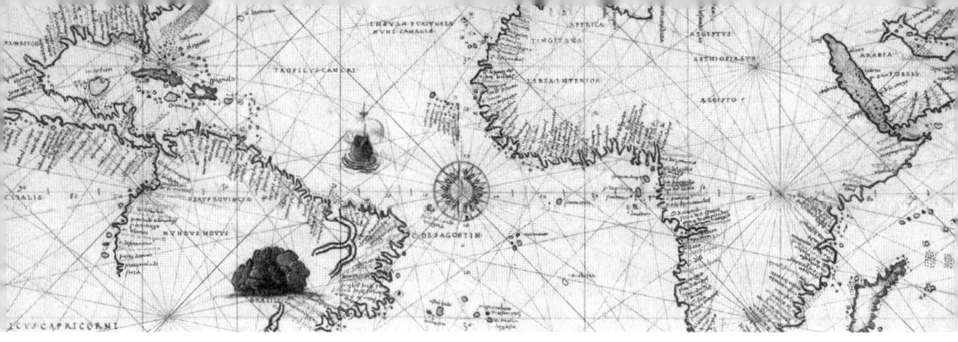


# — 4 —
# ÜBERRASCHUNGEN

## Eine neue Welt im Westen

### *Die lange Suche:*<br>*Der westliche Seeweg nach Indien*

Die portugiesische Entdeckung des Seewegs nach Indien erweiterte zwar die geografischen Kenntnisse über Afrika und seine Ausdehnung nach Süden, führte aber letztlich in bekannte Weltregionen. Vasco da Gama hatte zudem schon gewisse Vorstellungen von dem, was ihn erwartete, als er sich auf den Weg nach Indien machte, auch wenn vieles im Detail korrigiert werden musste. Die portugiesische Expansion erfolgte im Wesentlichen im Raum der drei alten Kontinente Europa, Afrika und Asien. Obwohl Kolumbus zunächst glaubte, sich in demselben Rahmen zu bewegen, gelang ihm, fast gegen seinen Willen, die Kontaktaufnahme zu einem neuen Kontinent, zu einer «Neuen Welt».

Wie man heute weiß, war er damit nicht der Erste, auch wenn den früheren Entdeckern zweifellos nicht bewusst war, dass sie einen neuen Kontinent betreten hatten. Wie sich aus isländischen Sagas und archäologischen Funden ergibt, unternahm um 1000 Leif Eriksson eine Entdeckungsfahrt von Grönland aus nach Westen und Süden, mit drei Landeplätzen, die er Helluland, Markland und Vinland nannte, und legte beim dritten ein festes Lager an. Helluland war vermutlich der südöstliche Teil von Baffin Island, Markland mit Sandstränden und dichter Bewaldung wohl das mittlere Labrador. Die Lokalisierung von Vinland, wo nach dem Bericht des Chronisten Adam von Bremen wilder Wein wuchs, ergibt sich aus der Ausgrabung eines wikingerzeitlichen Dorfes bei L'Anse aux Meadows, das an der nördlichen Spitze Neufundlands lag.

Im folgenden Jahr unternahm Eriks Bruder Thorvald von diesem Stützpunkt aus weitere Erkundungen nach Westen und Norden. Dabei kam es an einer Küste zur Konfrontation mit Indianern («Skrälingern»), bei denen Thorvald offenbar von einem vergifteten Pfeil getötet wurde. Danach brachen noch drei weitere Gruppen nach Vinland auf. Um 1008/09 unternahm der Norweger Thorfinn Karlsefni offenbar den Versuch einer dauerhaften Ansiedlung, die aber nach einem Streit im Frühjahr des nächsten Jahres aufgegeben werden musste. Ein weiterer Ansiedlungsversuch wurde 1011/12 unternommen, scheiterte aber an internen Kämpfen. Danach nutzten die Grönländer die Wälder des amerikanischen Nordens wohl nur noch, um dort das benötigte Holz zu schlagen. Noch 1347 kam ein schwer beschädigtes Schiff aus Markland nach Island zurück. Der allgemeine Rückgang der Temperaturen führte bald zur Aufgabe der Siedlungen auf Grönland. Allerdings könnte die Kenntnis fruchtbaren Landes im Westen erhalten geblieben sein, wie sich aus späteren Berichten über eine portugiesisch-dänische Entdeckungsfahrt im Nordatlantik ergibt, an der 1473 zwei deutsche Seefahrer, Didrik Pining und Hans Pothorst, beteiligt gewesen sein sollen. Dies geht zumindest aus einem Brief des Kieler Bürgermeisters Carsten Grip an König Christian III. von Dänemark von 1551 hervor, über den hinaus jedoch wenig erschließbar ist.

Die Entdeckungsfahrt von Christoph Kolumbus (Cristoforo Colombo) gehört dagegen in den Kontext der Erkundung des östlichen Atlantik. Der nach Gerichtsakten 1451 geborene Genuese, der Sohn eines Wollwebers, hatte schon früh Erfahrungen als Navigator gesammelt. So gelangte er im östlichen Mittelmeer bis nach Chios, reiste im nördlichen Atlantik bis nach Bristol und wohl auch nach Irland (und Island), und nach Süden nahm er an einer der portugiesischen Fahrten an die Guineaküste, zum Fort Mina, teil. Auf Porto Santo heiratete er um 1480 die Tochter von Bartolomeu Perestrelo, dem Herrn der Insel, und konnte dessen Aufzeichnungen nutzen. Kolumbus war ein Autodidakt, der sich auf der Grundlage elementarer Schulbildung und dank guter Sprachkenntnisse (Latein, Portugiesisch, Kastilisch) vieles durch Lektüre aneignete. Einen Eindruck davon geben die frühen Drucke und Manuskripte aus seinem Besitz, die heute noch in Sevilla erhalten sind und vielfach Randbemerkungen von seiner Hand aufweisen.

Dazu zählen nicht nur der Reisebericht des Marco Polo, der ihn stark beeinflussen sollte, und die *Geographia* des Ptolemaios, sondern auch die astronomisch-geografische Schrift *Imago mundi* des Pariser Theologen Pierre d'Ailly, die Naturgeschichte Plinius' d. Ä. sowie die (unvollendet gebliebene) Kosmographie des Humanisten Enea Silvio Piccolomini. Zudem besaß er die Sternentafeln des Astronomen Johannes Müller (Regiomontanus) und kannte nicht nur die *Etymologiae*, das Begriffslexikon Isidors von Sevilla, sondern auch den weit verbreiteten Reisebericht des Jean de Mandeville und die *Historia Scholastica* des Petrus Comestor, eine an der Bibel orientierte Weltgeschichte. Dies weist auch auf seine tiefe persönliche Frömmigkeit. So suchte er aus theologischen Werken wie denen Augustins oder Nikolaus' von Lyra für sich selbst Erkenntnisse zu gewinnen oder sogar einen «göttlichen Auftrag» abzuleiten. Vieles nahm er unkritisch für wahr, wo Vorsicht angebracht gewesen wäre, und seine Wahrnehmung wurde durch seine eigenen Vorstellungen und Absichten gesteuert.

Seine Erfahrungen und die theoretischen Grundlagen verdichteten sich bei Kolumbus schon im Laufe der 1480er Jahre zu der festen Überzeugung, das von Marco Polo beschriebene Ostasien auf dem Weg nach Westen erreichen zu können. Die theoretische Möglichkeit war angesichts der unbestrittenen Kugelgestalt der Erde seit Langem klar, offen war die Frage der Entfernungen, die nicht nur Kolumbus unterschätzte. Dies zeigt sich auch im Zusammenhang mit dem ersten bekannten Vorschlag einer Westfahrt. Der florentinische Geograph und Arzt Paolo dal Pozzo Toscanelli betonte im Juni 1474 in einem langen Brief mit einer Karte die grundsätzliche Erreichbarkeit des Reichs des Großkhans (der in China längst durch die Ming-Dynastie abgelöst war) über den Weg nach Westen. So verzeichnete die Karte nur ein relativ schmales Meer zwischen Europa und Afrika auf der einen, China, Japan und Indien auf der anderen Seite. Nach dem späteren Bericht von Bartolomé de las Casas besorgte sich Kolumbus bald von Toscanelli eine Abschrift von Brief und Karte, nachdem er über den portugiesischen Hof davon erfahren hatte.

1484 wandte sich Kolumbus mit seinem Plan, Asien auf dem Weg nach Westen zu erreichen, selbst an Johann II. von Portugal. Der König leitete den Vorschlag an die Fachleute in der *Junta dos Matemáticos* weiter, die ihn nach längeren Beratungen verwarf. Ein Grund waren sicher die unklaren Entfernungen und die unbekannten Risiken einer Überquerung des Atlantiks, ein anderer die portugiesischen Fortschritte entlang der afrikanischen Westküste, und nicht zuletzt dürfte auch die Forderung eine Rolle gespielt haben, die Krone solle das Unternehmen finanzieren. Ende 1484 oder Anfang 1485 verließ Kolumbus Lissabon, möglicherweise aufgrund von Schulden, die er nicht zurückzahlen konnte. Er ging zunächst nach Andalusien, wo er auf Hilfe von Verwandten seiner verstorbenen Frau hoffte, wollte aber nicht unbedingt in Spanien bleiben. Dort ergaben sich jedoch Kontakte zum Königshof, unter anderem durch Luis de la Cerda, den Grafen von Medinaceli. Auch Enrique de Guzmán, der Herzog von Medina Sidonia, interessierte sich für Kolumbus' Projekt und könnte ihm schon 1485 versprochen haben, Schiffe zu finanzieren.

Dennoch dauerte es noch sieben Jahre, bis zum April 1492, ehe Kolumbus von den *Reyes Católicos*, vom katholischen Königspaar, die Zustimmung zu seinem Unternehmen bekam. Die Herrscher, die seiner Präsentation zunächst wenig Glauben schenkten, hatten zuerst eine Kommission unter Isabellas Beichtvater und Ratgeber Hernando Talavera eingesetzt, die die Verwirklichung des Vorhabens 1490 mit ähnlichen Gründen wie zuvor in Portugal verweigerte. Erst als Kolumbus schon weiterreisen wollte, kam es 1491 zur erneuten Einsetzung einer Kommission, die diesmal die königlichen Räte für die Aushandlung von Details einschaltete. Kolumbus' Forderungen drohten noch einmal alles zum Scheitern zu bringen, doch gelang es dem Hofbeamten Luis de Santángel, der auch einen Teil der Kosten übernahm, eine Lösung zu vermitteln. Im Mai 1492 wurde Kolumbus dann erstmals von Ferdinand und Isabella zu einer persönlichen Audienz empfangen.

## *Die vier Reisen des Christoph Kolumbus*

Kolumbus hat mit Ausnahme der zweiten Reise über fast alle seine Unternehmungen berichtet. Die Ergebnisse der ersten Reise hat er neben dem «Bordbuch» in einem 1493 in Barcelona veröffentlichten Brief an Luis de Santángel zusammengefasst. Der königliche Schutzbrief an die asiatischen Herrscher spricht von Indien als Reiseziel, und so war auch Kolumbus überzeugt, er breche nach Indien auf, als dessen östlichen Teil die Europäer China verstanden. Es ist dieses Missverständnis, das ihn auf seinen Reisen bis zum Schluss begleitet und die Unternehmen geprägt hat. Die Inseln der Karibik wurden so leicht zu den bei Marco Polo erwähnten zahllosen «Vorboten» des asiatischen Festlands, Hispaniola zu Cipangu, dem Japan Marco Polos, oder Kuba zum chinesischen Festland. Zudem hat Kolumbus damit Erwartungen auf hohe Gewinne geweckt, die sich nur schwer erfüllen ließen.

Christoph Kolumbus auf einem Gemälde Sebastiano del Piombos (1519), wohl ohne Porträtähnlichkeit. Authentische Darstellungen des Entdeckers sind nicht erhalten.

Obwohl Kolumbus die Windsysteme und Strömungen im Atlantik nur aus dem östlichen Teil kannte und die zurückgelegte Entfernung nur ungefähr bestimmen konnte, gelang ihm eine eindrucksvolle navigatorische Leistung. Am 3. August 1492 brach er vom Hafen in Palos mit drei Schiffen, der *Santa Maria*, der *Pinta* und der *Niña*, auf, um zunächst La Gomera anzusteuern. Auf den Kanarischen Inseln blieb er rund vier Wochen zu Reparaturen und zur Proviantbeschaffung, bevor die Schiffe am 6. September die Reise nach Westen antraten. Schon nach 36 Tagen, am 12. Oktober, wurde erstmals Land gesichtet. Kolumbus fürchtete während der gesamten Reise den Widerstand der Mannschaft und trug, wie er selbst im später von Bartolomé de las Casas bearbeiteten Bordbuch schreibt, weniger ein, «als zurückgelegt worden war, damit seine Leute nicht den Mut verloren, falls die Reise zu lange dauern sollte» (Viajes de Cristóbal Colón, 9; vgl. Bordbuch, 19–20). Tatsächlich gab es mehrfach Ansätze zu einer Meuterei.

Die zuerst erreichte Insel gehörte zu den Bahamas, hieß bei den Einwohnern *Guanahani* und wurde von Kolumbus *San Salvador* getauft. Nach der Landung vollzog er, zusammen mit den Kapitänen der *Pinta* und der *Niña* sowie dem königlichen Notar Rodrigo Descovedo, eine formale Inbesitznahme im Namen der «katholischen Könige», offenkundig nach portugiesischem Vorbild. Dies geschah vor den Augen einer immer größer werdenden Menge von Eingeborenen, die naturgemäß nicht verstanden, was da geschah. Kolumbus notiert weiter: «In der Erkenntnis, dass es sich um Leute handle, die man weit besser durch Liebe als mit dem Schwert retten und zu unserem Heiligen Glauben bekehren könne, gedachte ich sie mir zur Freunden zu machen und schenkte also einigen unter ihnen rote Kappen und Halsketten aus Glas und noch andere Kleinigkeiten von geringem Wert, worüber sie sich ungemein erfreut zeigten» (ebd., 25 bzw. 46). Tatsächlich blieb die Kontaktaufnahme mit den Menschen der Insel, die nackt umherliefen, kein Eisen und kaum Waffen kannten, durchweg friedlich. Auch in den nächsten Tagen kamen sie immer wieder zu den Schiffen. Kolumbus sah in ihnen leicht zum Christentum zu bekehrende Diener und Arbeitssklaven, die, wenn es der König befehle, leicht «nach Kastilien zu schaffen oder aber auf ihrer eigenen Insel als Sklaven zu halten [wären ...], da man mit einigen fünfzig Mann alle anderen niederhalten und zu allem zwingen könnte» (ebd., 29 bzw. 53).

Gegenüber dem Naturvolk zielte Kolumbus also von Anfang an auf Unterwerfung und Mission. Ein weiteres Ziel war die Beschaffung von Gewürzen, Gold und Edelsteinen. Schon am zweiten Tag sah Kolumbus Männer mit goldenem Nasenschmuck und fragte nach der Herkunft des Goldes. Er erhielt die Antwort, man müsse dafür nach Süden fahren. Die Suche nach Gold wiederholte sich auch auf den anderen Inseln. Kolumbus glaubte sich dicht bei einer Goldmine, erhielt ein Goldgeschenk von einem Kaziken (Häuptling) oder hörte von einer Insel südlich von Kuba, auf der in großen Mengen Gold gewonnen werde. Bei den Gewürzen und wertvollen Produkten unterliefen Kolumbus viele Missverständnisse, so dass am Ende nur Baumwolle, Chili-Pfeffer und einige weitere Naturprodukte nach Kastilien zurückgebracht werden konnten.

Von den Bahamas segelte Kolumbus südwestlich an die Nordküste Kubas, das er *Juana* nannte, und nahm friedlichen Kontakt mit dessen Bevölkerung auf. Nachdem eine Mission ins Landesinnere auf der Suche nach Gold ohne Ergebnis geblieben war, wandte er sich zurück nach Osten und kam nach Hispaniola (heute aufgeteilt zwischen Haiti und der Dominikanischen Republik). Wieder waren die Begegnungen mit den Einwohnern friedlich. Diesmal kam sogar ein Kazike zum Austausch von Geschenken und zu einem Mahl an Bord. Kolumbus notierte sein feierliches Auftreten und die Hochachtung, die ihm seine Untertanen entgegenbrachten. «Ohne Zweifel hätten Eure Hoheiten Gefallen daran gefunden», vermerkte er, an Ferdinand und Isabella gerichtet (ebd., 108 bzw. 172). Vor Hispaniola kam es jedoch dann zu einem schwerwiegenden Zwischenfall. Die *Santa Maria* lief auf eine Sandbank und war nicht mehr zu reparieren. Kolumbus entschloss sich zur Aufgabe des Schiffes und ließ mit dem Holz ein erstes Fort bzw. eine Siedlung errichten, die er *La Navidad* nannte. Neununddreißig Mann der Besatzung fanden sich bereit, dort zu bleiben, während Kolumbus mit den beiden noch intakten Schiffen Anfang 1493 nach Spanien zurücksegelte.

Noch auf dem Schiff legte er in seinem Brief an Luis de Santángel die Erfolge der Mission dar. Er verweist dabei auf den Besuch von Kuba, Hispaniola und drei der Bahamas-Inseln, auch wenn er sie nur zum Teil tatsächlich erkundet hatte. Deren Bewohner würden keine Städte, kein Privateigentum und keine schweren Waffen kennen, seien freundlich und hilfsbereit und würden sich leicht zum Christentum bekehrt lassen. Zudem verspricht er reiche Gold- und Gewürzvorkommen. Nach seiner Landung reiste er mit den mitgebrachten Indios, Papageien, Gold und exotischen Waren von Sevilla über Murcia, Valencia und Tarragona nach

Barcelona, wo ihn das Königspaar empfing und in den Adelsstand erhob. Kolumbus hatte den Höhepunkt seiner Berühmtheit erreicht.

Wohl nicht zuletzt um möglichen portugiesischen Ansprüchen zu begegnen, ging Kolumbus schon im September 1493 auf seine zweite Reise. Diesmal gaben ihm die «katholischen Könige» siebzehn Schiffe und 1500 Mann mit. Ziel war es, das Erreichte zu festigen, Städte zu gründen und endlich Gold zu finden. Die hohen Erwartungen an die Mission führten schließlich in mehrfacher Hinsicht zu einem Desaster. Aufgebrochen von Cádiz, erreichte er zunächst Dominica, Guadelupe und andere Inseln der Kleinen Antillen. Neben einer ersten Begegnung mit einem kriegerischen Volk auf Guadelupe trug zu einem Wandel in der Wahrnehmung bei, dass Kolumbus *La Navidad* völlig zerstört vorfand und die spanische Besatzung wohl wegen ihrer Übergriffe gegen die Indios getötet worden war.

Während Kolumbus weiter östlich Santo Domingo als neues Zentrum gründete, begannen die Spanier mit der zunehmend grausameren Unterwerfung Hispaniolas, die zur Ermordung eines großen Teils der Bevölkerung führte. Bartolomé de las Casas hat die Vorgänge in bewegenden Worten beschrieben: «Die Insel Hispaniola war [...] die erste, auf der die Christen einfielen, und dort begannen sie mit dem großen Metzeln und Morden unter diesen Leuten, und so wurde sie von ihnen zuerst zerstört und entvölkert. Und dort fingen die Christen an, den Indios ihre Frauen und Kinder zu entreißen, um sich ihrer zu bedienen und sie zu missbrauchen, ihnen auch die Speisen wegzuessen, die sie mit ihrer Mühe und Arbeit gewonnen hatten. [...] Fortan suchten die Indios nach einer Möglichkeit, wie sie die Christen aus dem Lande vertreiben könnten. [...] Die Christen [aber] mit ihren Pferden, Schwertern und Lanzen verübten Metzeleien und unerhörte Grausamkeiten an ihnen. Sie [...] verschonten nicht einmal Kinder oder Greise, Schwangere oder Wöchnerinnen. Ihnen allen schlitzten sie den Bauch auf und zerstückelten sie, als fielen sie über ein paar Lämmer her» (Las Casas, Relación, 11–12; Bericht, 20–21). Die Anführer der Eingeborenen seien, so Las Casas weiter, noch lebend auf einem Rost bei kleinem Feuer langsam unter großen Schmerzen verbrannt worden, und auf die Indios in den Bergen habe man Bluthunde gehetzt, die ihre Opfer zerfleischten.

Auch auf Jamaica, das im Mai 1494 erreicht wurde, kam es zu schweren Auseinandersetzungen. Kolumbus konnte oder wollte sich nicht gegen die Eskalation zur Wehr setzen, sondern nahm selbst viele indianische Sklaven mit nach Europa, von denen ein großer Teil während der Reise starb. Mit der Erkundung der Antillen, Puerto Ricos, Hispaniolas und Jamaicas konnten auf der Reise zwar genauere Kenntnisse des Raums gewonnen werden, doch brach Kolumbus die Fahrt entlang der kubanischen Küste nach Westen vorzeitig ab und verlangte von den Seeleuten den Schwur, dass Kuba schon zum asiatischen Festland gehöre. Obwohl er Jamaica für das *Iava maior* Marco Polos hielt und auch auf Kuba Anzeichen für die Nähe Chinas entdeckt zu haben glaubte, war er dem Ziel, die Residenz des Großkhans zu finden, nicht näher gekommen. Aber vor allem waren die erhofften Goldfunde ausgeblieben. Als Kolumbus im Juni 1496 wieder in Spanien ankam, war sein Stern im Sinken begriffen.

Auch die folgenden Reisen verliefen wenig erfolgreich. Die dritte Reise des Admirals und «Vizekönigs von Indien» stand unter dem Eindruck des Unternehmens von Vasco da Gama. Ende Mai 1498 aufgebrochen, wählte er diesmal einen südlicheren Weg, erreichte Trinidad und im August 1498 erstmals das südamerikanische Festland. An der Mündung des Orinoco glaubte er, das irdische Paradies entdeckt zu haben, doch spätestens auf Hispaniola holte ihn angesichts schwerwiegender Probleme der Siedler die Wirklichkeit ein. Christoph Kolumbus und seine Brüder Diego und Bartolomé wurden in Ketten nach Spanien zurückgebracht. Heimkehrer hatten sie beschuldigt, die Kolonie nicht ordentlich zu verwalten, so dass die Krone im Mai 1499 Kolumbus ab- und

Francisco de Bobadilla als neuen Gouverneur einsetzte sowie eine Flotte nach Hispaniola entsandte.

Kolumbus und seine Brüder wurden zwar begnadigt, doch Ende 1501 setzten die «katholischen Könige» zunächst einmal Nicolás de Ovando als Gouverneur ein und sandten ihn mit dreißig Schiffen und 2500 Mann gen Westen. Kolumbus durfte nur einen persönlichen Vertreter mitschicken, der von Bobadilla seinen Besitz zurückforderte. Schließlich wurde ihm aber im Mai 1502 eine erneute Reise mit vier Schiffen gestattet, die ihn von Hispaniola und dem südlichen Kuba an die mittelamerikanische Küste von Honduras bis Panama führte. Das Unternehmen litt unter Problemen mit den Schiffen, unter Krankheiten der Besatzung und dem Mangel an Lebensmitteln. Ein Schiff musste aufgegeben werden, und in Jamaica sah sich Kolumbus gezwungen, ausgerechnet Ovando um Hilfe zu bitten. Er kam im November 1504 wieder nach Spanien zurück, schon schwer an Gicht erkrankt, und Kolumbus starb am 20. Mai 1506 in Valladolid, ohne die von der Krone geforderte Entschädigung erhalten zu haben. Allerdings kam 1508 eine Ehe zwischen seinem Sohn Diego und María de Toledo aus der Familie der Herzöge von Alba zustande, so dass der Einfluss der Familie erhalten blieb. Diego amtierte 1509–1526 als Gouverneur von Hispaniola, und auch sein Sohn Luis hatte 1540–1551 dieses Amt inne.

## *Spanische Eroberer in den Reichen der Indios*

Kolumbus war zwar mit vielen seiner Pläne gescheitert, seine Reisen aber hatten neue Wege geöffnet, die die spanische Krone nunmehr intensiv nutzte. Alonso de Ojéda und Nicolás de Ovando waren die ersten, die seiner Westroute folgten. Ojéda, der schon auf Kolumbus' zweiter Reise eine aktive Rolle gespielt hatte, kam 1499 mit drei Karavellen in die Karibik, zusammen mit dem Navigator und Kartographen Juan de la Cosa und dem Kaufmann Amerigo Vespucci, der das Unternehmen mitfinanziert hatte. Ojéda unternahm mehrere Reisen entlang der Nordküste Südamerikas, sein äußerst brutales Vorgehen gegenüber den Indios brachte ihm aber am Ende wenig ein. Im Herbst 1510 musste er das von ihm gegründete San Sebastián de Urabá verlassen, um aus Santo Domingo Hilfe zu holen. Dabei geriet er zunehmend in Schwierigkeiten, wurde inhaftiert, verzichtete auf seine Ämter und starb 1515 verarmt auf Hispaniola.

Ovando, der Kolumbus 1501 als Gouverneur ablöste, begann mit einer intensiven Besiedlung Hispaniolas. Bald kamen auch die ersten Afrikaner nach Amerika, da die dezimierte indianische Bevölkerung für den intensiven Zuckeranbau nicht mehr ausreichte. Zu Ovandos militärischen Befehlshabern gehörte auch Juan Ponce de León, der 1508 mit einem Schiff nach Puerto Rico segelte. 1509 wurde er von König Ferdinand auf Betreiben Ovandos zum Gouverneur der Insel berufen, doch bald darauf wieder abgelöst. Gewissermaßen als Entschädigung erhielt er im Februar 1512 ein königliches Privileg für eine Fahrt nach Norden. Seine Flotte von drei Schiffen und zweihundert Mann erreichte im April 1513 Land, das er wegen der Jahreszeit *Florida* nannte. Bei der Reise entlang der Küste kam es am Ende zu heftigen Kämpfen gegen die Indios, und im Juni 1513 kehrte Léon mit seinen Schiffen ohne Ergebnis nach Hispaniola zurück. Obwohl er schon im September 1514 ein erweitertes königliches Privileg erhielt, war er durch militärische Unternehmungen in der Karibik gebunden, während immer wieder andere Spanier nach Norden vordrangen. Als Ovando 1521 nach Florida zurückkehrte, um das Land in Besitz zu nehmen, traf ihn ein Pfeil; an den Folgen der Verwundung starb er schließlich im Juli desselben Jahres in Havanna.

Nach den Entdeckungen an den Küsten Süd- und Nordamerikas rückte jetzt das noch unbekannte Mittelamerika zunehmend in den Fokus. Vasco Núñez de Balboa hatte bereits an mehreren Unternehmungen im Golf von Darién, zwischen Panama und der

Nordwestküste Kolumbiens, teilgenommen. 1510 gründete er mit Santa Maria de l'Antigua den ersten festen Stützpunkt auf dem Kontinent und konnte die Siedlung durch einen Ausgleich mit den lokalen Kaziken absichern. Aber er war hochverschuldet, und so macht er sich, durch Berichte über Goldvorkommen an einem anderen Ozean angetrieben, im August 1513 an die Erkundung der Landenge. Am 25. September 1513 erreichte er mit seinen Männern nach beschwerlicher Reise einen Berg, der ihnen den Blick auf das «Meer des Südens» erlaubte, und sie stimmten ein *Te Deum* an. Kurz danach nahm Balboa den Ozean formal für die «katholischen Könige» in Besitz. Allerdings kam es nach seiner Rückkehr zu Spannungen mit dem neuen Gouverneur Pedrarias Dávila, und Balboa wurde 1517 ohne Prozess als Hochverräter hingerichtet.

Zur selben Zeit begannen die Unternehmungen in Yukatán, dessen Nähe zu Kuba erste Kontakte ermöglicht haben dürfte. Im Februar 1517 brach Francisco Hernández de Córdoba mit drei Schiffen und mehr als hundert Mann nach Yukatán auf. Die ersten, noch friedlichen Kontakte mit den Maya endeten nach einem Streit um Trinkwasser in einem militärischen Konflikt, in dem die gut gerüsteten Indios die Eindringlinge vertrieben. Schon 1518 folgte eine stärker bewaffnete weitere Flotte unter Juan de Grijalva. Er erfuhr von einem großen Reich im Westen und begegnete erstmals Azteken. Noch bevor der Gouverneur von Kuba, Diego Velásquez, eine weitere Unternehmung zum Festland ausrüsten konnte, brach sein Sekretär und Schatzmeister Hernán Cortés, der auf der Insel zu Reichtum gekommen war, im Februar 1519 mit elf Schiffen, rund sechshundert Mann und schwerer Bewaffnung von Kuba auf. Bedeutsam wurde, dass nach der ersten Landung auf Cozumel zwei sprachkundige Personen dazustießen, der Spanier Jerónimo de Aguilar, der die Mayasprache beherrschte, und die Indianerin Marina (Malintzin), die Maya und das Nahuatl der Azteken sprach.

Nach der Landung auf dem mexikanischen Festland im April

1519 gründete Cortés die Stadt Vera Cruz als Stützpunkt für die Unternehmungen zur Eroberung des Landes, ohne die dafür nötige königliche Erlaubnis zu haben, und ließ sich vom Rat als höchster Amtsträger einsetzen, alles mit dem Verweis auf die Interessen der Krone. Im August brach Cortés dann zusammen mit vierhundert seiner Männer nach Tenochtitlán auf, dem Hauptort der Azteken. Auf dem Weg gelang es ihm, genauere Informationen über das mit starker Hand regierte Reich Moctezumas (Motēcuhzōmas) II. zu erhalten. Die Berichte, der aztekische Hof sei durch vorangegangene Vorzeichen bereits verängstigt gewesen, man habe die Rückkehr der Gottheit Quetzalcoatl erwartet und Cortés sogar für diesen gehalten, sind spätere Legenden, die ebenso wie die im Florentiner Codex des Bernardino de Sahagún überlieferte Rede Moctezumas an Cortés die Eroberung rechtfertigen und in den Kontext eines göttlichen Plans stellen sollten. Vielmehr fand Cortés Unterstützung bei den von den Azteken unterdrückten Völkern, denen er die Unterwerfung Moctezumas unter die Herrschaft Karls V. versprach. Dafür berief er sich auf das von dem Kronjuristen Palacios Rubios verfasste *requerimiento*, das den Konquistadoren für ihre Missionen mitgegeben worden war. Es forderte aufgrund der Papstbullen von den Völkern der Neuen Welt die Unterwerfung unter spanische Herrschaft und drohte bei Widerstand schwere Strafen wie die Versklavung an.

In Tlaxcala konnten so Bündnispartner und rund sechstausend Mann Verstärkung gewonnen werden, während Cortés in Cholula einen Hinterhalt befürchtete und mit der Hilfe der Tlaxcalaner ein Blutbad unter der Führungsschicht der Stadt befahl. Danach setzte Cortés den Marsch auf Tenochtitlán fort, obwohl Moctezuma ihn durch immer neue Gesandte zu einer Rückkehr an die Küste bewegen wollte. Die Lagunenstädte im Tal von Mexiko hinterließen auch bei den Eroberern einen überwältigenden Eindruck. Anfang November 1519 wurde Cortés feierlich von Moctezuma begrüßt. Bald jedoch kam es zu Spannungen, so dass

Cortés den Azteken-Herrscher nach wenigen Tagen gefangen setzte.

Die Situation wurde durch das Eintreffen eines weiteren spanischen Heeres unter Pánfilo de Narváez, der gegen den eigenmächtig handelnden Cortés die Autorität des Gouverneurs von Kuba durchsetzen sollte, noch komplizierter. Cortés ließ Pedro de Alvarado mit einem größeren Kontingent in Tenochtitlán zurück und zog mit wenigen erfahrenen Männern zur Küste, wo er das Heer des Narváez überraschen und schlagen konnte. Da sich ihm Teile der Unterlegenen anschlossen, konnte Cortés im Juni 1520 mit mehr als tausend Mann zur aztekischen Hauptstadt zurückkehren. Alvarado fand während der Abwesenheit von Cortés keine angemessene Strategie und hatte an einem aztekischen Festtag ein Gemetzel unter den führenden Azteken befohlen, dem mehr als sechshundert Menschen zum Opfer fielen. Die Garnison war daher inzwischen von den Azteken belagert. Zwar konnte Cortés mit seinen Leuten zu den Belagerten vordringen, doch schloss sich der Belagerungsring nach ihnen wieder. Daher unternahm Cortés in der Nacht des 30. Juni, der *noche triste*, einen Ausfall, der zwar gelang, bei dem aber mehr als die Hälfte der Spanier umkam.

Cortés hatte jedoch in Tlaxcala anhaltende Unterstützung, fand weitere Bündnispartner und erhielt kontinuierliche Verstärkungen von der Küste, da sich die Nachricht von den Reichtümern der Azteken verbreitet hatte. Schließlich konnte er im Mai 1521 mit tausend Spaniern und wohl fünfzigtausend indianischen Verbündeten die Belagerung von Tenochtitlán beginnen. Dieses wurde unter dem neuen Herrscher Cuauhtémoc energisch verteidigt, so dass erst die schrittweise Eroberung der einzelnen Stadtviertel die Entscheidung brachte. Am 13. August 1521 kapitulierte Tenochtitlán. Es wurde geplündert und niedergebrannt, und nachdem die Belagerung wohl über zweihunderttausend aztekische Opfer gefordert hatte, wurde die verbliebene Bevölkerung aus der Stadt vertrieben.

Cortés sandte zur Festigung seiner Herrschaft in verschiedene Richtungen Truppen aus, die die Region erkunden und die Unterwerfung der Indios entgegennehmen sollten. So ließ er an der Küste ein Kreuz als Zeichen der Inbesitznahme des Ozeans durch die Spanier errichten. Ende 1523 rüstete er Pedro de Alvarado mit vierhundertfünfzig Mann und größeren einheimischen Kontingenten für eine Mission nach Süden aus, die Guatemala und San Salvador erreichte. Weitere Unternehmungen folgten. Um 1530 war die Phase der Eroberungen weitgehend abgeschlossen, immer mehr Siedler kamen ins Land. Die Hauptstadt des Vizekönigreichs Neu-Spanien wurde auf den Ruinen Tenochtitláns erbaut, und die nach spanischem Vorbild errichteten Städte wurden überall wichtige Herrschaftszentren.

Cortés war nicht der Einzige, der Erkundungsmissionen ausschickte. Für den Weg nach Süden gewannen die Fahrten an der Pazifikküste an Bedeutung. Nach einem Unternehmen unter Pascual de Andagoya 1522, das erste Nachrichten über ein Land *Birú* (Peru) mitbrachte, brachen 1524 und 1526/28 Francisco Pizarro und Diego de Almagro zu Fahrten entlang der Küste auf. Pizarro war mit Balboa nach Panama gekommen und hatte dort ein Vermögen erworben. Die Reisen blieben ohne fassbare Ergebnisse, doch kam Pizarro schließlich mit wenigen Leuten in das heutige Tumbes, wo sie freundliche Aufnahme fanden. Noch 1528 reiste er nach Spanien, um die Zustimmung Karls V. zu einer Reise nach Süden zu bekommen. Da gerade Cortés am Hof von seinen Erfolgen berichtet hatte, erhielt auch Pizarro Unterstützung und wurde im Juli 1529 zum Gouverneur und Generalkapitän für Peru ernannt. Zudem wurden die Ämtervergabe, die königlichen Abgaben und die Einfuhr von Sklaven geregelt.

Pizarro brach Anfang 1531 mit rund zweihundert Mann und vierzig Pferden von Panama auf, sollte allerdings unterwegs noch Verstärkungen unter Hernando de Soto und Sebastián de Benalcázar bekommen. Ziel war es, in Tumbes als Ausgangspunkt der weiteren Expansion eine Stadt zu gründen, doch als man nach mühsamer Reise dort anlangte, war es infolge des Bürgerkriegs im Inkareich leer und zerstört. Daher zog man weiter und gründete beim heutigen Piura die Siedlung San Miguel. Von dort setzte Pizarro im September 1532 mit hundertsiebzig Mann zur Eroberung Perus an. Am 15. November kam es zu einer kritischen Situation auf der Ebene von Cajamarca, als sich Pizarros Truppen dem Inkaherrscher Atahualpa und mehreren Zehntausend seiner Männer gegenübersahen. Hernando de Soto ritt mit einem Dolmetscher zu den Inka und lud Atahualpa ins spanische Lager ein. Tatsächlich kam der Herrscher am nächsten Tag mit großem Zeremoniell, aber ohne Waffen zu Pizarro. Auf dem Hauptplatz erwartete ihn der Dominikaner Vicente de Valverde mit einem Kruzifix und einem Brevier und erhob unter Berufung auf das *requerimiento* die Forderung nach Unterwerfung unter die spanische Krone. Als sich Atahualpa das Brevier geben ließ und – so die Berichte – kurz darauf verächtlich zu Boden warf, fassten die Spanier dies als Sakrileg auf. Kanonenschüsse wurden in die Menge gefeuert, die spanischen Truppen gingen rücksichtslos gegen die friedliche Gesandtschaft vor. Nur wenige konnten fliehen und wurden noch bis in die Stadt hinein verfolgt. Atahualpa entging nur knapp einem Messerwurf und wurde gefangen gesetzt. Dies lähmte den Widerstand der Inkas, während die Spanier Atahualpas Autorität nutzten, um ihren Einfluss auszuweiten.

Ein Halbbruder Pizarros, Hernando, erhielt Anfang 1533 den Auftrag, zur größten Küstenstadt des Landes, Pachacamac unweit des heutigen Lima, vorzudringen, das aufgrund seiner vielen Tempel große Mengen Gold und Silber versprach. Hernandos Reisebericht und die Notizen seines Notars Miguel Estete zeigen Bewunderung für das Straßensystem der Inkas, das die Reise trotz mancher Probleme erheblich erleichterte. So werden Brücken, Treppen und Abflusssysteme beschrieben, die dem Erhalt der Straßen dienten. Aufmerksamkeit fand auch die Landwirtschaft der Indios, besonders die geschickte Bewässerung ihrer Felder, wo

Mais, Süßkartoffeln und anderen Pflanzen angebaut wurden, sowie der Hausbau, der mit der spanischen Architektur verglichen wurde.

Pizarro suchte die Gefangenschaft Atahualpas zunächst für immer neue Goldforderungen zu nutzen, entschloss sich aber schließlich zu einem noch weiter gehenden Schritt. Der Inkaherrscher wurde des Verrats (oder auch der Tötung seines Bruders) beschuldigt und im August 1533 hingerichtet. Nachdem ein erster Nachfolger erkrankte und starb, wurde sein Halbbruder, der junge Manco Capác II., als abhängiger Herrscher eingesetzt. Während Hernando Pizarro mit den erworbenen Goldschätzen an den spanischen Hof reiste, um Verstärkungen anzuwerben, zog Francisco nach Süden gegen Cuzco, nur wenig behindert von kleineren Überfällen. Noch vor Cuzco kam es zur entscheidenden Schlacht gegen die Truppen eines Generals von Atahualpa, Quisquis, in der die Spanier wiederum siegreich blieben. Als sie am 15. November 1533 in die Stadt einzogen, fanden sie freundliche Aufnahme, und Manco Capác wurde als Herrscher akzeptiert. Wieder zeigen sich die zeitgenössischen Berichterstatter von der Stadt und ihrer Kultur beeindruckt, was die Eroberer aber nicht davon abhielt, rücksichtslos zu plündern und zu zerstören.

Manco empfand seine Lage offenbar zunehmend als bedrückend, floh erstmals 1535, dann erneut 1536 aus spanischer Kontrolle und begann mit einem Aufstand. Seine Belagerung von Cuzco konnte nur durch Diego de Almagro gesprengt werden, der gerade von einem Feldzug aus dem Süden zurückkehrte. Der Widerstand der Inkas dauerte auch nach der Ermordung Manco Capács durch Almagros Gefolgsleute Mitte 1544 bis in die 1570er Jahre an, zeitweise begünstigt durch Konflikte unter den Eroberern. So wurde Almagro 1538 wegen Verrats hingerichtet, Francisco Pizarro im Juni 1541 von dessen Sohn und Anhängern ermordet. 1542/43 entstand dann das Vizekönigreich Neu-Kastilien (Peru) unter dem ersten Vizekönig Blasco Núñez de Vela.

## *Amerigo Vespucci und andere «entdecken» Amerika*

Obwohl die spanischen Herrscher bemüht waren, die ihnen vom Papsttum verliehenen exklusiven Rechte in der westlichen Hemisphäre zu wahren, gab es bald auch andere Europäer, die den Seeweg nach Westen suchten oder an Missionen der Spanier teilhatten. Einer der ersten war der in Sevilla lebende Florentiner Kaufmann Amerigo Vespuccci, der vielleicht schon 1497 in der Karibik war, spätestens aber 1499/1500 mit der Flotte Ojédas reiste, die er mitfinanziert hatte. Folgt man seinem Bericht in dem Brief an den Florentiner Piero Soderini von 1504, dann nahm er zwischen 1497 und 1504 insgesamt viermal an Fahrten in den Westen teil, wenn auch nur einmal in herausgehobener Stellung.

Seine dritte Reise unternahm er dem Bericht zufolge mit der portugiesischen «Konkurrenz». Sie stand unter der Leitung von Gonçalo Coelho und erkundete vom Mai 1501 bis zum September 1502 insbesondere die Ostküste Südamerikas bis Rio de Janeiro. Der Soderini-Brief bietet viele ethnographische Beobachtungen, die vor allem der ganz anderen Lebenswelt der Indio-Völker gelten. Sie werden als kämpferisch beschrieben, doch gehe es bei den Kämpfen nie um Herrschaft oder Besitz, sondern nur um Rache für die Tötung von Vorfahren. Dabei gebe es keine Anführer oder eine festgelegte Ordnung, und materieller Besitz werde generell gering geachtet. Ein weiterer Aspekt, der betont wird, ist das Fehlen religiöser Gebräuche oder Kultstätten.

Allerdings hatten die Portugiesen zuvor auch schon andere Regionen in den Blick genommen. Vielleicht auf der Suche nach einer Nordwestpassage nach Asien brach Gaspar Corte-Real im Sommer 1500 von Portugal aus mit ein oder zwei Schiffen auf, kehrte bald darauf zurück, um im Januar 1501 mit drei Schiffen erneut loszusegeln. Von diesen kamen nur zwei Anfang Oktober 1501 nach Lissabon zurück, Gaspar und sein Schiff blieben verschollen. Fünf Monate später begab sich Gaspars Bruder

Miguel Corte-Real mit drei Schiffen auf die Suche, kehrte aber ebenfalls nicht zurück. Eine königliche Suchexpedition blieb ebenfalls ohne Ergebnis. Die wenigen erhaltenen Zeugnisse geben kaum Anhaltspunkte für das Ziel der Reise, doch Hinweise auf mit Schnee bedecktes Festland und als Sklaven geeignete Einheimische deuten auf bewohntes Land im Norden. Dazu kommt, dass offenbar Grönland und Neufundland auf der Cantino-Planisphäre von 1502 mit Erwähnung von Gaspar Corte-Real als *Terra del Rey de Portuguall* verzeichnet sind.

Der Seeweg nach Westen zog auch die anderen europäischen Mächte an. Eine besondere Rolle spielte England, da Kaufleute aus Bristol wohl schon in den 1480er Jahren Entdeckungsfahrten auf der Suche nach einer Insel *Brasile* und neuen Fischereigründen unternommen hatten, die man westlich von Irland vermutete. Über den Ausgang der Reisen ist jedoch wenig bekannt. Am 5. März 1496 erteilte König Heinrich VII. einem Bürger Venedigs, Giovanni Caboto, und seinen drei Söhnen die Erlaubnis, Entdeckungsreisen in bisher unbekannte Länder zu unternehmen. Nur die von den Spaniern beanspruchten Gebiete blieben offenbar ausgeschlossen. Nach einem gescheiterten Versuch noch 1496 trat Caboto im Mai 1497 endgültig die Reise an, auf einem Schiff mit zwanzig Seeleuten und einigen Kaufleuten aus Bristol. Nach fünfunddreißig Tagen wurde, wohl in Neufundland, bewaldetes, aber unbewohntes Land erreicht. Caboto setzte über und vollzog eine formelle Inbesitznahme. Nachdem er etwa einen Monat der Küste gefolgt war, kehrte er nach Bristol zurück und berichtete schon kurz darauf, am 11. August 1497, Heinrich VII. in London von seinen Entdeckungen.

Eine zweite Expedition, zu der er wohl im Mai 1498 aufbrach, blieb jedoch ohne Ergebnis, Caboto kehrte nicht zurück. Die Entdeckung Nordamerikas wurde im 16. Jahrhundert vielmehr seinem Sohn Sebastiano zugeschrieben, der wohl seinerseits 1508/09 aufbrach, um eine Nordwestpassage nach Asien zu finden. Diese Suche trieb auch andere Entdecker der Zeit an, so Giovanni da

Der italienische Kaufmann und Seefahrer Amerigo Vespucci erscheint auf der Weltkarte von Martin Waldseemüller von 1507 auf der Grundlage eines Vorschlags von Matthias Ringmann als Namenspatron Amerikas. Vgl. die gesamte Karte auf Seite 114/15

Verrazzano, der 1524 im Auftrag König Franz' I. von Frankreich an die nordamerikanische Küste segelte. Der Gedanke, einen Weg nach Asien um die neu entdeckten Länder herum zu finden, scheint vorauszusetzen, dass man diese bereits als eigenen Kontinent erkannt hatte. Die Wahrnehmung der Entdeckungen war jedoch lange Zeit anders. So berichtete Raimondo di Soncino, der Gesandte des Herzogs von Mailand, seinem Dienstherrn im Dezember 1497, der englische König habe durch die Fahrt Cabotos «ohne einen Schwertstreich einen Teil Asiens erworben». Wenn sich Caboto erst einmal im neuen Land etabliert habe, «wird er weiter nach Osten gehen, bis er sich gegenüber einer Insel befindet, die er als Cipango bezeichnet, gelegen in der Region des Äquators, von der er glaubt, dass von dort alle Gewürze der Welt

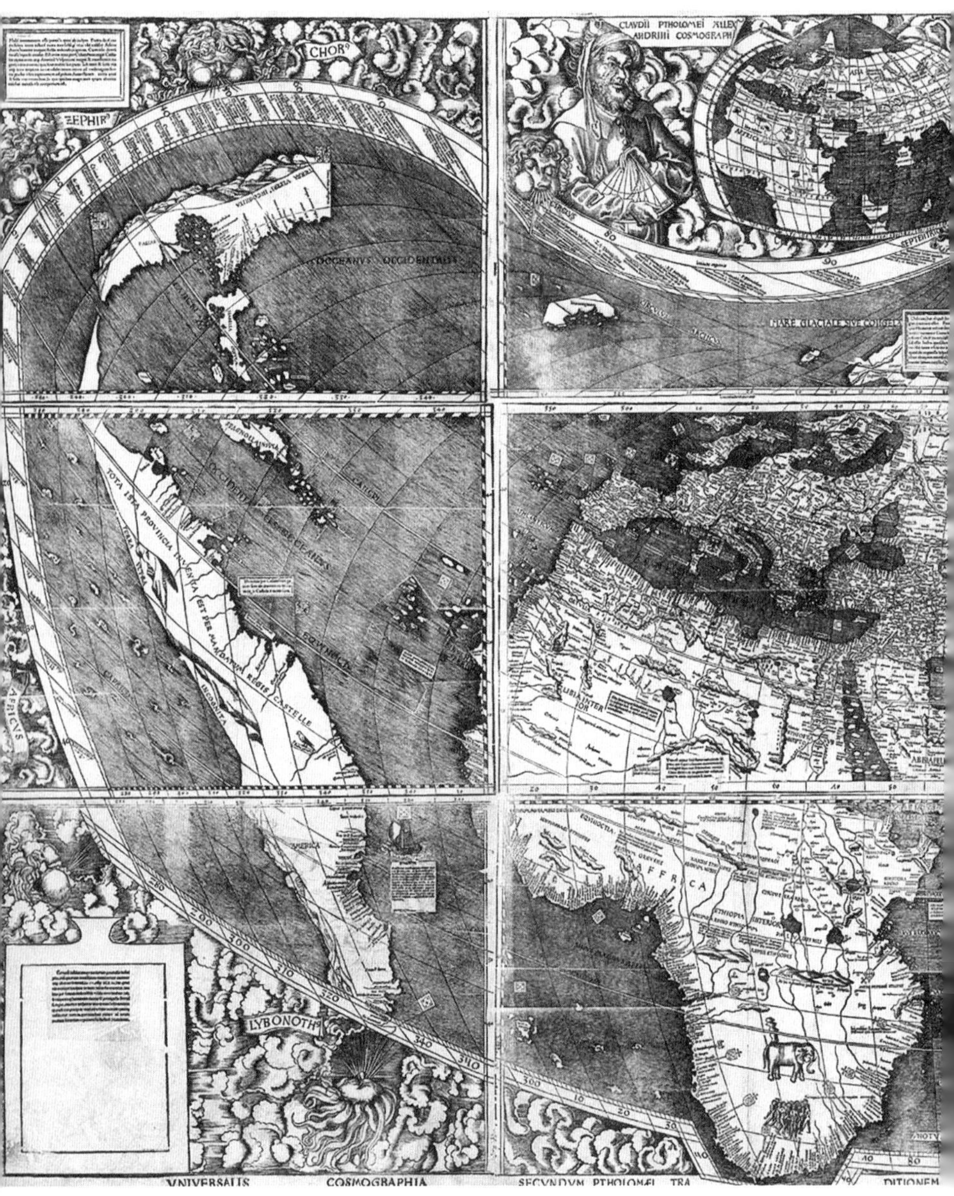


Martin Waldseemüllers Weltkarte aus zwölf Einzelblättern (1507) zeigte als erste, wenn auch noch unvollständig, Amerika als eigenen Kontinent.

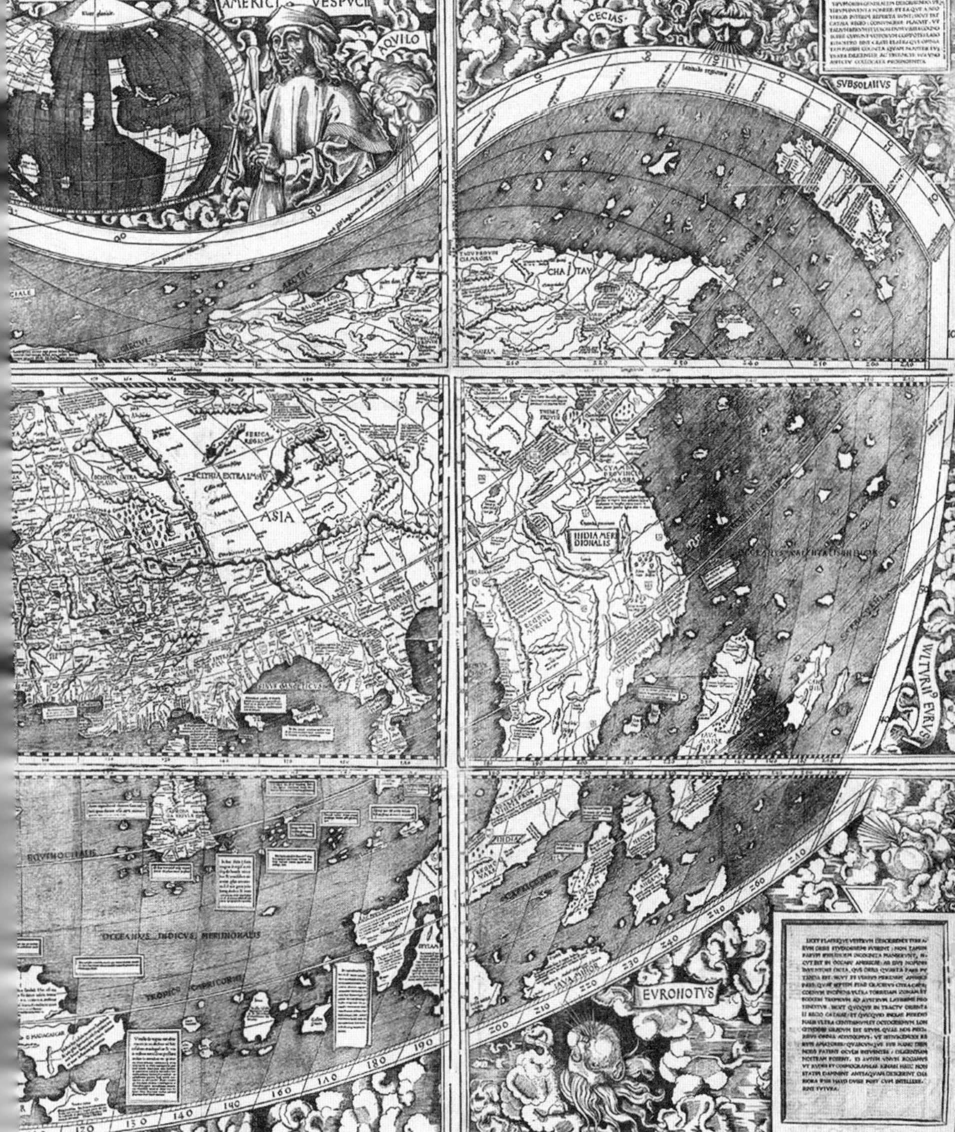


ET AMERICI VESPVCII ALIORV QVE LVSTRATIONES

sowie Juwelen kommen» (Jean et Sébastien Cabot, 324–325). Auch dachten viele Entdecker, sie würden an asiatischen Küsten entlangfahren, und das Cathay Marco Polos, das mongolische China, sei nicht mehr fern. Selbst Verrazzano fand noch Ähnlichkeiten mit dem Orient.

Die entdeckten Länder wurden oft mit aus der Literatur übernommenen Legenden verbunden. So berichtete schon Kolumbus in seinem Brief von der ersten Reise 1493, es gebe in der Karibik Menschen mit Schwänzen, Kannibalismus, dazu zwei Inseln, auf denen Männer und Frauen getrennt leben, und Menschen ohne Haare – allerdings hatte er nichts davon selbst gesehen. Gerade der angebliche Kannibalismus, den man den Bewohnern der Kleinen Antillen unterstellte, sollte die Grausamkeit des spanischen Vorgehens gegen die Indios rechfertigen. So «wusste» Kolumbus von anderen Indios, die Kannibalen würden periodisch über die Nachbarinseln herfallen, ihre Gegner verzehren und deren Frauen verschleppen, um ihre Kinder, vor allem die Jungen, für spätere Mahle zu mästen. Die Insel der Frauen verband sich dagegen leicht mit den wehrhaften Amazonen der Antike, und nachdem man auch im Süden Amerikas kämpferischen Indianerinnen begegnet war, wurde der antike Begriff zum Namen eines Flusses und einer ganzen Region, des Amazonas. Noch Walter Raleigh hörte zudem am Ende des 16. Jahrhunderts von einem Volk im Norden Südamerikas, das kopflos sei, das Gesicht auf der Brust und die Haare auf dem Rücken trage. Er musste zwar zugeben, die *Akephaloi* nicht selbst gesehen zu haben, wollte aber die Berichte nicht völlig von der Hand weisen. Diese und ähnliche Legenden beeinflussten lange das europäische Bild von Amerika.

Einen wesentlichen Beitrag zu einer neuen Sicht der entdeckten Regionen leistete Amerigo Vespucci. Er berichtete über seine dritte Reise schon 1502 in einem Brief an Lorenzo di Pierfrancesco de' Medici, der bald mehrfach unter dem Titel *Mundus Novus* gedruckt wurde. Gleich zu Beginn stellt er darin fest, die neuen Länder «können zu Recht eine neue Welt genannt werden, denn unsere Vorfahren hatten keine Kenntnis davon» (Vespucci, Mundus Novus, IV). Dies wurde erstmals 1507 durch den Geographen Matthias Ringmann aufgenommen, der mit dem Kartographen Martin Waldseemüller eine Einführung in die Kosmographie des Ptolemaios verfasste und den Text des Soderini-Briefs anhängte. In der Einleitung zum Brief Vespuccis heißt es: «Ein vierter [Erd-] Teil ist durch Amerigo Vespucci [...] entdeckt worden, und ich sehe nicht ein, was uns hindern sollte, ihn Ameriga, gleichsam das Land des Americus, oder America, zu nennen» (Waldseemüller, Ringmann, c iii v). Im selben Jahr übernahm Waldseemüller dies in seine Weltkarte, über die sich der Begriff «Neue Welt» für Amerika allmählich durchsetzte. Waldseemüller distanzierte sich zwar im Folgenden von dieser Bezeichnung – so erscheint bei ihm Kuba 1516 sogar wieder als Teil Asiens, zumal die Meerenge zwischen Asien und Amerika noch unbekannt war –, doch wurde sie spätestens 1538 auf der Weltkarte Gerhard Mercators für beide Teile des Kontinents gebraucht. Auch wenn die enge gedankliche Verbindung zwischen Amerika und Asien für die Europäer noch lange bestimmend blieb, war damit ein erster Schritt getan.

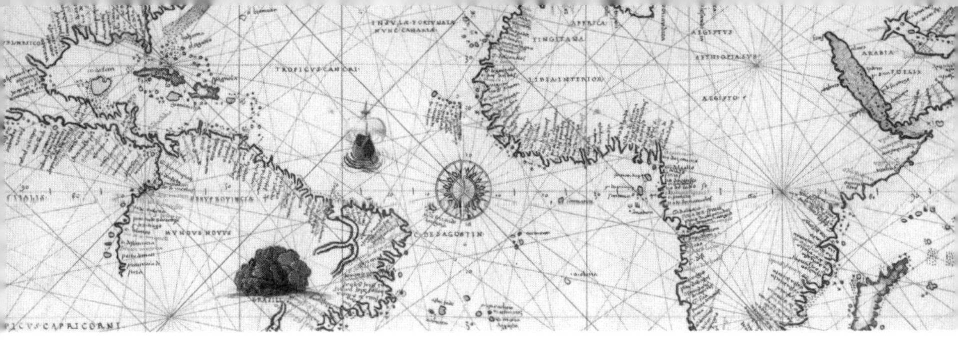

# — 5 — UMRUNDUNGEN

## Unterwegs auf allen Weltmeeren

### *Magellan und die Entdeckung der Südwestpassage*

Die Öffnung des Seewegs nach Indien und die «Entdeckung» Amerikas zogen zahlreiche weitere Erkundungsfahrten nach sich, die nicht im Einzelnen verfolgt werden können. Vielmehr sollen im Folgenden, thematisch geordnet, ausgewählte Reisen vorgestellt werden, die zu einer veränderten Wahrnehmung der Welt oder einzelner Regionen beitrugen. Von zentraler Bedeutung waren dabei die frühen Weltumsegelungen, ungeplante wie geplante, die sich letztlich aus den lange bestehenden Vorstellungen einer engen Verbindung zwischen Amerika und Asien ergaben. Nachdem Vasco Núñez de Balboa im September 1513 nach der Durchquerung Mittelamerikas den von ihm «Meer des Südens» getauften Pazifischen Ozean gesichtet hatte, stellte sich die Frage nach einem westlichen Seeweg nach Asien von Neuem.

Hier setzten offenbar auch Überlegungen des Portugiesen Fernão de Magalhães (Fernando Magellan) an. Soweit sich seine frühe Biographie erschließen lässt, segelte er bereits 1505 mit der Flotte Francisco de Almeidas nach Indien, kämpfte mit gegen den

Samorin von Calicut, wurde Anfang 1509 in der Seeschlacht vor Diu verletzt und nahm 1511 an der Eroberung Malakkas sowie an der Reise zu den Banda-Inseln teil. Im Sommer 1512 kehrte er nach Portugal zurück und erhielt für seine Dienste eine königliche Pension. Schon 1513 war er wiederum an einem Feldzug gegen Marokko beteiligt. Dort beschuldigte man ihn wohl zu Unrecht, den Gegnern Vieh verkauft zu haben, doch fand er bei König Manuel kein Gehör mehr. Vielleicht noch in Portugal kam Magellan mit dem Kosmographen und Astronomen Ruy Faleiro in Kontakt. Sie entwickelten die Idee, die Gewürzinseln auf dem Weg nach Westen zu erreichen und dafür eine Passage zum Pazifischen Ozean zu suchen. Die Küste Brasiliens war bereits durch Gonçalo Coelho und Cristóvão Jaques weiter nach Süden erkundet worden.

Da sich der portugiesische König nicht für das Vorhaben interessierte, wandte sich Magellan nach Spanien. Im Oktober 1517 kam er in Sevilla an. Bald fand er Unterstützung bei einem anderen Portugiesen mit Indien-Erfahrungen, Diogo Barbosa, und heiratete dessen Tochter. Allerdings reagierte die erste spanische Instanz, der Magellan seine Pläne vorlegte, die *Casa da Contratación* – zuständig für die maritimen Unternehmungen und den Handel mit den spanischen Kolonien –, bestenfalls zurückhaltend. Es war dann Juan de Arenda, ein Mitglied der *Casa*, der aus eigener Initiative einen Umschwung herbeiführte. Nach einer erneuten Präsentation am Hof übergab König Karl I. (der spätere Kaiser Karl V.) am 22. März 1518 eine Urkunde, die die Bedingungen für das Unternehmen regelte. Der König würde eine Flotte von fünf Schiffen mit 234 Mann für fünf Jahre ausrüsten. Unter bestimmten Vorbehalten sollten auf zehn Jahre keine weiteren Entdecker zu den Gewürzinseln gesandt werden, aber auch die Rechte des portugiesischen Königs sollten gewahrt bleiben. Neben einem Anteil an den Einkünften sollten Magellan und Faleiro für die eroberten Länder erblich den Titel von *adelantados*, Gouverneuren, erhalten. Der König setzte jedoch für die Abrechnung während der Reise eigene Beamte ein. Ein eigenes Dokument berief Magellan und Faleiro zu Leitern der Flotte.

Nach erheblichen Problemen bei der Finanzierung, die der flämische Kaufmann Christoph de Haro und Sevillaner Bürger übernehmen mussten, nach portugiesischen Störversuchen und Konflikten zwischen Magellan und Faleiro, der am Ende zurückblieb, brach die Flotte von fünf Schiffen schließlich am 10. August 1519 von Sevilla aus auf. Ende September und Anfang Oktober wurden auf Teneriffa und den Kapverden Lebensmittel aufgenommen. Nachdem am 9. Dezember 1519 erstmals südamerikanisches Land gesichtet wurde und man bald darauf in der Bucht des heutigen Rio de Janeiro vor Anker ging, zog sich jedoch die Erkundung der Küste auf der Suche nach einer Passage zum «Meer des Südens» mehrere Monate hin. Immer wieder wurden Schiffe nach Süden ausgesandt, im Januar 1520 verbrachte die Flotte einen Monat damit, die Mündung des Rio de la Plata zu erforschen, und der früh einbrechende, harte Winter zwang dann ab Ende März dazu, ein Winterquartier zu nehmen, in einer Bucht, die Magellan Puerto San Julian nannte.

Als Magellan für die langen Wintermonate die Rationen herabsetzte, eskalierten die schon vorher latenten Spannungen in der Besatzung zur offenen Rebellion. Einige hatten die Hoffnung aufgegeben, eine Passage nach Westen zu finden. Zudem gab es in der multinationalen Mannschaft Gegensätze zwischen den Spaniern und den relativ zahlreichen Portugiesen. Magellan hatte unterwegs den Kapitän des größten Schiffs, der *San Antonio*, Juan de Cartagena, zunächst durch Antonio de Coca, dann durch seinen Cousin Alvaro de Mesquita ersetzt. Deshalb bemächtigten sich Juan de Cartagena, Gaspar Quesada, der Kapitän der *Concepción*, sowie Juan Sebastián Elcano (del Cano) am 1. April 1520 zunächst der *San Antonio*. Da auch der Kapitän der *Victoria*, Luis de Mendoza, ein Gegner Magellans war, kontrollierten die Meuterer drei von fünf Schiffen, und Magellan hatte neben seinem eigenem Schiff *Trinidad* nur das kleinste, die *Santiago*, auf seiner Seite. Es gelang ihm aber, die *Victoria* gewaltsam unter seine Kontrolle zu bringen; Mendoza wurde dabei getötet. Am nächsten Tag wurden auch die Meuterer der *San Antonio* überwältigt und inhaftiert. Quesada wurde hingerichtet, Cartagena dazu verurteilt, bei Abreise der Flotte an Land zurückzubleiben.

Eine der zentralen Quellen zu Magellans Reise ist der Bericht Antonio Pigafettas, der sich in seinem 1524/25 veröffentlichten Werk zum Patrizier aus Vicenza und Ritter von Rhodos stilisiert. Er widmet das «kleine Buch» (Pigafetta, ed. Robertson, 1, 22–23) dem Großmeister der Johanniter, Philippe Villiers de l'Isle-Adam. Die Darstellung der Meuterei fällt bei ihm gegenüber «den großen und wundervollen Dingen, die mir Gott zu sehen erlaubt hat» (ebd., 20–21), sehr kurz aus. Man kann ihn als ersten Ethnographen im engeren Sinne verstehen, der damit ein intensives Interesse an Kartographie und Sprachen verband, so dass viele der Ortsangaben und Begriffe aus dem ostindischen Raum sehr genau wiedergegeben sind.

Für die Bucht von Rio de Janeiro beschreibt er die Langhäuser, die Hängematten sowie die aus einem Baum gefertigten Kanus der Eingeborenen, führt den ihm von einem Europäer berichteten Kannibalismus auf ein traditionelles Vorgehen gegen Feinde zurück und notiert einige Begriffe in der Landessprache (für Hirse, Mehl, Messer, Kamm und Schere). An der Küste Patagoniens fand er ungewohnte Tierarten, zunächst Robben («Seewölfe») und Pinguine, dann weitere mit «einem Kopf und Ohren so groß wie die eines Maultiers, Nacken und Körper wie ein Kamel und Beinen wie ein Reh» (ebd., 48–51), offenbar Lamas. Zudem berichtet Pigafetta von einem «Riesen», der überall am Körper rot bemalt war, mit weiß gefärbtem Haar und Kleidung aus Lamafellen, und vor dem eigenen Spiegelbild erschrak, als man ihm einen Spiegel schenkte. Die Spanier trafen danach auch weitere Patagonier («Großfüßler», wegen ihrer Schuhe). Zwei von ihnen, die sie gewaltsam mit auf die Schiffe nahmen, starben auf der Reise. Pigafetta notiert unter anderem, sie glaubten, wenn einer von ihnen sterbe, tanzten zehn oder zwölf Dämonen, die ebenso bemalt seien wie sie, freudig um den Leichnam herum. Der größte von ihnen heiße Setebos. Aus Gesprächen mit einem der an Bord genommenen «Riesen» entstand ein kleines Wörterbuch mit Begriffen ihrer Sprache.

Magellan verfolgte nach der Meuterei seine Pläne weiter. Während die Schiffe im Liegeplatz überholt wurden, brach die *Santiago* Ende April für eine Erkundung der weiteren Küste auf. Sie erlitt Schiffbruch, die Besatzung konnte nur unter großen Mühen nach Puerto San Julian zurückkehren. Auf den verbliebenen Schiffen setzte Magellan portugiesische Kapitäne ein, so seinen Schwager Duarte Barbosa auf der *Victoria*. Ende August erreichte die Flotte die von der *Santiago* aufgefundene Bay, doch erst Ende Oktober erlaubte das Wetter den Aufbruch nach Süden. Am 21. Oktober wurde die Meerenge erreicht, die später nach ihrem Entdecker Magellan-Straße heißen sollte. Magellan sandte die *San Antonio* und die *Concepción* zur Erkundung aus. Trotz eines heftigen Sturms fanden die Kapitäne den Eingang zur eigentlichen Meerenge. Schließlich kehrten sie zurück, zogen Flaggen auf und feuerten Kanonenschüsse ab. Es ist unklar, ob Magellan vorab Kenntnis von der Existenz einer Durchfahrt zum Pazifik hatte, aber vermutlich ging er davon aus, dass das amerikanische Festland ähnlich wie Afrika ein südliches Ende haben würde. Damit war nun ein erstes wichtiges Ziel verwirklicht.

## *Im Auftrag der spanischen Krone: Zum ersten Mal um die Welt*

Noch bevor am 28. November das Ende der Meerenge durchfahren war, stellte sich die Frage, ob man zurückkehren oder die Fahrt fortsetzen sollte. Angesichts ausreichenden Proviants waren die meisten dafür, weiterzusegeln, zumal die Gewürzinseln nahe schienen – man kannte ja die Ausdehnung des Pazifik noch nicht. Nur Estevão Gomes, der Navigator der *San Antonio*, war angesichts der Unsicherheiten des unbekannten Meers für eine Rückkehr. Da sich die Straße bald darauf teilte, beschloss Magellan die Entsendung der *Concepción* und der *San Antonio*, um den südöstlichen Arm zu erkunden. Davon kehrte nur die *Concepción* zurück, Gomes hatte die *San Antonio* an sich gebracht und war nach Norden zurückgesegelt. Eine Suche blieb ohne Ergebnis, so dass Magellan mit geringerem Proviant und drei Schiffen weiterfahren musste.

Mit dem Erreichen wärmerer Klimazonen herrschten auch weniger starke Winde, so dass Magellan das «Meer des Südens» den «Pazifischen» Ozean nannte. Allerdings zeigten sich bald die Härten der langen Reise: Pigafetta zufolge drei Monate und zwanzig Tage ohne frisches Wasser und frische Nahrung. Am Ende aß man Leder von den Schiffsverkleidungen, Ratten, wenn man sie denn fangen konnte, und von Würmern zerfressene Biskuits. «Wir tranken gelbes Wasser, das seit vielen Tagen faulig war» (ebd., 80, 83). In der Folge erkrankten viele an Skorbut. War man zunächst der südamerikanischen Küste nach Norden gefolgt, so änderte Magellan nun die Richtung auf Nordwest, bald nach der Überquerung des Äquators nach Westen. Am 6. März 1521 sichtete man Land: die Marianen-Inseln, vermutlich zunächst Rota, dann Guam. Da die herbeiströmenden Einwohner der Insel alles wegnahmen, was sie in die Hände kriegten, kam es bald zu einer gewaltsamen Auseinandersetzung. Die Spanier setzten die Artillerie ein, und Magellan holte persönlich ein geraubtes Beiboot zurück. Dabei brannte er ein Dorf sowie die einheimischen Boote nieder. Die «Inseln der Diebe» (*ysolle de li latroni*, 96), wie sie deshalb genannt wurden, luden also nicht zu einem längeren Aufenthalt ein. Dennoch gibt Pigafetta wiederum eine ausführliche Beschreibung ihrer Bewohner, deren Boote er bewundert, und erwähnt neben anderen Früchten erstmals Bananen.

Am 16. März wurde die Insel Samar (zu den Philippinen gehörig) gesichtet, und bald darauf ließ Magellan auf der unbewohnten kleinen Insel Homonhon Zelte für die Kranken errichten. Wenige Tage später kam es zur Aufnahme freundlicher Beziehungen mit den Einwohnern der Nachbarinsel, die große Mengen an Lebensmitteln, vor allem frische Früchte, herbeibrachten. Wegen ihrer Ankunft am St. Lazarus-Tag gab Magellan dem Archipel den Namen St. Lazarus-Inseln. Schon am 25. März segelte die Flotte weiter nach Limasawa. Hier gelang es mit Hilfe des aus Sumatra stammenden malaiischen Sklaven Enrique Melaka, den Magellan mitgenommenen hatte, erstmals einen diplomatischen Kontakt herzustellen. Am zweiten Tag kam der lokale Herrscher mit Lebensmitteln an Bord und erhielt als Gegengeschenk eine türkische Robe. Ein Freundschaftsritual wurde vollzogen, Magellan zeigte dem Gast die Einrichtungen des Schiffs und berichtete von der Reise. Danach ging eine Gruppe unter Pigafetta an Land und wurde freundlich empfangen. «Ich schrieb die Namen der vielen Dinge nieder, wie sie sie nennen; als der König und die anderen mich schreiben sahen und als ich ihnen ihre Worte nannte, waren sie erstaunt» (ebd., 114–115). Am 31. März war Ostern, und der Herrscher nahm mit seinem Bruder, der über einen Teil Mindanaos herrschte, an der von Magellan angeordneten Feier des Osterfests teil. Sie erhielten von ihm ein Kreuz, das auf einem Berg aufgestellt werden sollte.

Am 4. April brach die Flotte nach Cebu auf, das drei Tage später erreicht wurde. Mit Hilfe des Herrschers von Limasawa und eines siamesischen Händlers gelang es, einen aufkommenden Konflikt um Hafengebühren zu entschärfen und freundliche Beziehungen aufzunehmen. Ein Handelsvertrag wurde geschlossen. Als der Austausch begann, zeigte sich, wie Pigafetta vermerkt, dass die Eingeborenen gute Waagen hatten. «Diese Leute leben in Gerechtigkeit, mit Gewichten und Maßen» (ebd., 146–147). Magellan gelang es, die Eingeborenen für das Christentum zu gewinnen. Am 14. April wurden der König von Cebu, die anderen Herrscher und fünfzig ihrer Untertanen in einer feierlichen Zeremonie getauft. Auch die Königin empfing mit ihren Damen die Taufe und erhielt ein Bild von Jungfrau und Kind. Massentaufen der Bevölkerung folgten.

Magellan machte sich nunmehr daran, die Autorität seines neuen Verbündeten zu stärken, und ließ das Dorf eines seiner Gegner, wohl des Herrschers von Mactan, plündern und niederbrennen. Als dieser weiter Widerstand leistete, entschied sich Magellan trotz der unsicheren Lage für einen Angriff. Die kleine Nachbarinsel Mactan wurde am 26. April erreicht. Sechzig schwer bewaffnete Spanier wurden vom König von Cebu und tausend Mann begleitet. Am Morgen des 27. April befahl Magellan den Angriff, ohne die Hilfe der Leute des Königs in Anspruch zu nehmen. Die angelandeten achtundvierzig Mann gingen bald im Angriff von Hunderten von Gegnern unter, so dass Magellan, der verletzt war, den Rückzug befahl. Dieser vollzog sich ungeordnet, und Hilfe vom Wasser war unmöglich, da die Boote zu weit vom Strand lagen. Die Gegner konzentrierten sich auf Magellan, der schließlich seinen Verletzungen erlag, während sich der größere Teil seiner Leute auf die Boote retten konnte.

Als die neuen Leiter des Unternehmens, Duarte Barbosa und João Serrão, am 1. Mai 1521 mit einer Gruppe von Spaniern für die Übernahme eines Geschenks für den spanischen König zu einem Fest an Land gebeten wurden, hatte sich das Blatt auch auf Cebu gewendet. Der König kehrte sich vom Christentum ab und ließ fast alle Gäste während des Festmahls ermorden. Allein Serrão wurde verletzt an die Küste geführt, um von den Spaniern Kanonen und Waren zu erpressen. João Carvalho, der das Kommando übernommen hatte, ließ sich jedoch davon nicht bewegen, sondern befahl den Aufbruch der Flotte.

Durch die hohen Verluste auf Mactan und Cebu war die Mannschaft auf hundertfünfzehn Mann reduziert, die *Concepción* war leck und musste bald darauf aufgegeben werden. Nach einer Zwischenstation auf Palawan wandte sich die verbliebene Flotte nach Brunei, um Kontakt mit dem Sultan aufzunehmen. Pigafetta schreibt zur Lage der Stadt: Sie «ist völlig im Salzwasser erbaut, mit Ausnahme der Häuser des König und einiger Fürsten, und hat 25 000 Feuer; die Häuser sind alle aus Holz und auf großen Pfählen in der Erde errichtet» (Pigafetta, ed. Robertson, 2, 34–35). Der anfangs friedliche Austausch wandelte sich zum Konflikt, als Ende Juli fünf Spanier an Land festgehalten wurden und einige Dschunken in der Nähe der beiden spanischen Schiffe vor Anker gingen. Nach einer militärischen Konfrontation, die der neue Leiter Carvalho zum Gewinn persönlicher Vorteile nutzte, brachen die Spanier erneut auf, um einen Hafen für die Reparatur ihrer Schiffe zu finden.

Dies geschah auf einer Insel im Osten Borneos, auf der bis zum 27. September die Schiffe an Land gebracht und überholt wurden. Dabei wurde Carvalho, der seinen Aufgaben offensichtlich nicht gewachsen war, durch Gonzalo Gomez de Espinosa abgelöst, und Juan Sebastián Elcano übernahm das Kommando der *Victoria*. Am 8. November 1521 ankerten die Schiffe vor Tidore. Die Spanier wurden vom Sultan freundlich begrüßt, da er offenbar Verbündete gegen die auf Ternate etablierten Portugiesen suchte. So wurde ein Vertrag geschlossen, der die spanische Oberhoheit über Tidore festhielt, und die ersehnten Gewürze für die Heimkehr wurden gekauft. Im November und Dezember unterstellten sich auch die Herrscher von Gilolo (Halmahera), Makian und Batchian der spanischen Krone.

Als man aufbrechen wollte, zeigte sich bei der *Trinidad* ein Leck, das sich trotz Einsatz von Pumpen nicht mehr schließen ließ. Daher wurde beschlossen, dass die *Trinidad* zur Reparatur dort bleiben und später den Weg nach Panama suchen sollte, während sich Elcano am 21. Dezember 1521 mit der *Victoria*, siebenundvierzig Mann und dreizehn Eingeborenen auf den Weg nach Spanien machte. Ein Sturm am 8. Januar erforderte einen längeren Aufenthalt auf Ombai (Alor), doch erreichte man Ende Januar Timor und konnte Proviant aufnehmen. Am 13. Februar begann die Überquerung des Indischen Ozeans.

Pigafetta hat von allen besuchten Inseln des philippinischen

Archipels und der indonesischen Inselwelt Beschreibungen und Kartenskizzen angefertigt, die die ersten europäischen Eindrücke von der Lebenswelt der Region festhalten. Immer wieder notiert er neben der Religion und den Herrschaftsformen die Nacktheit oder die fremde Kleidung der Bewohner, besondere Früchte und Gebräuche, aber auch ausführliche Wortlisten der fremden Sprachen, etwa für die Molukken. Auch bei ihm finden sich wieder Hinweise auf Kannibalismus, so für das Gebiet der Sula-Inseln, oder auf kleinwüchsige Menschen mit langen Ohren, die auf einer Insel bei Alor in Höhlen lebten, wobei sich Pigafetta auf seinen molukkischen Navigator beruft.

Nur einmal sichtete man Land, die heutige Amsterdam-Insel, und die Vorräte an Bord wurden knapp. Schließlich kam man am 8. Mai an die südafrikanische Küste. Immer wieder führten Stürme zu Unterbrechungen und Reparaturen, und als man Anfang Juli die Kapverden erreichte, musste man trotz drohender portugiesischer Gegenmaßnahmen in den Hafen Santiago einlaufen. Die Tarnung als Schiff aus Amerika hielt nicht lange, so dass man beim fluchtartigen Aufbruch noch einmal Männer zurückließ. Erst am 8. September 1522 erreichte die *Victoria* unter Juan Sebastián Elcano mit achtzehn Europäern und drei Bewohnern der Molukken Sevilla. Die *Trinidad* war zwischenzeitig von den Portugiesen gekapert worden war, und nur wenige der Besatzung kamen als Gefangene nach Europa zurück. Ungeachtet des desaströsen Ausgangs – selbst wenn die Gewürzladung nach Abzug der Kosten für die Schiffe immer noch einen Gewinn abwarf – hatte die Mission gewissermaßen «die Teile zusammengebracht» und erstmals einen Gesamteindruck von der Gestalt der Erde vermittelt. Ein bald vermerktes Ergebnis war: Die Logbücher bewiesen, dass man während der Fahrt einen Tag verloren hatte – durch die Überquerung der heutigen Datumsgrenze.

Eine unmittelbare Folge war die Ausrüstung einer weiteren spanischen Mission zu den Gewürzinseln. Sie bestand aus sieben Schiffen unter García Jofre de Loaísa und Juan Sebastián Elcano und brach im Juli 1525 von Spanien auf. Trotz intensiver Vorbereitung endete auch dieses Unternehmen in einem Desaster. Die Flotte wurde mehrfach durch Stürme getrennt, und die von Magellan entdeckte Durchfahrt ließ sich nicht so leicht wiederfinden. Das Schiff von Elcano ging vor der Einfahrt zur Meeresstraße unter, zwei stark beschädigte Schiffe mussten umkehren. Die restlichen vier erreichten unter den Härten des Winters erst am 26. Mai 1526 den Pazifik, wurden dann aber endgültig getrennt. Zwei Schiffe gelangten nach Neu-Spanien, eines ging nach einer Meuterei unter.

Nur das letzte, das von Loaísa und Elcano geführt wurde, erreichte Ende Oktober den Herrschaftsbereich des Sultans von Tidore. Beide Leiter des Unternehmens starben jedoch schon auf der Reise, Loaísa am 30. Juli, Elcano am 4. August. Auf den Molukken kam es zu Konflikten mit den Portugiesen, und das Schiff musste aufgegeben werden. Einige der Überlebenden, so auch der Berichterstatter der Reise, Andrés de Urdaneta, kehrten viele Jahre später über Lissabon nach Spanien zurück und vollendeten so eine weitere Weltumseglung. Urdaneta ging bald nach seiner Rückkehr nach Mexiko, wo er in ein Kloster eintrat. Er sollte aber 1564 noch eine wichtige Rolle für jenes spanische Unternehmen spielen, das die endgültige Eroberung der Philippinen einleitete.

## *Englische und niederländische Weltumsegler*

1529 trat Karl V. seine Rechte westlich der «Inseln der Diebe» an Portugal ab, so dass die großen spanischen Unternehmungen vorerst endeten, auch wenn ab 1542 von Mexiko aus Schiffe zu den Philippinen ausgerüstet wurden. Während so die ausgedehnten Kolonialreiche der Portugiesen und Spanier durch die Kommunikation zwischen den Stützpunkten Fahrten um die Welt überflüssig machten, wurden im ausgehenden 16. Jahrhundert andere europäische Mächte, zuerst die Engländer, dann die Niederländer, zu Konkurrenten auf den Weltmeeren. Die Engländer schalteten sich zunehmend in den Handel auf dem Atlantik ein. Einer der rücksichtslosesten englischen Piraten war Francis Drake, den jedoch seine Weltumseglung (1577–1580) und seine Erfolge gegen die spanische Armada (1588, unter Charles Howard) zum Helden werden ließen.

Als erstem Engländer war es einem der Männer Drakes, John Oxenham, 1575 mit Hilfe eines an der Westküste Panamas zusammengebauten kleinen Schiffes gelungen, auf den Pazifik vorzudringen. Bei seiner Rückkehr nach Mittelamerika wurde er allerdings gefangen genommen und 1580 von den Spaniern hingerichtet. Dies war auch der Ausgangspunkt von Drakes Weltumseglung, der mit Erlaubnis von Königin Elisabeth I. an der spanischen Pazifikküste Raubzüge gegen spanische Häfen und Schiffe unternahm. Das deshalb geheim gehaltene Unternehmen begann nach einem kurzzeitigen Rückschlag endgültig am 13. Dezember 1577, als eine Flotte von fünf Schiffen mit 164 Mann von Plymouth aufbrach. Nach dem Verlust von zwei Schiffen auf dem Atlantik und einer Winterpause in Puerto San Julian war am 20. August 1578 die Einfahrt zur Straße von Magellan erreicht. Allerdings ging kurz nach Erreichen des Pazifik ein drittes Schiff in den Stürmen verloren, ein weiteres, die *Elizabeth*, wurde von Drake getrennt und kehrte um, vielleicht weil die Besatzung sich nicht mehr seinem Oberbefehl unterstellen wollte oder weil Drake keine Anstalten unternahm, es zu suchen. Sein verbleibendes Schiff, die *Pelican*, wurde weit nach Süden getrieben.

Drake folgte ab dem 28. Oktober 1578 mit seiner restlichen Mannschaft von rund 80 Mann bei besserem Wetter der amerikanischen Küste nach Nordwesten. In Valparaiso übernahm er ein Schiff mitsamt seinem Navigator, Juan Griego, der mit seinen Karten die Weiterfahrt ermöglichte, und ließ in der Stadt plündern. Weitere Beutezüge folgten. Um der Verfolgung durch spanische Schiffe zu entgehen, setzte er dann die Reise über Acapulco

Francis Drake auf einem Stich vielleicht des flämischen Kartographen Jodocus Hondius (um 1583). Der Pirat, Weltumsegler und Admiral ist mit dem ihm 1581 verliehenen Wappen und einem Globus dargestellt, der Afrika und Asien zeigt.

hinaus nach Norden fort, ließ die mit reicher Beute beladene *Pelican* reparieren und begann Ende August 1579 die Überfahrt nach Westen. Von Palau in den Karolinen gelangte Drake über die Philippinen nach Ternate, wo Kontakte zum Sultan hergestellt wurden, und weiter nach Java. Am 15. Juni 1580 passierte sein Schiff das Kap der Guten Hoffnung, und nach fast drei Jahren erreichte er Plymouth.

Über die Reise haben sich mehrere Berichte erhalten, so der des Schiffskaplans Francis Fletcher. Darin finden sich auch Beobachtungen zu den fremden Ländern sowie kritische Bemerkungen über die iberischen Kolonialmächte. So notiert Fletcher zu den Indios in Chile, sie seien «durch die grausame und überaus extreme Behandlung der Spanier gezwungen worden, von ihrem Hauptsitz hierher zu fliehen, um sich zu befreien und zu schützen» (The World Encompassed, 97). Zu Ternate heißt es, die Portugiesen hätten «eine tyrannische Regierung» errichten wollen, deshalb den Sultan ermordet «und dasselbe für alle seine Söhne vorgehabt» (ebd., 145).

Drakes Reise war wohl nicht von Anfang an als Weltumseglung geplant, auch wenn die Molukken als mögliches Ziel galten. Dies änderte sich mit einer weiteren englischen Mission, der von Thomas Cavendish (1586–1588), die bewusst dem Vorgehen Drakes folgte. Sie machte Cavendish zu einem reichen Mann, nicht zuletzt durch die Kaperung einer Manila-Galeone – so nannte man die spanischen Handelsschiffe, die regelmäßig zwischen Manila und Acapulco unterwegs waren – vor der kalifornischen Küste.

Auch die im Befreiungskampf gegen Spanien stehenden Niederländer begannen ihre größeren Unternehmungen als Kaperfahrten nach englischem Vorbild. Der erste niederländische Weltumsegler, Olivier van Noort, brach im September 1598 mit vier Schiffen und 248 Mann von Rotterdam aus schon mit dem Ziel auf, den Spaniern im Pazifik zu schaden und sich in den Handel mit den Gewürzinseln einzuschalten. Die Reise über den Atlantik gestaltete sich wegen portugiesischer und indianischer Angriffe sowie heftiger Stürme schwierig. Nach der Durchfahrt der Magellanstraße im Januar 1600 begann Noort – nach Verlusten hatte er nur noch 147 Mann – mit Überfällen auf die spanischen Schiffe. Spanischen Gegenangriffen entging er durch die Überquerung des Pazifiks. Auf den Philippinen kam es im November zum Kampf um eine Manila-Galeone, bei der Noort ein weiteres Schiff verlor. Dennoch gelang ihm die Rückkehr über Borneo, Java und um das Kap der Guten Hoffnung. Auf seinem letzten Schiff kam er im August 1601 mit 45 Mann in die Heimat zurück.

Noch im selben Jahr erschien Noorts Bericht, im folgenden Jahr eine deutsche Übersetzung. Ähnlich wie bei Drake bietet diese Darstellung der Reise manche lokale Details. Aus dem noch nicht von den Spaniern beherrschten Süden Chiles wird über die Herstellung eines alkoholischen Maistranks berichtet, und zu Ehegebräuchen heißt es: «Diese Indianer nehmen sich so viele

Frauen, wie sie ernähren können, und wer viele Töchter hat, der ist reich, denn der sie begehrt, muss sie dem Vater abkaufen für Ochsen, Schafe, Kühe oder Ähnliches» (Warhafftige Beschreibung, 38). Dazu wird von der Kleidung berichtet, sie sei aus der Wolle von Schafen mit langen Hälsen gemacht, denen die Wolle fast auf die Erde herabhänge. Dies war eine nicht untypische Verwechslung auf der Grundlage der europäischen Kenntnisse, denn zweifellos handelte es sich bei den Tieren um Lamas, zumal sie auch als Lasttiere dienten. Auf den Philippinen fiel den Niederländern ein japanisches Schiff in die Hände, das Eisen, Mehl und Schinken für Manila geladen hatte. Noorts Begegnung mit dessen Kapitän gibt Anlass zu einem Exkurs über die Japaner: «Sie gehen mit langen Kleidern gekleidet, fast wie die Polen. Die Kleidung des Kapitäns, der ein Adliger war, war von leichter Seide mit Laub und Blumen kunstvoll verziert. Die Japaner sind auf dem Kopf mit einem Schermesser ganz kahl geschoren, außer im Genick, wo sie ein wenig Haar tragen. Es ist ein kluges Volk im Krieg und groß von Statur. In Japan werden die besten Waffen in ganz Ost-Indien gemacht, nämlich Säbel, Rohre, Bögen und Pfeile [...]» (ebd., S. 74). Neben dem wohl eher unpassenden Vergleich mit den Polen sind es vor allem die militärischen Fähigkeiten der Japaner, die den Berichterstatter interessieren. So wird weiter von den Kriegen zwischen den japanischen Herrschern berichtet, aber ebenso vom Einfluss der Jesuiten.

Für die 1602 gegründete *Vereenigde Oostindische Compagnie* erwies sich der 1595 erstmals von einer niederländischen Flotte befahrene Weg um das Kap der Guten Hoffnung als die bessere Route, anders als die riskanten Wege Noorts und der Schiffe der ebenfalls 1598 aufgebrochenen *Magelhaense Compagnie*, die nach Japan gelangte. Nachdem zunächst jeweils kleinere Verbände von Schiffen ausgesandt wurden, die mit hohem Aufwand lange unterwegs waren, setzte man ab 1610 auf die Etablierung eines Flottenstützpunkts. Dies gelang 1619 in Batavia auf Java (heute Jakarta). Zuvor kam es jedoch noch einmal zu einem groß angelegten Unternehmen unter dem erfahrenen Befehlshaber Joris van Spilbergen, der 1614 mit sechs Schiffen nach Süden zur Magellan-Straße aufbrach. Ähnlich wie Drake und Noort folgte er zunächst der südamerikanischen Westküste bis nach Neu-Spanien, bevor er über den Pazifik bis nach Ternate und Java vordrang.

Dort traf er auf das verbliebene Schiff von Jacques Le Maire und Willem Corneliszoon Schouten, die einen alternativen Weg zur Magellan-Straße gesucht und dabei das nach ihrer Heimatstadt benannte Kap Hoorn, die Südspitze Amerikas, entdeckt hatten. Die Vertreter der VOC akzeptierten die Erklärung der beiden nicht, dass sie einen selbst entdeckten Weg genommen hätten. So wurden sie gefangen gesetzt, ihr Schiff beschlagnahmt. Während ein großer Teil der Schiffe im Dienst der VOC in Asien zurückblieb, reiste Spilbergen 1616/17 mit zwei Schiffen, Schouten und Le Maire in die Niederlande zurück.

Inzwischen wurden die Südostasienreisen langsam zur Routine, die Besatzungen größer, die Verluste an Menschen und Schiffen geringer. Ungeachtet weiterer Weltumseglungen waren damit konkurrierende Netzwerke der Kolonialmächte entstanden, die auf Jahre angelegte, riskante Fahrten unnötig machten.

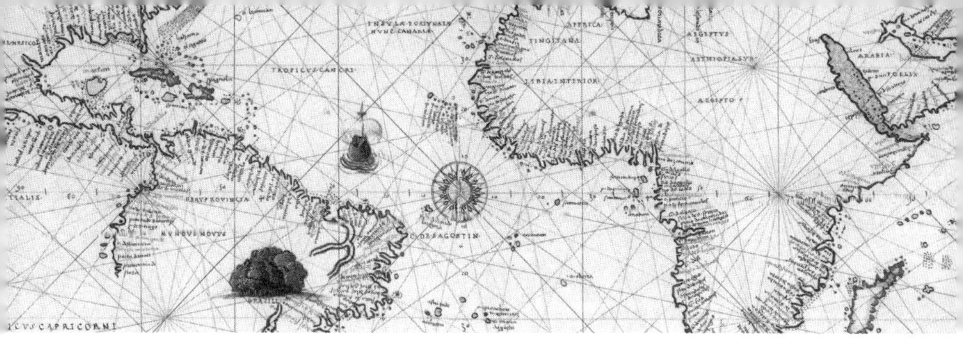

— 6 —

# ERKUNDUNGEN

## Die Rätsel der Südhalbkugel

### *Kampf um die Gewürzinseln*

Die Fahrten von Kolumbus, Vasco da Gama und Magellan verschafften den europäischen Gelehrten erstmals ein Gesamtbild der Welt. Es blieb jedoch die Erkundung weiter Regionen im Süden und Norden der bekannten Welt sowie das Füllen großer weißer Flecken auf den Kontinenten. Dabei wurden die lange unsystematischen, durch eigene Erfahrungen und Vorkenntnisse geprägten Beschreibungen allmählich präziser und zielgerichteter. Ein wesentlicher Schritt war die Formulierung von Regeln für Reiseberichte durch die 1660 gegründete Royal Society. Neben die wirtschaftlichen traten politische, aber auch wissenschaftliche Interessen, so bei der Suche nach einem Südkontinent und der Erkundung des Pazifischen Ozeans. Am Anfang dominierte jedoch noch der Kampf um die Gewürzinseln, in den sich nach Portugiesen und Spaniern auch die Engländer und danach insbesondere die Niederländer einschalteten.

Die Portugiesen erreichten die Gewürzinseln als Erste. Nach der Eroberung Malakkas entsandte Afonso de Albuquerque bereits im November 1511 eine Mission unter António de Abreu und Francisco Serrão weiter nach Osten. Entlang der Küsten von Sumatra, Java und Bali segelten sie nach Ambon und zu den Banda-Inseln und gewannen so erste Eindrücke. Auf der Rückreise kamen sie in einen Sturm, Serrão erlitt Schiffbruch und rettete sich und neun seiner Männer nach Zwischenstationen auf die Molukken, wo er in den nächsten Jahren blieb. Dort stieg er bald zum engsten Berater des Sultans von Ternate, Bayanullah, auf. Da der Sultan auf Unterstützung gegen seine Nachbarn hoffte, stand er den portugiesischen Plänen offen gegenüber. 1513 setzten mit der Flotte unter Antonio de Miranda de Azevedo, der auf Ternate und Batchian erste Faktoreien einrichtete, regelmäßige Fahrten zu den Molukken ein. 1520 erhielt Jorge de Brito den Auftrag, auf Ternate eine Festung zu erbauen. Nach seinem Tod in Aceh führte sein Bruder Antonio das Unternehmen fort und begann am 24. Juni 1522 auf Ternate mit der Errichtung des Forts São João Baptiste.

Die erste Weltumseglung unter Magellan und Elcano führte seit dieser Zeit zur Rivalität zwischen Portugal und Spanien um die Gewürzinseln. Während sich Portugal auf Ternate etablierte, erfuhr Spanien Unterstützung durch den mit Ternate verfeindeten Sultan von Tidore. Der Geograph Ruy Faleiro, der einstige Begleiter Magellans, legte ein Memorial vor, das die Molukken als Teil des spanischen Einflussbereiches verstand, und empfahl, jährlich Flotten auf dem neu entdeckten Weg auszusenden. Als Gespräche zwischen Gelehrten beider Seiten über die Abgrenzung der Zonen 1524 in Bajadoz scheiterten, rüsteten die Spanier die Flotte unter Loaísa und Elcano aus. Mit der Ankunft des verbliebenen Schiffs unter Martin Yniguez auf Gilolo und einem portugiesischen Angriff im Januar 1527 eskalierte die Auseinandersetzung. Es kam zum Krieg zwischen Spanien, Tidore und Gilolo auf der einen, Portugal und Ternate auf der anderen Seite.

Im Oktober 1527 entsandte Hernán Cortes von Mexiko aus drei Schiffe unter Alvaro de Saavedra, von denen zwei unterwegs verloren gingen. Obwohl die Spanier gegen die Portugiesen kleinere Erfolge erreichten, erwies sich als entscheidend, dass es Saavedra nicht gelang, einen Weg zurück nach Neu-Spanien zu finden. Zunächst brach er 1528 nach Osten auf und erreichte wahrscheinlich (als zweiter nach Jorge de Meneses) die Küste Papuas, das er wegen der Ähnlichkeit seiner Bewohner mit Afrikanern als Neu-Guinea bezeichnete. Widrige Winde und die Flucht seines portugiesischen Navigators mit dem einzigen Boot erzwangen die Rückkehr nach Tidore. Beim zweiten Anlauf im Mai 1529 konnte Saavedra zwar weiter nach Ost-Nordost vordringen, aber er erkrankte und starb. Nachdem sich bis 31 Grad nördlich keine Möglichkeit zur Weiterreise nach Osten ergab, kehrten die restlichen 18 Mann zum Befehlshaber Hernando de la Torre zurück. Dieser hatte inzwischen Tidore räumen müssen. Der Vertrag von Zaragossa, in dem Karl V. gegenüber Johann III. von Portugal 1529 auf die Molukken verzichtet hatte, interne Konflikte und ausbleibende Unterstützung zwangen de la Torre 1534 zur Aufgabe gegenüber den Portugiesen. Er und seine Mannschaft kehrten 1537 über Cochin nach Europa zurück. Die Entdeckung der Route für die Rückkehr nach Amerika stand damit weiter aus.

Dennoch setzte sich die portugiesisch-spanische Rivalität auch in den folgenden Jahren fort. Die Portugiesen konnten unter dem neuen Gouverneur von Ternate, Antonio Galvão (1536–1540), ihre Stellung festigen, während ein spanisches Unternehmen unter Hernando de Grijalva an der Meuterei der Mannschaft scheiterte. Bald darauf beauftragte Antonio de Mendoça, der Vizekönig von Neu-Spanien, Ruy López de Villalobos mit der Errichtung eines permanenten Stützpunkts in der Region. Auch dies misslang. Die Flotte brach im November 1542 von Mexiko auf, erkundete den Pazifik und erreichte im Februar 1543 Mindanao, danach Samar oder Leyte. Die gesamte Inselgruppe wurde zu Ehren des Kronprinzen, des künftigen Philipp II., Philippinen genannt (so zuerst 1554 auf einer Karte Ramusios), doch erwies sich die Anlage einer Siedlung wegen der Feindseligkeit der Eingeborenen als unmöglich, so dass Villalobos entgegen seiner ursprünglichen Absicht zu den Molukken segelte. Im April 1544 erreichte er Gilolo, dessen Herrscher ihm wie der von Tidore ein Bündnisangebot machte. Parallel führte Villalobos auch Verhandlungen mit den Portugiesen. Die *San Juan* unter Bernardo de la Torre unternahm währenddessen zwei Versuche, günstige Winde für die Fahrt nach Amerika zu finden, doch ohne Ergebnis. Der Zustand der Schiffe erlaubte keine eigenständige Rückkehr nach Europa, so dass Villalobos am Ende ohne Zustimmung seiner Führungsmannschaft eine Vereinbarung mit den Portugiesen schloss. Die Spanier mussten ihre Stellungen aufgeben und über Goa nach Europa zurückkehren. Ruy Lopez de Villalobos starb bereits auf Ambon, die anderen erreichten 1547 Lissabon.

Auf spanischer Seite blieb dennoch die Absicht bestehen, die Philippinen in den spanischen Herrschaftsbereich einzuordnen. Nachdem erste Planungen gescheitert waren, wies Philipp II. 1559 den Vizekönig von Neu-Spanien, Luis de Velasco, an, ein Unternehmen zur Eroberung der Philippinen vorzubereiten. Der König hatte sich zugleich an den inzwischen im mexikanischen Kloster lebenden Andres de Urdaneta gewandt, der mit seiner Erfahrung einen Fehlschlag wie unter Villalobos verhindern sollte. Urdaneta fand sich zur Teilnahme bereit, konnte aber wegen seines geistlichen Standes nicht den Oberbefehl übernehmen, so dass dafür Miguel Lopéz de Legazpi vorgesehen wurde. Der Aufbruch erfolgte nach einigen Verzögerungen im November 1564. Entsprechend der königlichen Instruktion waren die Philippinen anzusteuern, von denen aus Urdaneta bei erster Gelegenheit einen Rückweg suchen sollte. Er konnte unterwegs die auf den bisherigen Reisen aufbauenden, zu knappen Berechnungen der Entfernung zwischen Neu-Spanien und den Philippinen korrigieren. Ende Januar 1565 hatten die Schiffe nach der Entdeckung einiger Inseln die Ladrones erreicht, Mitte Februar die philippinische Insel Tendaya.

Ungeachtet der mit lokalen Herrschern geschlossenen Freundschaftsbündnisse hielten die Spanier am Ziel der Eroberung der Philippinen fest. Auf Tendaya wurde am Strand die feierliche Inbesitznahme der Insel für den spanischen König vollzogen. Schließlich wandte sich die Flotte nach Cebu, wo einst Magellan erste Erfolge bei der Christianisierung erringen konnte. Das Misstrauen des lokalen Herrschers war auch wegen der Furcht vor einer Racheaktion groß, so dass es zu keinem friedlichen Kontakt kam. Vielmehr wurde die Stadt im Konflikt niedergebrannt. Man fand danach eine kleine Statue, die als Abbild des Jesuskindes verstanden und der Mission unter Magellan zugeordnet wurde. An der Fundstelle wurde ein Kloster gegründet, und bald darauf, im Mai 1565, begann man mit der Anlage einer Stadt.

Noch bevor im Juni die friedliche Unterwerfung der lokalen Bevölkerung unter die spanische Krone gelang, sandte Legazpi sein stärkstes Schiff, die *San Pedro*, unter der Leitung seines Neffen Felipe de Salcedo zurück nach Acapulco, mit Andres de Urdaneta als Navigator. Er war auch der Erste, der den Rückweg von den Philippinen nach Neu-Spanien beschrieb. Damit begann ein regelmäßiger Verkehr zwischen den beiden Kolonien, 1571 erhielt die spanische Herrschaft mit Legazpis Gründung von Manila auf Luzon ein dauerhaftes Zentrum. Die spanischen Entdeckungsfahrten galten danach vor allem der Suche nach anderen Ländern im Süd-Pazifik. Schon 1567 hatte Alvaro de Mendana mit Santa Isabel die größte der Salomon-Inseln entdeckt, doch geriet dies bald nach seiner Rückkehr nach Lima in Vergessenheit, so dass die Inseln erst wieder im späteren 18. Jahrhundert erkundet wurden.

Das portugiesische Kolonialreich erlangte in den 1550er Jahren den Höhepunkt seiner Bedeutung. Der *Estado da India* stand nicht auf der stabilsten Grundlage, doch trugen etwa auf Ternate vielfache Bindungen zwischen den Portugiesen und der lokalen Bevölkerung zu einer Stabilisierung bei. Die Christianisierung ließ zudem ein eigenes, von Goa unabhängiges Netzwerk entstehen. Der

Vizekönig entsandte 1566 eine Flotte unter Gonçales Perreira Marramaque, der den muslimischen Einfluss in der Region zurückdrängen sollte, aber Konflikte auslöste. Diese führten 1574 zum Verlust der Festung auf Ternate; nur mühsam konnte man sich auf Tidore behaupten. Die Schiffe aus dem Indischen Ozean gelangten oft nicht mehr bis nach Lissabon. Die Schwäche der Portugiesen, nicht zuletzt während der Personalunion Portugals mit Spanien (1580–1640), rief neben den Spaniern und Muslimen bald neue Gegner auf den Plan: die Niederländer.

## *Pfeffer, Muskat und Kanonen: Die Niederländer in Südostasien*

Die Niederlande befanden sich seit 1568 im Unabhängigkeitskrieg, dem «Achtzigjährigen Krieg», gegen Spanien. Schon seit dem 15. Jahrhundert hatten sie wirtschaftlich kontinuierlich an Bedeutung gewonnen. Bis zum 17. Jahrhundert entstand so eine niederländische Hegemonie, die sich auch auf den Bankensektor ausweitete. Die Expansion auf den Weltmeeren begann mit Niederländern, die in Diensten der iberischen Mächte standen und die Grundlagen der portugiesischen Kolonialherrschaft erkunden konnten. Ein prominentes Beispiel ist Jan Huygen van Linschoten, der vor allem durch sein weit verbreitetes *Itinerario, Voyagie ofte schipvaert naer Oost of Portugaels Indie* (1595) bekannt wurde. Linschoten war zunächst 1579 nach Sevilla, bald darauf nach Lissabon gegangen. 1583 reiste er als Sekretär des neu berufenen Erzbischofs von Indien, des Dominikaners Vicente da Fonseca, nach Goa und machte sich auf ausgedehnten Reisen innerhalb des *Estado da India* mit den Reiserouten, Winden und Strömungen vertraut. 1589 kehrte er auf einem portugiesischen Schiff als Faktor für Pfeffer nach Lissabon zurück und legte seine Erfahrungen in seinen Büchern nieder. Seine eigenen Aktivitäten richteten sich danach auf eine Nordostpassage nach Asien über das Nordmeer, dessen Gefahren die Schiffe des 17. Jahrhunderts aber noch nicht gewachsen waren.

Es waren andere Niederländer in portugiesischen Diensten, die schließlich den Anstoß für eigene niederländische Unternehmen nach Süd- und Südostasien gaben. Zu ihnen zählte Cornelis de Houtman, der bereits um 1593 an portugiesischen Fahrten in die Region teilgenommen hatte. Er war einer der Leiter der ersten niederländischen Flotte von vier Schiffen, die, finanziert von neun Amsterdamer Kaufleuten, im April 1595 aufbrach. Auf der Fahrt kam es zu Konflikten zwischen zwei Fraktionen von Seeleuten, an denen auch Cornelis de Houtman beteiligt war, und zu zahlreichen Skorbuterkrankungen. Im Juni 1596 langte man am Reiseziel, Banten auf Java, an, und es gelang, mit dem Sultan von Banten einen Handelsvertrag abzuschließen. Anders als für die Portugiesen gewann Java damit für die Niederländer zentrale Bedeutung. Allerdings wurde Houtman nach Konflikten aus Banten vertrieben und konnte erst auf Bali Pfeffer laden. Anders als geplant, wurden auch die Gewürzinseln nicht erreicht, der Pfeffer deckte gerade einmal die entstandenen Kosten, und von 249 Mitgliedern der Mannschaft kehrten nur 87 zurück. Da Houtman nahezu der einzige überlebende Anführer war, als die Flotte Ende 1597 aus Asien zurückkam, wurde ihm der (relative) Erfolg des Unternehmens zugeschrieben. So kam es, dass er schon bald einen neuen Auftrag erhielt und 1598 mit einer weiteren Flotte nach Südostasien aufbrach. Im Norden Sumatras, in Aceh, geriet er bei Verhandlungen in einen Hinterhalt des Sultans und wurde am 1. September 1599 ermordet. Sein älterer Bruder Frederick, der ihn begleitet hatte, blieb für zwei Jahre in Gefangenschaft, eine Zeit, die er zum Studium der malaiischen Sprache nutzte.

Dennoch gewann die niederländische Expansion stetig an Intensität. Allein zwischen 1595 und 1601 brachen 14 Flotten mit 65 Schiffen nach Asien auf, organisiert immer durch verschiedene Gesellschaften von Kaufleuten. Bald entwickelte sich eine Konkurrenz, die die Preise für Gewürze in Asien nach oben trieb, in Europa aber zu einem Preisverfall führte. Seit 1598 suchten deshalb die *Staten-Generaal*, die oberste Repräsentanz der Niederlande, durch Verhandlungen einen Zusammenschluss herbeizuführen, um Portugiesen und Spaniern geschlossen entgegentreten zu können. 1602 entstand so die bereits erwähnte *Vereenigde Oostindische Compagnie*, mit dezentralen Strukturen. Bei den Geschäften stand der Kammer von Amsterdam die Hälfte zu, der von Zeeland ein Viertel und den anderen vier Kammern in Hoorn, Enkhuizen, Delft und Rotterdam jeweils ein Sechzehntel. Entsprechend wurde der Schiffsbau reguliert. Um das große Gewicht Amsterdams auszugleichen, standen nicht 16, sondern 17 Direktoren an der Spitze der VOC, die *Heren Zeventien*. Die Kammern hatten aber eigene Direktorien und Lagerhäuser und führten eigenständig Auktionen mit ihren Waren durch.

Bis 1610 waren die Unternehmungen als eigene Flotten organisiert, die gemeinsam verschiedene Ziele in Asien ansteuerten, bevor man nach zwei oder drei Jahren in die Niederlande zurückkehrte. Dies erwies sich jedoch als nicht sehr effektiv. Längere Präsenz an einem Ort konnte so nicht gewährleistet werden, die regelmäßig in Asien operierenden Schiffe erforderten einen hohen Aufwand für Reparaturen, und die Admiräle der Flotten konkurrierten untereinander. So wurden seit 1610 Generalgouverneure eingesetzt, und man etablierte 1619 mit Batavia (Jayakarta, heute Jakarta) einen Treffpunkt für die Flotten. Der in den 1620er Jahren unternommene Versuch, den gesamten Handel dort zu konzentrieren, schlug jedoch fehl, so dass man nach 1625 zu einem immer weiter ausgebauten System von Stützpunkten überging. Portugiesen und Spanier wurden dabei überall zurückgedrängt. Schon im Februar 1605 eroberten die Niederländer die erst 1576 von den Portugiesen errichtete Festung auf Ambon, im Mai folgte das portugiesische Fort auf Tidore.

Die Spanier antworteten 1606 mit der Eroberung von Ternate und setzten sich dort bis 1663 fest. Allerdings gelang es den Niederländern, zwischen 1607 und 1612 auf Ternate eigene Forts zu errichten, die ihnen mit Hilfe ihrer Verbündeten die Kontrolle der gesamten Molukken erlaubten. Eine von den Spaniern auf den Philippinen ausgerüstete Flotte unter dem Gouverneur Juan de Silva konnte wenig daran ändern. Silva hatte vom portugiesischen Vizekönig in Goa die Zusage erhalten, er werde vier Galleonen über Malakka nach den Philippinen entsenden. Als die Schiffe ausblieben – sie waren zuvor durch die Niederländer aufgebracht und zerstört worden, was er nicht wusste –, brach Silva im Februar 1616 entgegen dem ursprünglichen Plan mit seiner Flotte nach Malakka auf. Dort erkrankte er und starb im April 1616. Außer einer von ihm ausgesandten Hilfsflotte für Ternate blieb das ganze Unternehmen ohne Ergebnis.

Die Niederländer konnten sich aufgrund ihrer Kapitalstärke auch gegen die Engländer durchsetzen. Obwohl die Niederlande aufgrund der Lage in Europa wenig an einem Konflikt mit England interessiert waren, kam es infolge von englischen Waffenlieferungen und der Kaperung englischer Schiffe durch die Niederländer nach 1617 zu einer Eskalation. Die Gründung der englischen *East India Company* (EIC) war der Gründung der VOC um zwei Jahre vorausgegangen; gleich im Jahre 1600 wurden die ersten Schiffe unter James Lancaster nach Südostasien ausgesandt. Nach Aceh wandte sich Lancaster ähnlich wie die Niederländer nach Banten und schickte von dort eines seiner Schiffe mit Waren zu den Molukken, mit dem Auftrag, dort eine Faktorei zu gründen. Zum selben Zweck ließ er auch einige seiner Männer in Banten zurück. Bis 1611 folgten mindestens acht weitere Reisen englischer Flotten.

Nach der Wegnahme ihrer Schiffe reagierten die Engländer mit Angriffen auf Banten und Jayakarta, die der General-Gouverneur Coen 1619 zurückschlug. Es folgte ein Kooperationsangebot zur Zusammenarbeit gegen die iberischen Mächte, das aber nur kurz zur Entspannung führte. Während aber die regionalen Vertreter der VOC kaum zur Zusammenarbeit bereit waren, konnte

Porträt des Rijklof van Goens (zugeschrieben Martin Palin, 1680–1700). Van Goens war in den Jahren 1648 bis 1654 mehrfach Gesandter der Niederländischen Ostindien-Kompanie am Hof von Mataram auf Java, zwischen 1659 und 1672 mehrfach Gouverneur von Ceylon und 1678–1681 General-Gouverneur in Batavia.

die EIC ihre Verpflichtungen zur Bereitstellung von Schiffen nicht erfüllen. Die Spannungen entluden sich im März 1623 in der gemeinsamen Niederlassung auf Ambon, als die Engländer verdächtigt wurden, mit Japanern gegen die Niederländer zu kooperieren, und neun Japaner und zehn Engländer wegen Hochverrats hingerichtet wurden. Es begann eine rechtliche Auseinandersetzung, die das Klima zwischen beiden Ländern verschlechterte; zudem blockierten die Niederländer Banten, um den eigenen Stützpunkt in Batavia aufzuwerten. Die Hinrichtungen auf Ambon spielten noch beim Ausbruch des ersten englisch-niederländischen Krieges 1652 eine Rolle, ebenso bei den beiden folgenden Kriegen (bis 1674).

Auf Java waren die Niederländer auch durch die stärkste Landmacht, das Sultanat von Mataram, bedroht, das mehrfach Anläufe zur Eroberung Batavias unternahm. Versuche der VOC, mit Sultan Agung einen diplomatischen Ausgleich zu erreichen, schlugen fehl. Dies änderte sich erst seit 1646 unter seinem Nachfolger Amangkurat I., auch wenn die Beziehungen schwierig blieben. Zwischen 1648 und 1654 reiste der spätere Generalgouverneur Rijklof van Goens fünfmal zum Hof des Sultans. Darüber legte er für die *Heren Zeventien* einen Bericht vor, der 1666 anonym im Druck erschien. Im ersten Teil beschreibt er die Route von Semarang bis zum Hof von Mataram, im zweiten den Hof selbst und seine Verwaltungsstruktur, und im dritten, umfangreichsten Teil berichtet er über das erste Jahr nach dem Tod Agungs. Überall finden sich Beobachtungen, die so nirgendwo anders überliefert sind. Er berichtet beispielsweise von den wöchentlichen Ausritten des Herrschers, um Recht zu sprechen und sich mit den Großen des Reichs zu beraten. Unabhängig davon mussten sich diese täglich bis neun Uhr am Hof einfinden und durften erst nach zwölf Uhr wieder gehen, wenn sie nicht in den Palast gerufen wurden. Wenn der König für die Rechtsprechung den Hof verließ, ging er zu einem seiner «Sommerhäuser», um dort die Fälle zu entscheiden, die ihm seine Amtsträger – auch unter Heranziehung von Zeugen – vortrugen. Besonders vermerkt wird die «Dienstbarkeit» der Großen (Pangorans) gegenüber dem Herrscher. Der historische Teil gibt auch einen Eindruck vom Thronstreit, von Bruderneid und Hofintrigen.

Zwei Jahrzehnte später suchte die VOC nach potentiellen Verbündeten gegen Mataram und hoffte, im heute fast vergessenen Hindureich von Blambangan (Banjuwangi) in Ostjava einen möglichen Partner gefunden zu haben. Von Surabaya aus reiste der Kapitän-Leutnant Jan Bervelt 1687 mit Jan Fransen und den Gesandten Blambangans für eine Kontaktaufnahme zum König, kam aber in dem Moment an, als der alte Herrscher verstorben war. Sein Sohn wollte den Rang seines Vaters betonen, indem er eine opferreiche Witwenverbrennung von über sechshundert Mädchen und meist jungen Frauen anordnete. Bervelt schildert in seinem Bericht die Schrecken der Verbrennungen, die er am Ende nicht mehr ertrug, so dass er schließlich vorzeitig abreiste. Sein ungedruckter Bericht vermittelt dennoch wichtige Eindrücke von einem späten Hindukönigreich auf Java.

### *Die Suche nach der Terra australis und die Erkundung des Pazifik*

Eine der ungelösten Fragen bei der Erkundung der Südhälfte der Erde war, ob es im Sinne der Überlegungen von Aristoteles und Ptolemaios dort eine größere Landmasse, eine *Terra australis* («südliches Land»), geben müsste, um die Landmassen der Nordhälfte auszubalancieren. Auf den Karten in ptolemaiischer Tradition war deshalb der Indische Ozean als Binnenmeer eingezeichnet, das im Süden von einem mit Afrika verbundenen großen Kontinent umgrenzt war. Mit der Erschließung Amerikas wurde diese Landmasse auf den Weltkarten nach Westen ausgedehnt. Nach Magellans Entdeckung einer Südwestpassage erschien Feuerland als Teil des Südkontinents, der deshalb auch als *Magellanica* bezeichnet wurde. Doch zeigte spätestens die Reise von Le Maire und Schouten Anfang 1616, dass auch Südamerika mit dem von ihnen so benannten Kap Hoorn eine Südspitze hat.

Die Suche nach der *Terra australis* wurde schon vorher durch Spanier und Niederländer vom Pazifischen und Indischen Ozean aus betrieben. 1603 erhielt Pedro Fernández de Quirós den Auftrag, weitere Regionen für Spanien zu erkunden und in Besitz zu nehmen. Im Dezember 1605 brach er von Callao in Peru in den Pazifik auf und erreichte im Mai 1606 das heutige Santo (Vanuatu, Neue Hebriden), das er für einen Teil des Südkontinents hielt und *Australia del Espíritu Santo* nannte. Quirós nahm die Insel feierlich für Spanien in Besitz. Nachdem er nach Mexiko zurückgekehrt war, richtete er mehr als fünfundsechzig Memoranden an König Philipp III., um ihn zur Unterstützung weiterer Forschungsfahrten in den Pazifik zu bewegen.

Seine Memoranden gelangten nicht an die Öffentlichkeit, mit Ausnahme eines Textes, der mehrfach publiziert und übersetzt wurde, 1611 auch ins Deutsche. Darin spricht Quirós von einem «irdischen Paradies» (*Relation*, 2), in dem es alles Lebensnotwendige im Überfluss gebe, auch Silber, Gold und Perlen, Grundlagen für die Gründung einer Stadt und für die Versorgung der spanischen Amerikas, aber auch des Mutterlandes. Die Einwohner lebten dort ohne Kunst, ohne Mauern, ohne Gesetz, ohne Könige, als «einfältige Heiden» (ebd.). Wie er später ergänzt, würden sie danach streben, «mit geringster Mühe, Arbeit und Ungelegenheit ihr Leben [...] zuzubringen» (ebd., 6). Ihnen gehe es nur um Wollust und ein gutes Leben, sie seien «feiste» und starke Leute, die ein hohes Alter erreichten. Seine euphorische Darstellung der Schönheit und Fruchtbarkeit des gefundenen Landes sowie die feminisierte Charakterisierung seiner Bewohner beeinflusste bis ins 18. Jahrhundert die Wahrnehmung des Pazifiks.

Als Quirós von Santo aufbrach, verlor er wegen eines Unwetters den Kontakt zu den beiden anderen Schiffen seiner Flotte. Das zweitgrößte Schiff stand unter dem Befehl von Luis Vaéz de Torres. Als er Quíros nicht finden konnte, öffnete er seine Instruktionen. Danach sollte er bis 20 Grad südlich nach Land suchen und bei einem Fehlschlag nach Manila zurückkehren. Zunächst nach Süden, dann nach Westen gewandt, erreichte er die Südküste Neu-Guineas, der er mehr als zwei Monate lang folgte. Bei Landungen nahm er das Land für Philipp III. von Spanien in Besitz, kam aber auch in Konflikt mit den Einwohnern, die er als schwarz, korpulent und unbekleidet sowie mit Lanzen, Pfeilen und Steinkeulen bewaffnet beschreibt. Im Mai 1607 erreichte er Manila. Weil sein Bericht erst bei der britischen Besetzung Manilas 1762 wiederentdeckt wurde, hielt man Neu-Guinea noch lange für die Nordspitze des Südkontinents, bis die erste Reise Cooks bestätigte, dass es eine Insel war. Die Meerenge zwischen Neu-Guinea und Australien wurde später nach dem ursprünglichen Entdecker Torres-Straße benannt.

Obwohl vielleicht portugiesische Seefahrer als Erste die Küsten Australiens erreichten, waren es die Niederländer, die die Entdeckung und Erkundung eines neuen Kontinents einleiteten. Der Erste war Willem Janssen, der 1603 als Schiffsführer der kleinen *Duyfken* mit der Flotte van der Hagens von den Niederlanden aus aufgebrochen war. Er erhielt im November 1605 in Banten auf Java den Auftrag zur näheren Erkundung Neu-Guineas. Bei etwa 20 Grad südlicher Breite erreichte er Land, das er für die Westküste Neu-Guineas hielt, und folgte der australischen Küstenlinie am Golf von Carpentaria. Da sich das Land als wenig fruchtbar erwies und zudem nur von als wild und grausam beschriebenen Einwohnern besiedelt war, fehlten bald die notwendigen Lebensmittel, so dass Janssen umkehren musste. Als die VOC eine neue Route für die Reise durch den Indischen Ozean etablierte, die vom Kap der Guten Hoffnung direkt zur Sunda-Straße führte, kam es angesichts der immer noch unvollkommenen Instrumente für die Längenbestimmung auch zu Fehlern bei der Navigation, so dass die Fahrten an der australischen Küste endeten. Belegt ist dies zuerst für Dirk Hartog, der im Januar 1615 mit seinem Schiff *Eendracht* von Texel aufgebrochen war. An der Einfahrt zur heutigen Shark Bay hinterließen er und seine Männer auf der später nach ihm benannten Insel eine Inschrift auf einer Zinnplatte, die Ankunft und Abfahrt auf den 25. und 27. Oktober 1616 datiert und die wichtigsten Besatzungsmitglieder nennt.

Die Überlieferung über diese Fahrten ist jedoch oft unklar und unvollständig, zum Teil fehlen die Angaben zu den Schiffern oder sie lassen sich nur indirekt erschließen. Das gilt für Missionen der Jahre 1618–1623 ebenso wie für die Erkundung von 800 Seemeilen der australischen Südküste 1627 durch die *Gulden Zeeperd.* Ihr Kapitän war vermutlich Pieter Nuyts, aber sonst ist wenig über die Reise bekannt. Ein weiterer, tragischer Fall war das Unglück der *Batavia* vor Beacon Island im Juni 1629. Ihr Kapitän François Pelsaert konnte zwar auf einem Boot Batavia erreichen, eine Meuterei unter den zurückgebliebenen Überlebenden führte aber zu zahlreichen weiteren Opfern, bevor Hilfe eintraf. Im März 1636 brach Gerrit Tomaszoon Poel schließlich mit zwei Schiffen von Ambon aus über Banda zu einer offiziellen Erkundung des Südlands auf. Schon kurz nach dem Verlassen Bandas kam es jedoch zu einem Zwischenfall, bei dem Poel und sein engster Vertrauter, der Nürnberger Andries Schiller, getötet wurden. Die Mannschaft setzte die Reise fort, kam aber schließlich ohne Ergebnis nach Banda zurück.

Die Seefahrer ehrten mit ihrer Namensgebung für die neu entdeckten Länder nicht nur ihre Heimat, sondern oft auch die hohen Amtsträger der *Vereenigde Oostindische Compagnie* wie die General-Gouverneure Pieter de Carpentier oder Antonio van Diemen, die teilweise mit den Entdeckungen verbunden waren. Insbesondere van Diemen brachte mehrere Erkundungsmissionen auf den Weg, zwei unter der Leitung Abel Tasmans. Tasman hatte schon vor 1638 die ersten Erfahrungen auf Fahrten nach Java gesammelt, war 1639 der stellvertretende Leiter einer Expedition in die Region östlich von Japan, 1641/42 hatte er an Unternehmen nach Palembang, Kambodscha und Taiwan teilgenommen. Van Diemen beauftragte ihn ausdrücklich damit, das noch nicht weiter erschlossene Südland zu umsegeln, neue Länder zu entdecken und eine neue, kürzere Route nach Chile zu finden. Tasman wandte sich deshalb zuerst nach Mauritius, das er Anfang Oktober 1642 nach Osten in Richtung der Region bis 49 Grad südlicher Breite verließ. Am 24. November erreichte er eine hohe Küste, die er weiter nach Osten erkundete. Obwohl schon ein Teil der australischen Nordküste seit 1636 den Namen van Diemens trug, benannte er auch diese Insel nach ihm; später sollte sie den Namen Tasmanien erhalten.

Bei der Fortsetzung der Reise nach Osten gelangte Tasman am 13. Dezember zur Südinsel Neuseelands und folgte der Küste nach Norden, ohne die Cook-Straße zwischen Nord- und Südinsel zu bemerken. Beim Versuch einer Landung kam es am 19. Dezember zu einer blutigen Konfrontation mit den Maori, die eines der Boote noch während der Annäherung an das Land angriffen und vier Seeleute töteten, so dass sich Tasman entschied, weiterzufahren. Anfang 1643 erreichte er die Nordspitze Neuseelands, hielt aber an der Überzeugung fest, einen Teil des Südlandes gefunden zu haben, den er – in Nachfolge der früheren Entdeckungen Le Maires und Schoutens 1616 – als «Staatenland» bezeichnete. Seinen Anweisungen folgend, setzte er seine Reise nach Norden über die Hoorn- und Freundschaftsinseln fort, um dann über den Norden Neu-Guineas schließlich im Juni 1643 nach Batavia zurückzukehren.

Damit blieben aber zahlreiche Fragen ungeklärt, etwa nach der Verbindung Neu-Guineas mit den Entdeckungen im Westen Australiens. Van Diemen sandte Tasman deshalb bereits Ende Januar 1644 erneut aus, um die Küste dessen, was man Neu-Holland nannte, zu erkunden, bis zum Golf von Carpentaria und einer möglichen Meeresstraße nach Süden. Dies geschah, doch kehrte Tasman schließlich nach einer Erkundung des Golfs Ende 1644 nach Batavia zurück, ohne die Torres-Straße für die Niederländer entdeckt zu haben. Weitere Entdeckungsfahrten unterblieben, da van Diemen inzwischen verstorben und sein Nachfolger nicht an Unternehmen ohne konkrete Erträge interessiert war. Wo immer möglich, gab Tasman Informationen über die Landschaften, Bewohner der Region, Flora und Fauna. Ein Beispiel ist die durch eine Illustration ergänzte Beschreibung der Maori vor dem Zwischenfall vom Dezember 1642. Tasman verweist zunächst auf Probleme der Verständigung angesichts ihrer unbekannten Sprache, dann beschreibt er ihr Äußeres. Sie waren danach von normaler Größe, aber kräftig, von brauner bis gelber Hautfarbe, ihr schwarzes Haar wie das der Japaner – nur dicker – hinter dem Kopf zu einem Knoten zusammengebunden, der obere Teil des Körpers unbekleidet. Ähnlich nüchtern fallen auch die Angaben zur Landschaft und zum Verlauf der Küste aus. Tasman war zweifellos schon ein moderner Entdecker, der sich durch exakte Aufzeichnungen sowie korrekte und informative Beobachtungen auszeichnete.

## James Cook und die Magie der Südsee

Nach Tasmans Reisen trat für einige Zeit ein Stillstand in der Erkundung des pazifischen Raums ein, den Balboa 1513 euphorisch für Spanien reklamiert hatte. Die Reisen auf den Routen zwischen Amerika und den Molukken hatten zu Kenntnissen über einzelne Inselgruppen geführt, und der Westen Australiens, Teile der neuseeländischen Küste und Neu-Guineas waren erkundet worden. Dazu kamen einzelne, ungenau bestimmte Inseln oder Inselgruppen, die teilweise in Vergessenheit gerieten und später wiederentdeckt wurden. Zudem war unklar, ob einige von ihnen Teile eines noch nicht entdeckten Süd-Kontinentes bildeten. Einige Entdecker hatten auch ferne Vulkane als Anzeichen für Festland verstanden. Meeresengen waren nicht immer als solche erkannt oder mit Buchten verwechselt worden. Das Hauptproblem waren die noch immer unzureichenden Methoden zur Bestimmung der geografischen Länge. Erst James Cook gelang hier im späteren 18. Jahrhundert ein entscheidender Durchbruch.

Die englischen Unternehmen richteten sich meist gegen die spanischen Stützpunkte und Besitzungen in Amerika. So sollte die Reise von John Narborough von 1669 bis 1671 den Süden Amerikas erkunden. Das wichtigste Ergebnis war die erste genaue Kartierung der Magellan-Straße und der Nachweis, dass diese in beiden Richtungen durchsegelt werden konnte. Zur selben Zeit begann die Karriere des englischen Seefahrers William Dampier, der als Erster dreimal die Welt umsegelte. Dampier verbrachte einen großen Teil seiner aktiven Zeit als Korsar in der Karibik und vor den Küsten Lateinamerikas. Von dort aus segelte er zu den Philippinen, den Molukken, zur australischen Westküste und nach Bengalen. Nachdem er verarmt nach England zurückgekehrt war, erzielte er 1697 mit seinem auf seinen Notizen und Erfahrungen aufbauenden Werk *A New Voyage around the World* einen

Porträt von James Cook vor seiner letzten Reise. Gemälde von Nathaniel Dance (1776)

durchschlagenden Erfolg. Aufgrund seiner Naturbeobachtungen fand es auch bei den Wissenschaftlern der Royal Society viel Beachtung.

Seine Bücher veranlassten auch die britische Admiralität, ihm eine Sinekure anzubieten, die nur der Planung eines neuen Unternehmens dienen sollte. Dampier entschied sich für die Fortsetzung der Suche nach der *Terra australis* und bekam dafür von der Admiralität ein Schiff, die *Roebuck,* mit 50 Mann. Diese erste wissenschaftliche Expedition der Royal Navy, auch mit dem Auftrag zur Sammlung von Proben, begann im Januar 1699. Von Brasilien aus wandte sich Dampier direkt nach Neu-Holland, dessen Westen er im August 1699 erreichte. Von dort führte er die *Roebuck* um Timor und die Nordküste Neu-Guineas herum. Östlich davon entdeckte er eine große Insel, die er Neu-Britannien benannte. Inzwischen war die *Roebuck* so brüchig, dass Dampier keine Möglichkeit mehr sah, die Fahrt wie geplant zur Ostküste Australiens fortzusetzen. Über Batavia, das Kap der Guten Hoffnung und St. Helena erreichte die *Roebuck* noch Ascension, wo das Schiff aufgegeben werden musste. Gerettet von einem Schiff der Royal Navy, kam Dampier über Barbados im August 1701 nach London zurück. Er übergab die Reste der von ihm gesammelten Pflanzenproben an Mitglieder der Royal Society und publizierte seine geografischen Beschreibungen unter anderem zur Küste Neu-Hollands und seine präzisen Zeichnungen von Vögeln, Fischen, Blüten und Blättern 1703 in seinem Werk *A Voyage to New Holland etc. in the Year 1699*.

Während sich Dampier wieder korsarischen Aktivitäten zuwandte, kam die Erkundung des Pazifiks zeitweise zum Stillstand. Im Verlauf des britisch-spanischen Krieges 1740–1743 führte dann die tragisch-heroische Mission unter Commodore George Anson zu einer weiteren Weltumsegelung mit der Erkundung des Pazifiks und der spektakulären Kaperung einer Manila-Galeone der Spanier. Der offizielle Bericht über das Unternehmen fand weite Rezeption und bildet auch den Abschluss einer Sammlung von Reiseberichten ausschließlich über den Pazifik, die Charles de Brosses 1756 in Paris veröffentlichte. Nach dem wenig ertragreichen Unternehmen von John Byron (1764) war es die Reise von Samuel Wallis und Philipp Carteret (1766), die neue Erkenntnisse brachte. Nach der Magellanstraße wurden sie voneinander getrennt und wählten unterschiedliche Wege. Carteret entschied sich für eine deutlich südlichere Route, die ihn durch die Regionen des bisher angenommenen Südkontinents und zur Wiederentdeckung der Salomon-Inseln führte, während Wallis zwar bekannten Bahnen folgte, aber 1767 als erster Europäer auf Tahiti landete. Dabei und noch mehr nach der Landung der französischen Expedition unter Louis-Antoine de Bougainville im folgenden Jahr entwickelte sich die Südsee im europäischen Bewusstsein zu einem irdischen Paradies (mit Tahiti als «neuem Kythera», wie Bougainville es nannte), in das die europäischen Reisenden nun eindrangen.

Den Höhepunkt der wissenschaftlichen Entdeckungen im Pazifik markieren aber zweifellos die drei kurz aufeinanderfolgenden

James Cook
Island
Plymouth
Paris
Nantes
Lissabon
Los Palos
Kanarische Inseln
Afrika
Kairo
ARABIEN
Asien
INDIEN
Peking
Kanton
Calicut
Mogadischu
Äquator
Malindi
Mombasa
Java
Gewürz-inseln
NEUHOLL
(AUSTRAL
Kap der Guten Hoffnung
Indischer Ozean
Antarktis
0
30
60
90
120

Erste Reise »Endeavour« (1768–1771)
Zweite Reise »Resolution« (1772–1775)
Dritte Reise »Resolution« (1776–1780)
Fortsetzung der dritten Reise nach Cooks Tod
180
150
120
90
60
Grönland
Bering-
straße
Neufund-
land
Amerika
New York
Kuba
Hispaniola
Hawaii
† 14.2.1779 erschlagen
Pazifischer Ozean
Äquator
Südamerika
alomon-
Inseln
Samoa
Polynesien
Tahiti
Fidschi-
Inseln
Cook-
Inseln
Rio de Janeiro
euseeland
Magellan-
straße
Kap
Horn
30
60

Reisen von James Cook, die erstmals das moderne Bild des Raums entstehen ließen und viele Lücken schlossen, die die portugiesischen, niederländischen, britischen und französischen Entdecker gelassen hatten. Cook begann seine Karriere während des britisch-französischen Krieges in Kanada und kartierte zwischen 1763 und 1767 Neufundland, bevor er 1768 von der britischen Admiralität mit seiner Forschungsreise in den Pazifik betraut wurde, die der genauen Beobachtung von Geografie, Flora und Fauna dienen sollte. Sein Schiff, die *Endeavour*, solide gebaut und für lange Reisen besonders gut geeignet, wurde mit allerlei Neuerungen ausgerüstet, darunter einem Destillator, mit dem aus Meerwasser Trinkwasser gewonnen werden konnte, aber auch mit Mitteln gegen Skorbut.

Cook reiste zunächst für astronomische Beobachtungen nach Tahiti, von wo aus er noch einmal den großen Südkontinent suchen sollte. Als er auf 40 Grad südlicher Breite immer noch kein Land gefunden hatte und auch der Lauf der Wellen nicht auf ein nahes, großes Festland deutete, wandte er sich nach Westen, um Neuseeland und die bisher unbekannte Ostküste Neu-Hollands ausführlich zu erkunden und zu kartieren. Für die beiden neuseeländischen Inseln gelang ihm der Nachweis, dass sie nicht mit irgendeinem Kontinent in Verbindung stehen, und mit der Durchsegelung der Torres-Straße war klar, dass Neu-Holland und Neu-Guinea nicht miteinander verbunden sind. Als er 1771 zurückkehrte, hatte Cook ohne ein einziges Skorbutopfer mit einem einzigen Schiff rund 5000 Kilometer Küstenlinien erfasst und kartiert. An Bord der *Endeavour* befand sich auch der Botaniker und Naturwissenschaftler Joseph Banks, der sich eigene Aufzeichnungen über die Reise machte. Diese wurden zusammen mit Cooks Büchern John Hawkesworth übergeben, der 1773 einen dreibändigen Überblick über die Pazifikreisen seit Byron vorlegte. Dabei nahm er zum Ärger Cooks ohne eigene nautische Kenntnisse Änderungen vor, ergänzte literarische Überlegungen und gab dem Bericht von Banks zu starkes Gewicht, weshalb Cook

Die Schiffe «Resolution» und «Endeavour» in der Bucht von Huaheine, Gesellschaftsinseln, Polynesien, während der dritten Reise von James Cook in den Jahren 1777–1779. Gouache von John Cleveley, Mai 1787

künftig die Publikation der Ergebnisse seiner Reisen selbst in die Hand nahm.

1772 brach er erneut mit dem Ziel auf, nach einem möglichen Südkontinent zu suchen, dieses Mal ausgerüstet mit einem Chronometer, der eine exakte Längenbestimmung ermöglichte. Auf der wiederum rund dreijährigen Reise kam Cook so weit nach Süden wie kein Europäer vor ihm, bis zum 71. Grad südlicher Breite, wo ihn der Treibeisgürtel um die Antarktis aufhielt. Damit stand fest, dass die lang gesuchte *Terra australis* keineswegs der fruchtbare, reiche Kontinent war, von dem alle geträumt hatten, sondern «ein Land, das von der Natur dazu verdammt ist, niemals die Wärme eines Sonnenstrahls zu fühlen, sondern für immer unter ewigem Eis und Schnee begraben zu liegen» (Beaglehole, Journals ... 1772–1775, S. 638). Neben Neuseeland und Tahiti berührte die Mission dieses Mal die Osterinseln, die Marquesas-Inseln, Neu-Kaledonien, die Neuen Hebriden und South Georgia, jeweils unter genauer Bestimmung der Lage und der Entfernungen. Cook hielt danach die Erkundung des südlichen Pazifik für weitgehend abgeschlossen.

Das durch Cooks zweite Reise gewonnene Material war noch umfangreicher als das der ersten. Die Landschaften wurden durch den Maler William Hodges in eindrucksvollen Bildern festgehalten, und neben Cooks Journal wurden 1777/78 auch die Berichte zweier Deutscher, Johann Reinhold und Georg Forster, Vater und Sohn, veröffentlicht. Der Vater, der 1766 mit der Familie aus Preußen nach London gekommen war, hatte den Auftrag zur wissenschaftlichen Begleitung der zweiten Cook-Reise erhalten und darauf bestanden, seinen Sohn mitzunehmen. Zuerst erschien 1777 der für ein breites Publikum bestimmte Bericht Georg Forsters in zwei Bänden, *A Voyage around the World*, kurz vor dem Journal Cooks. 1778 folgte das umfangreichere Werk des Vaters unter dem Titel *Observations Made During a Voyage Round the World*. Beiden gelang aufgrund ihrer Werke eine akademische Karriere, die den jüngeren Forster auch mit Alexander von Humboldt in Verbindung brachte.

Cooks dritte Reise führte ihn in Konsequenz seines «Schlussstrichs» unter die Probleme der Südsee in den Norden des Pazifischen Ozeans, um die alte Frage einer Nordwestpassage zu klären. Seit den 1760er Jahren hatten sich spanische Entdecker entlang der westlichen Küste Amerikas nach Norden vorgetastet, und russische hatten sich schon zuvor von Sibirien aus nach Osten vorgewagt, ohne dass ihre Ergebnisse bekannt geworden waren. Cook drang wieder weiter nach Norden vor als andere Europäer vor ihm, bis rund 70 Grad nördlicher Breite. Dabei verzeichnete und kartierte er die Südküste Britisch-Kolumbiens und Alaskas bis zur Beringsee, in die er hineinsegelte, bis er aufgrund von Eismassen nicht weiter vordringen konnte. Die Reise hatte allerdings wieder im Süden des Pazifik begonnen, und auf dem Weg von Neu-Holland nach Norden hatte Cook 1778 Hawaii entdeckt. Dass er wegen des Winters dahin zurückkehrte, wurde ihm zum Verhängnis.

Auf der Insel kam es zu Konflikten mit den Eingeborenen, Cook fand bei einer Racheaktion im Februar 1779 den Tod. Auf seinen drei Reisen hatte er wie kein anderer Entdecker vor ihm das reale Bild des Pazifiks erschlossen, für Konzepte wie das einer *Terra australis* war darin kein Platz mehr.

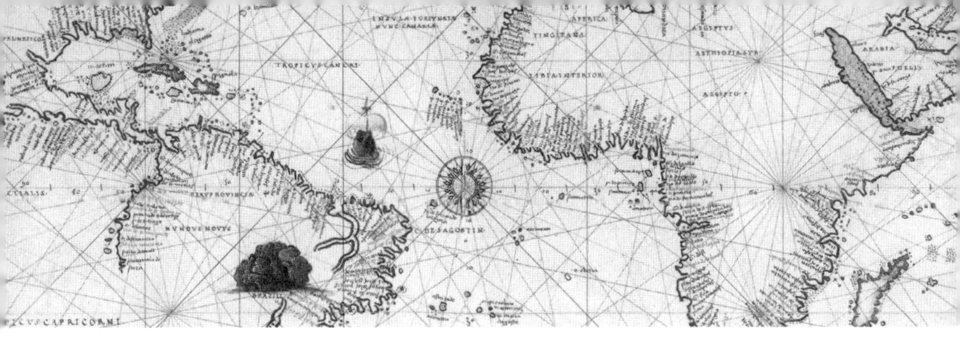

# — 7 — GRENZERFAHRUNGEN

## Der Reiz des Fernen Ostens

### *Distanz und Respekt: Geschäftsleute und Jesuiten in China*

Seit der Zeit Marco Polos hatte der Ferne Osten ins europäische Bewusstsein Eingang gefunden, auch wenn man ihn noch lange als Teil Indiens verstand. Mit dem Übergang von der Yuan- zur Ming-Dynastie änderte China allerdings seine Politik gegenüber fremden Händlern. Jede Form privaten Handels wurde verboten, erlaubt waren nur streng reglementierte und kontrollierte Tributmissionen. Formal sollten sie als Zeichen der Unterwerfung unter das Reich der Mitte Geschenke an den Kaiser übergeben und ihrerseits Geschenke empfangen, daneben wurde der Handel über ausgewählte chinesische Vermittler erlaubt. Das Ziel war die Kontrolle der Außenbeziehungen Chinas durch die Behörde für die Handelsschifffahrt, aber auch eine Begrenzung der Möglichkeiten jener Chinesen, die vom Handel profitierten. Dies wurde unter dem Zhengde-Kaiser (1505–1521) von einigen Beratern mit dem Ziel verbunden, Einkünfte aus dem Handel zu erzielen, ohne dass sich eine klare Linie der chinesischen Politik herausbildete.

In diese Zeit fiel das erste Auftreten der Portugiesen in China, bald nachdem sie 1511 mit Malakka den zentralen Stützpunkt am Seeweg zwischen Indien und China erobert hatten. 1514 und 1515 kamen die ersten portugiesischen Schiffe nach Kanton, ohne dass dies größere Aufmerksamkeit fand. Dies änderte sich erst 1517, als die erste größere Mission unter Fernão Peres de Andrade mit acht Schiffen vor Kanton anlangte. Der Portugiese verstand wenig von den diplomatischen Regeln seiner Gastgeber und brüskierte den zuständigen Gouverneur von Guangdong durch das Hissen der Fahne und einen Salut. Dennoch wurde es ihm schließlich erlaubt, die als Tributmission angemeldete Gesandtschaft unter Tomé Pires in Kanton zurückzulassen. Das Anliegen der Mission musste jedoch erst unter Vermittlung des Vorgesetzten des Gouverneurs nach Peking weitergeleitet werden; dort fiel lange keine Entscheidung, wie mit den Fremden umzugehen sei. Dazu kam, dass China den von den Portugiesen vertriebenen Sultan Malakkas unter seinen Schutz genommen hatte und daher die Rückgabe der Stadt an den Sultan forderte.

Im Januar 1520 wurde dem immer noch in Kanton wartenden Pires endlich die Weiterreise erlaubt. Die Beziehungen verschlechterten sich jedoch dramatisch, als Fernãos Bruder Simão Peres de Andrade auf einer Insel vor der chinesischen Küste mit der Errichtung eines Forts begann und chinesische Häfen blockierte, solange die portugiesischen Waren nicht verkauft waren. Schließlich kam es sogar zu militärischen Auseinandersetzungen zwischen einer chinesischen Flotte unter Wang Hong und einer portugiesischen unter Duarte Coelho. Pires wurde nicht mehr zum Kaiser vorgelassen, sondern mit seiner Gesandtschaft als Spion behandelt und inhaftiert. Er durfte das Land nicht mehr verlassen und verstarb dort zu einem unbekannten Zeitpunkt zwischen 1524 und 1540. Für einige Zeit wurde der Handel mit Fremden vollständig untersagt, eine vorsichtige Öffnung nach 1529 betraf nur die Tributmissionen. Die Portugiesen hatten damit für lange Zeit die Möglichkeit zum friedlichen Austausch mit

China verspielt. Erst 1557 wurde ihnen gestattet, auf drei Inseln im Mündungsgebiet des Perlflusses mit Macao einen Handelsstützpunkt zu errichten.

Die Abschottung Chinas führte auch dazu, dass die Missionare der Jesuiten, die auf Bitten Johanns III. von Portugal seit 1542 in den portugiesischen Stützpunkten wirkten, erst spät Zugang nach China fanden. Francisco de Xavier, der Begründer der jesuitischen Mission in Asien, wirkte erfolgreich in Goa und Malakka sowie in Japan, starb aber 1552 auf der Insel Shangchuan Dao in der Bucht von Kanton, ohne das chinesische Festland erreichen zu können. In den späten 1550er und 1560er Jahren scheiterten Melchior Nunes Barreto und Juan Bautista Ribera bei Versuchen, sich dauerhaft in Kanton zu etablieren, und fanden wenig positive Aufnahme. Es blieb den Jesuiten vorerst nur die Möglichkeit zur Niederlassung in Macao.

Nach Reformen im Orden begann unter dem 1573 berufenen Visitator für (Ost-)Asien, Alessandro Valignano, ein neuer Anlauf zur Mission in China. Valignano schlug dafür Michele Ruggieri vor, einen gelehrten Juristen, der nach seiner Ankunft in Macao intensiv die chinesische Kultur und Sprache studierte. Als er das von der kulturellen Elite gebrauchte Mandarin besser beherrschte, nutzte er die zeitlich begrenzten Reisen der Kaufleute nach Kanton dazu, die dortigen Mandarine in ihrer Sprache um das Recht zum dauerhaften Aufenthalt zu bitten. Während seiner Zeit in Kanton (1580–1582) konnte er den Gouverneur von Guangdong und zahlreiche Mandarine für sich einnehmen, nicht nur durch die europäischen Erfindungen, die er mitbrachte, sondern auch, weil er ihre Sprache beherrschte. Im Dezember 1582 erreichte Ruggieri schließlich für die Jesuiten die Erlaubnis zur Niederlassung in China, und zwar in Zhaoqing, der Hauptstadt der Provinz Guangdong. Dorthin durfte er auch zwei Ordensbrüder nachkommen lassen, Valignano wählte dafür wiederum Italiener aus, Matteo Ricci und Francisco Pasio. Die Jesuiten konnten sich in der Folge für fast 150 Jahre in China behaupten.

Der Jesuit Matteo Ricci in landestypischer Kleidung in China. Zeitgenössischer Kupferstich (um 1600)

Ruggieri und Ricci blieben sechs Jahre in ihrem Haus in Zhaoqing, betrieben aber auf Anweisung Valignanos keine intensiven Missionsversuche. Sie passten sich vielmehr in Kleidung und Verhalten den lokalen Sitten an und konzentrierten sich auf wissenschaftliche Studien. So diskutierten sie mit Besuchern über Euklidische Geometrie, erläuterten ihnen Weltkarten und Glasprismen und zeigten ihnen Ölgemälde mit geistlichen Motiven. Erste Übertritte zum christlichen Glauben führten jedoch zu Spannungen, auch wurden die Amtsträger vor Ort immer wieder durch andere ersetzt, so dass ein Moment der Unsicherheit blieb. Als die Unruhe wuchs und die Jesuiten 1589 Zhaoqing verlassen sollten, erwirkte Ricci das Recht zu einer neuen Niederlassung in Shaozhou im Norden der Provinz. Er übernahm bald die Leitung der Gruppe und suchte durch Kleidung und äußere Erscheinung eine immer stärkere Annäherung an die gebildete Führungsschicht Chinas.

Ab 1598 konnte Ricci in Nanjing wirken, ab Januar 1601 mit kaiserlicher Zustimmung in Peking. Dies erlaubte den Aufbau

Der Jesuit Johann Adam Schall von Bell in der Kleidung eines Mandarins, aus *China monumentis* (*China illustrata*) von Athanasius Kircher (1667)

eines Netzwerks von Unterstützern, die die Jesuiten in den Provinzen Chinas bekannt machten. Die enge Verbindung zum Kaiserhof blieb auch unter Riccis Nachfolgern, etwa Nicolas Trigault und Adam Schall von Bell, ein zentrales Element ihres Wirkens in China. 1609/10, kurz vor seinem Tod, berichtete Ricci in italienischer Sprache ausführlich über die jesuitische Mission in China. Der Text wurde von Trigault ins Lateinische übersetzt, durch eine umfangreiche Einführung ergänzt und erschien 1615 in Augsburg im Druck. Als einer der frühesten detaillierten europäischen Berichte beeinflusste er wesentlich das Bild Chinas im Westen.

In die Beziehungen zu China traten bald neue europäische Mächte ein: Spanien, England und die Niederlande. Spanien konnte jedoch trotz der Personalunion mit Portugal seit 1580 in

China nicht eigenständig Fuß fassen. Vielmehr gelang es den Portugiesen in Macao, auch mit Billigung Philipps II. und im Interesse der Chinesen, ihre dominante Rolle im Handel mit China zu behaupten. Als die Portugiesen seit 1604/06 Macao wegen eines möglichen Angriffs der Niederländer stärker befestigten, löste dies kurzzeitig Panik aus, da man portugiesische Eroberungsabsichten vermutete. Der Angriff der Niederländer kam tatsächlich 1622, konnte jedoch – auch zur Zufriedenheit der Chinesen – abgewehrt werden, ähnlich wie 1637 ein Versuch der Engländer, sich in den Handel mit China einzuschalten. Bedrohlicher waren nach dem Ende der spanisch-portugiesischen Union die Eroberung Malakkas durch die Niederländer (1641), das Ende der Wirtschaftsbeziehungen zu Japan, von denen Macao lange profitiert hatte, und der Dynastiewechsel mit den daraus resultierenden Kämpfen in China (um 1644).

Nach früheren, nicht ausgeführten Plänen für eine Gesandtschaft gelang es den Niederländern 1655 bis 1657 tatsächlich, von Batavia aus eine diplomatische Mission unter Jacob de Keizer und Pieter de Goyer nach China auf den Weg zu bringen. Ausgestattet mit zahlreichen Geschenken, gelangten die Gesandten über Wasser und Land von Kanton nach Peking. Trotz freundlicher Aufnahme am Kaiserhof konnten sie ihr Ziel, Handelsfreiheit in China zu bekommen, nicht erreichen, sondern es wurde ihnen nur zugestanden, alle acht Jahre ein Schiff mit Gütern nach China auszurüsten. Der Hofmeister der Gesandtschaft, Johan Nieuhof, hat danach ausführlich über die Reise berichtet und auch aufgrund der jesuitischen Werke ein umfassendes Bild von Kultur und Geschichte Chinas gezeichnet. Sein Buch entwickelte sich zu einem Bestseller, es erschienen Übersetzungen ins Deutsche, Englische, Französische und Lateinische.

Nieuhof beginnt mit einer ausführlichen Beschreibung der Geografie und der Regionen Chinas, das er mit dem Cathay Marco Polos gleichsetzt. In den mit starken Befestigungen umgebenen Städten betont er den Gegensatz zwischen den Holzhäusern der einfachen Bürger und den ausgeschmückten, aus kostbaren Steinen erbauten Palästen der Amtsträger und Großen. Nahezu bewundernd berichtet er von der kaiserlichen Verwaltung, dass sie genaue Informationen über die Einwohnerzahlen habe – auf der Grundlage der Tafeln, die jeder Hausbesitzer am Haus befestigen müsse und die die Zahl der Bewohner angeben – und von jedem Stück Grund und Boden Abgaben erhebe. Im ersten Teil über die Reise wie auch im zweiten, allgemeineren Teil gibt Nieuhof detaillierte Informationen zu Alltag und Kultur. So berichtet er über die Zubereitung des von den Chinesen hochgeschätzten Tees, den man mit einem Viertel süßer Milch und etwas Salz trinke, und über den etwas säuerlichen, aber doch lieblichen Reiswein, den sich nur die Reichen leisten könnten. Voller Bewunderung spricht er immer wieder auch von «Pracht und Prunk dieser Heiden. Aber was uns am meisten verwundert hat, war die gute Ordnung, die dort unter diesem Volk gehalten wird. [...] Man sah einen jeden in aller Ehrerbietigkeit und Stille sich bewegen und so sein Amt schnell und untadlig ausführen, dass sie mit ihren Sitten und Manieren selbst die sittsamsten Europäer in Ordnung und Gehorsamkeit sehr übertrafen» (Nieuhof, Gezandtschap, S. 47). Die hier zum Ausdruck gebrachte Hochachtung gegenüber China sollte bis ins frühe 19. Jahrhundert die europäische Wahrnehmung bestimmen.

## *Japan zwischen Öffnung und Abschottung*

Japan war in Europa schon bekannt, lange bevor die ersten Europäer dorthin gelangten. Es erscheint auf den Karten, etwa auf den Weltkarten Fra Mauros (1459) und Martin Waldseemüllers (1507), unter dem auf Marco Polo zurückgehenden Namen *Cipangu*. Japans Geschichte war eng mit dem Festland verbunden, insbesondere mit Korea und China. Es gab jedoch auch frühe Beziehungen zu Südostasien, die im 17. Jahrhundert nach inoffiziellem Handelsaustausch kurzzeitig in formale Bahnen gelenkt wurden. In Ayutthaya, der Hauptstadt Siams, gab es in dieser Zeit eine größere japanische Kolonie von Kaufleuten, geflohenen Christen und Samurai. Aus ihren Reihen konnte Yamada Nagasama in den 1620er Jahren am siamesischen Hof in höchste Ämter aufsteigen. Die japanische Schifffahrt im Pazifik ist zudem durch den Bericht Olivier van Noorts um 1600 über die Begegnung mit einem Schiff aus Japan belegt.

Infolge der Abschottung Chinas, die nur zeitweilig durch Piraten und Schmuggler durchbrochen wurde, zog es die Europäer schon früh weiter nach Japan. Ein Beispiel ist der portugiesische Abenteurer Fernão Mendes Pinto, der für sich reklamiert, 1542/43 unter der ersten Gruppe von Portugiesen gewesen zu sein, die nach Japan gelangten. Über Pinto ist über seine Reisen in Asien (bis 1558) hinaus wenig bekannt, und sein ausführlicher Bericht, die *Peregrinação*, erschien erst 1614, lange nach dem Tode des Autors, im Druck. Seine Abenteuer begannen 1537 in Indien und auf der Arabischen Halbinsel, wo er als Sklave verkauft wurde, bevor er sich – nicht zum letzten Mal – wieder aus der Sklaverei befreien konnte. Ab 1539 war er auf mehreren Missionen von Malakka nach Sumatra unterwegs, die er auch zum eigenen Vorteil nutzte, engagierte sich in Geschäften zwischen der malaiischen Halbinsel und Siam und nahm an Piratenaktivitäten im Golf von Tongking und im Chinesischen Meer teil. Nach der Befreiung aus chinesischer und mongolischer Gefangenschaft will Pinto mit zwei Gefährten auf einer chinesischen Piraten-Dschunke durch einen Sturm an die Küste der Insel Tanegashima, südlich von Kyushu, verschlagen worden sein. Die Portugiesen gewannen nach Pintos Bericht den lokalen Feudalherrn durch das Geschenk einer Arkebuse für sich, während die Piraten als Kaufleute ihre Waren mit hohem Profit verkaufen konnten.

Die Nachricht über Japans Reichtümer verbreitete sich rasch. Nach längeren Abenteuern auf Java, in Siam und Burma beschloss auch Pinto eine zweite Fahrt nach Japan. Bei seiner Abreise aus dem Hafen Kagoshima rettete er den Japaner Anjiro vor seinen Verfolgern. Zurück in Malakka, übergab er Anjiro dem Jesuiten Francisco de Xavier, der diesen zum Christentum bekehrte und mit seiner Hilfe 1549 die jesuitische Mission in Japan begann. Auch Pintos dritte Reise nach Japan 1551 stand in enger Beziehung zu Francisco de Xavier. Der Portugiese verfolgte am Hof von Bungo auf Kyushu eine Disputation Xaviers mit buddhistischen Priestern und lieh – inzwischen selbst ein reicher Kaufmann – den Jesuiten Geld für den Bau einer Kirche in Japan. 1554 entschloss sich Pinto sogar dazu, ihnen einen großen Teil seines Vermögens zu überlassen. Zusammen mit Xaviers Nachfolger Melchior Nunes Barreto begab er sich auf eine vierte und letzte Reise nach Japan, wo er beim Herrn von Bungo, dem *daimyo* Otomo Yoshishige, 1556 als Gesandter des portugiesischen Vizekönigs in Goa auftrat. Die Mission verlief insgesamt erfolgreich, auch wenn Otomo erst viele Jahre später für das Christentum gewonnen werden konnte.

Pinto mag in seiner *Pereginação* seine persönlichen Erlebnisse übertrieben und sein Verhalten als besonders geschickt oder heldenhaft dargestellt haben, doch war er ein guter Beobachter, der zweifellos vieles zutreffend berichtet, was sonst nicht überliefert ist. So referiert er zu Japan am Beginn der Disputation Xaviers mit buddhistischen Priestern deren Vorstellung, dass die Welt keinen Anfang und kein Ende habe, dass die Menschen nach ihrem Tod in andere Körper übergingen und dass einige sich an ihr früheres Leben erinnern könnten. Bei der Ankunft der Jesuiten auf der vierten Reise, berichtet Pinto, befand sich der *daimyo* außerhalb seiner Residenz, um auf einen großen Wal Jagd zu machen, und er belohnte die Fischer reichlich, die ihm beim Fang halfen. Nach der Rückkehr in die Residenz wurden die Gesandten an die Tafel des *daimyo* und seiner Frau gerufen, aber aufgefordert, mit den Händen zu essen, was besondere Aufmerksamkeit erregte, «weil das ganze Volk dort gewöhnt ist, mit zwei Stäben zu essen» (Pinto, *Pereginação*, 298vb).

1560 verbot die chinesische Regierung als Maßnahme gegen Piraten jeden direkten Handel mit Japan. Dadurch gewann das gerade von den Portugiesen erworbene Macao große Bedeutung für den Austausch mit Japan, insbesondere nach der Gründung Nagasakis um 1570. Wenn möglich sandten die Portugiesen einmal jährlich ein großes Schiff von Macao nach Nagasaki, das *kurofune* («schwarze Schiff»). Erst seit 1618, nach großen Problemen, die auch aus dem Verbot christlicher Mission in Japan und den Verfolgungen von Christen (1597/98 und nach 1614) resultierten, ging man dazu über, die Verbindung zwischen beiden Städten mit mehreren kleineren Schiffen im Jahr herzustellten.

Neben der Route Nagasaki–Manila, die nach 1580 an Bedeutung gewann, war die Schifffahrt zwischen Macao und Nagasaki auch die «Lebensader» der jesuitischen Mission in Japan. Nach den Anfängen unter Francisco de Xavier 1549 hielten sich kontinuierlich jesuitische Missionare in Japan auf; 1614, beim erneuten Beginn der Verfolgungen, waren es immerhin 115, wenn auch unter Einschluss konvertierter Japaner. Die Brüder reisten häufig zwischen den anderen Missionszentren, besonders Macao, Malakka und Goa, hin und her, berichteten über ihre Erfolge und Probleme und erhielten Anweisung und Verstärkung durch neue Mitbrüder. Der Visitator Alessandro Valignano hielt sich 1579–1582, 1590–1592 und 1598–1603 in Japan auf; bei der ersten Reise brachte er auch vier junge konvertierte Japaner nach Europa, die dort große Beachtung fanden und 1587 in ihre Heimat zurückkehrten. Im Zusammenhang mit seinen Missionsbemühungen berichtet Valignano immer wieder von kulturellen Unterschieden zwischen Europäern und Japanern. So wurde etwa die Unauflöslichkeit der Ehe eines der Haupthindernisse der Mission. Sie erschien den Japanern als «völlig unvernünftig» (nach Moran, Japanese and Jesuits, 111).

Den Portugiesen wurde diese enge Beziehung zu den Missionaren am Ende zum Verhängnis. Als sie nach der offiziellen Vertreibung der Christen immer noch Missionare und christliche Literatur ins Land schmuggelten, verbot ihnen der Shogun Tokugawa Ieyasu 1639 jede weitere Kontaktaufnahme. Die Mitglieder einer portugiesischen Gesandtschaft wurden 1640 teils hingerichtet, teils nach Macao zurückgeschickt, um über die Haltung der Japaner zu berichten. Japan schloss sich ab und erlaubte es seit 1639 nur noch den immer stärker präsenten Niederländern, sich auf der künstlichen Insel Deshima vor Nagasaki niederzulassen.

Bis zur Öffnung im 19. Jahrhundert konnten danach nur noch wenige Europäer ins Landesinnere gelangen und ausführlicher über Japan berichten. Einer von ihnen war der in Diensten der *Vereenigde Oostindische Compagnie* stehende deutsche Arzt und Forscher Engelbert Kämpfer, der 1690 bis 1692 auf Deshima lebte und neben dem persönlichen Kontakt zu japanischen Gelehrten vor Ort zweimal auch die Gelegenheit hatte, an den jährlichen Reisen des niederländischen Vertreters zum Hof des Shoguns in Edo teilzunehmen. 1712 veröffentlichte er seine Reiseeindrücke nicht nur über Japan, sondern vor allem über Persien in lateinischer Sprache als *Amoenitatum exoticarum politico-physico-medicarum fasciculi v («Politische, naturwissenschaftliche und medizinische exotische Freuden in fünf Teilen»)*. Sein zuvor ungedruckter ausführlicherer Bericht über Japan wurde 1727 aus dem Nachlass in einer englischen Übersetzung von Johann Caspar Scheuchzer als *The History of Japan* publiziert und beeinflusste das europäische Japanbild des 18. Jahrhunderts. Zu seinem Nachlass, von dem Sammler Sir Hans Sloane angekauft, gehörten auch umfangreiche zoologische und botanische Proben, die in England ausgestellt wurden.

Kämpfers Bericht behandelt zunächst die Einteilung Japans in Provinzen sowie das Klima und die Natur Japans, um sich dann der Geschichte des Kaisertums und der japanischen Religion, insbesondere dem Shintoismus, zuzuwenden. Es folgen Beschreibungen Nagasakis und der beiden Reisen nach Edo mit genauen Angaben zu den einzelnen Stationen. Die aus der früheren Schrift übernommenen Anhänge sind unter anderem der Bedeutung des Tees sowie der Papierherstellung gewidmet oder diskutieren die Abschottung Japans. Im Buch zur politischen Situation geht es

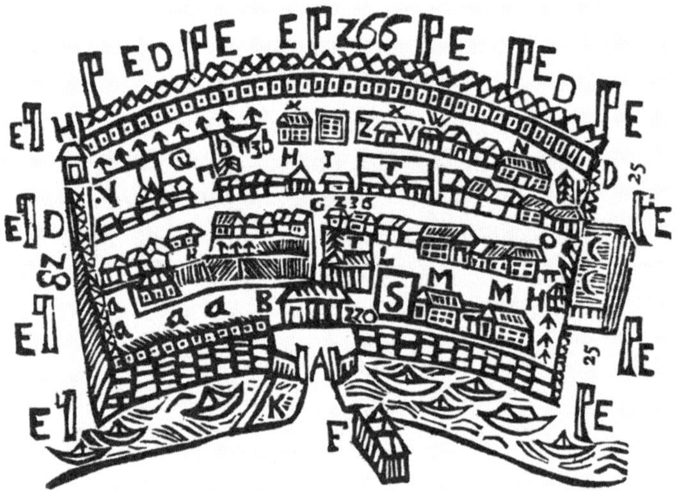

Die künstliche Insel Deshima vor Nagasaki (Japan) in einem Holzschnitt nach der Skizze von Engelbert Kaempfer (um 1690)

Kämpfer nicht nur um «reale Ereignisse», sondern auch um die Vorstellungswelt der Japaner, so dass er es für angemessen hielt, «die Geschichte und Chronologie dieses Kaiserreichs in drei Zeitalter zu unterteilen, ein mythisches, ein zweifelhaftes und ein sicheres» (Kaempfer, History, 1, 251). Dabei referiert er immer wieder japanische Vorlagen, die er für seine Darstellung heranzog, und folgt ihnen in der Abfolge und Charakteristik der Kaiser ebenso wie in der Chronologie, die lange parallel zur chinesischen Geschichte konstruiert wird.

Das dritte Zeitalter der «kirchlichen erblichen Kaiser von Japan» (ebd., 257) begann demnach 660 vor Christus, und bis in Kämpfers Gegenwart (1693) lasse sich eine kontinuierliche Abfolge von hundertvierzehn Kaisern aus derselben Familie auf dem Thron rekonstruieren. Die Kaiser gälten als allerheiligste Personen, die weder den Boden berühren – sie müssen getragen werden – noch der direkten Sonne ausgesetzt sein dürften. Die Heiligkeit des kaiserlichen Körpers führe dazu, dass man es normalerweise nicht wage, Teile davon, Haare, Bart oder Nägel, abzuschneiden, außer in der Nacht, wenn der Kaiser schlafe. Ursprünglich habe er jeden Tag morgens einige Stunden mit seiner Krone still auf dem Thron sitzen müssen, doch führte man Unglücke wie Krieg, Hungersnöte und Feuer auf unwillkürliche Bewegungen dabei zurück, so dass nunmehr nur noch die Krone für ein paar Stunden auf dem Thron platziert werde. Sein Essen werde in immer neuen Schalen präsentiert, damit nicht jemand anderes daraus essen könne. Für die Nachfolge gelte strenge Primogenitur, Unklarheiten würden auf friedlichem Wege geschlichtet. Diese und andere Beobachtungen boten den Europäern vielfältige Informationen über die Kultur und Geschichte Japans und stehen für die Anfänge der Japanologie.

## *Neue Perspektiven in Indien*

In Indien hatten sich die Portugiesen im Wesentlichen auf die Eroberung von Stützpunkten an den Küsten beschränkt. Freundschaftliche Beziehungen entwickelten sich vor allem zum südindischen Hindureich Vijayanagara, das man als Verbündeten gegen die muslimischen Sultanate des Nordens ansah. Schon 1510 entsandte Afonso de Albuquerque den Franziskaner Luiz mit detaillierten Instruktionen, um Vijayanagara zum gemeinsamen Vorgehen gegen den Herrscher von Calicut zu bewegen. Erst nach der Rückgewinnung Goas gelang es Luiz, Nachrichten an Albuquerque zu senden, die vor allem die Beziehungen zwischen den Hindus und den Muslimen betrafen. Noch bevor Albuquerques Boten wieder am Hof von Vijayanagara eintrafen, wurde Luiz allerdings ermordet. Die guten Beziehungen zu den Portugiesen blieben dennoch bis zum Fall von Vijayanagara 1565, besiegt durch die Truppen des nordindischen Mogulreichs, bestehen.

Seit dem Ausgang des 16. Jahrhunderts bekamen die Portugiesen Konkurrenz durch Engländer, Niederländer, Franzosen und Dänen. Laut einer Nachricht bei Jan Huyghen van Linschoten erschienen 1583 vier Engländer im portugiesischen Hormuz, um Handel zu treiben. Die Italiener, die Konkurrenz fürchteten, beschuldigten sie, Spione und Häretiker zu sein, so dass sie nach Goa zum Vizekönig überführt und inhaftiert wurden. Unter anderem mit Hilfe eines englischen Jesuiten, Thomas Stevens, der sich seit 1579 in Indien aufhielt, kamen sie frei. Dreien, den Kaufleuten Ralph Fitch, John Newberry und dem Juwelier William Leedes, gelang die Flucht aus Goa. Auf dem Landweg erreichten sie über Bijapur und Golkonda als erste Engländer den Hof des Großmoguls Akbar, in Agra bzw. Fatepore, an dem sie bis September 1585 blieben. Fitch, der in seinem Bericht über die Reise auch kurz auf Diu, Chaul und Goa eingeht, beschreibt Agra und Fatepore als «zwei sehr große Städte, beide viel größer als London und sehr bevölkerungsreich» (Ralph Fitch, ed. Ryley, 1899, 98). Der Großmogul halte in diesen beiden Städten 1000 Elefanten, 30 000 Pferde, 1400 zahme Tiere und 800 Konkubinen.

Während sich Newberry über Lahore auf den Rückweg machte und Leedes in Diensten des Großmoguls in Fatepore zurückblieb, setzte Fitch die Reise nach Osten fort. Über Yamuna und Ganges erreichte er Bengalen, um sich im November 1586 von Serampore aus auf einem portugiesischen Schiff nach Pegu zu begeben. Als erster Engländer in Myanmar berichtete er nicht nur über die Stadt Pegu, den König und die Handelswaren, sondern auch über die religiösen Gebräuche. Die Tempel waren danach mit Gold verziert, mussten aber wegen des Regens alle zehn oder zwölf Jahre erneuert werden. Zwei Tagesreisen von Pegu lag eine besonders große, ausgeschmückte Pagode, die den Bewohnern Pegus als Pilgerort diente. Um sie herum waren Häuser für die Pilger und die Priester errichtet, die darin predigten. «Dies ist der schönste Platz, wie ich glaube, den es in der Welt gibt. Er liegt sehr hoch, und vier Wege führen dorthin, entlang derer Fruchtbäume gepflanzt sind, auf eine solche Weise, dass ein Mann über zwei Meilen im Schatten laufen kann» (ebd., 167). Die Kleidung der Priester bestand aus einem dünnen braunen, direkt am Körper getragenen Tuch und einem anderen von gelber Farbe, das sie um ihre Schultern schlangen. Sie gingen barfuß, trugen aber Hüte gegen Sonne und Regen. Die Priester wurden von der Bevölkerung mit Reis, Fisch oder Kräutern versorgt, die sie in großen Töpfen von den Häusern abholten. Die Feste richteten sich nach dem Mond, und Neumond war das größte Fest.

Im Januar 1588 reiste Fitch nach Malakka weiter, kehrte von dort über Martaban nach Pegu und Bengalen zurück und gelangte schließlich nach Cochin an die Malabarküste. Dort wurde er acht Monate aufgehalten, kam aber danach über Goa, Hormuz und das Zweistromland im April 1591 glücklich nach London zurück. Danach war Fitch wohl an der Gründung der *East India Company* und an der Ausrüstung der ersten Schiffe unter James Lancaster in den Indischen Ozean beteiligt. Damit nahm auch die Präsenz englischer Kaufleute in Indien zu. So reisten die EIC-Repräsentanten Richard Steele und John Crowther von Agra, dem Zentrum des Mogulreiches, aus zwischen März 1615 und Mai 1616 nach Persien und zurück nach England. Ihr Bericht beschreibt die Reiseroute detailliert und vermittelt so einen Eindruck von den Strukturen des Mogul- und des Safawidenreichs. Die wenigen kurzen Notizen zu den einzelnen Städten konzentrieren sich auf Handelswaren oder ein paar historisch-kulturelle Hinweise. So heißt es zu Delhi, diese alte und große Stadt sei früher die Hauptstadt gewesen, so dass hier noch viele Königsgräber zu finden seien. Die Großen hätten dort schöne Gärten und Landhäuser, doch gebe es auch viele Arme. Die Region zwischen Agra und Lahore wird als überaus fruchtbar beschrieben, die Straßen seien auf beiden Seiten mit Bäumen bepflanzt.

Etwa zur selben Zeit, im März 1616, gründete Christian IV. von Dänemark nach dem Vorbild von EIC und VOC (und mit niederländischer Beteiligung) die erste dänische *Ostindiskt Kom-*

*pagni* (bis 1650). Im August 1618 segelte das erste Schiff, die *Øresund*, von Kopenhagen aus los, eine Flotte von fünf Schiffen unter Ove Giedde folgte im Dezember. Hoffnungen, sich auf Ceylon etablieren zu können, zerschlugen sich rasch, doch gelang es Ove Giedde im November 1620, sich mit einem regionalen Herrscher an der Koromandelküste, Ragunada, dem *Nayak* von Tanjore, auf eine dänische Niederlassung im Dorf Tranquebar zu einigen. In den 1620er Jahren konnten Routen nach Tenassarim, Banten und Makassar etabliert werden, und die Dänen schalteten sich erfolgreich in den innerasiatischen Handel ein, nicht zuletzt entlang der indischen Küste. Doch geriet die Kolonie zunehmend in Schwierigkeiten. 1643 kam mit der *Christianshavn* für lange Zeit das letzte Schiff aus Europa an. Die wenigen Dänen hielten sich letztlich durch die Unterstützung der lokalen Bevölkerung, durch die Zusammenarbeit mit VOC und EIC und durch Erfolge als Piraten im dänisch-bengalischen Krieg (1644–1674) gegen die lokalen Vertreter des Mogulreichs. Eskild Andersen Kongsbakke, ein einfacher Mann südschwedischer Herkunft, konnte als Anführer seit 1655 das Fort gegen mehrere Angriffe des *Nayak* verteidigen und ausbauen, was er auch nach Dänemark berichtete. So begann mit der Ankunft der Fregatte *Færø* in Tranquebar im Mai 1669 eine neue Phase der dänischen Präsenz in Indien, die 1670 nach der Rückkehr des Schiffes auch zur Gründung der zweiten dänischen Ostindienkompanie führte.

Frankreich konnte sich erst in der zweiten Hälfte des 17. Jahrhunderts in Indien etablieren, ähnlich wie Dänemark an der Südostküste Indiens. Die 1664 erneuerte *Compagnie des Indes Orientales* entsandte 1667 eine Flotte unter François Caron, der erste französische Stützpunkte in Indien einrichtete; 1674 erfolgte die dauerhaftere Niederlassung in Pondichéry. Der Norden wurde nur von einzelnen französischen Reisenden besucht. So wirkte François Bernier zwischen 1659 und 1667 als Arzt am Hof des Großmoguls Aurangzeb in Delhi und Agra, konnte aber auch Reisen des Herrschers für die Sammlung eigener Eindrücke nutzen.

Der französische Edelsteinhändler Jean-Baptiste Tavernier in einem Prunkgewand, das ihm der Schah von Persien schenkte (um 1665)

1664/65 bereiste er Kaschmir, das er als erster Europäer beschrieb, und kam im folgenden Jahr nach Bengalen. Sein Reisebericht schildert aber auch den Hof Aurangzebs, die politische und wirtschaftliche Organisation, die Hofintrigen und Thronstreitigkeiten sowie – offen und vorurteilsfrei – die religiösen Gebräuche der Muslime und Hindus. Er war zudem der erste europäische Bewunderer des gerade errichteten Taj Mahal.

Im Frühjahr 1665 war mit Jean-Baptiste Tavernier ein weiterer Franzose, ein vor allem im Edelsteinhandel aktiver Kaufmann, auf seiner sechsten Orientreise in Indien eingetroffen. Er traf sich mit Bernier am Taj Mahal und begleitete ihn Ende 1665 nach Bengalen. Tavernier hatte das Mogulreich schon 1640/41 das erste

Mal besucht und dabei in Agra den Hof des Großmoguls Shah Jahan kennengelernt, ebenso das portugiesische Goa. 1645/46 kehrte er, wie schon zuvor über Persien, nach Indien zurück und hielt sich unter anderem in Surat, Golkonda (wo es Diamantenminen gab) und in Goa auf. Von dort reiste er mit niederländischer Unterstützung nach Batavia und Banten weiter und nutzte trotz eines Streits um Wertpapiere ein niederländisches Schiff für die Rückkehr nach Europa. 1651 kam Tavernier wiederum nach Indien, nach Masulipatam, Madras, Gondikot und Golkonda, bevor er 1654/55 die Heimreise antrat. Schon 1657 war er wieder unterwegs, in Persien, Süd- und Westindien. Die sechste und letzte Reise sollte nur dazu dienen, seine Angelegenheiten im Orient zu regeln und alles abzuschließen.

1676 erschien Taverniers zweibändiger Bericht über seine Reisen im Druck und fand bald weite Verbreitung, auch in Übersetzungen. Seine Reiserouten lassen sich wegen der häufig zusammenfassenden Darstellung nicht leicht rekonstruieren. Taverniers eigener Anteil am Bericht ist unklar, manches stammt von anderen Reisenden, auch von Bernier. Dennoch prägte sein Werk wesentlich das europäische Indienbild der Zeit. Ähnlich wie Bernier berichtet er von den Thronstreitigkeiten im Mogulreich beim Regierungsantritt von Aurangzeb. Sein Werk ist aber auch voll von alltäglichen Beobachtungen. So berichtet er im dritten Buch von der Herstellung von Palmwein, vom Umgang der Hindus miteinander und ihren Ehegebräuchen. «Obwohl diese Götzenanbeter im Wissen um den wahren Gott völlig blind sind, verhindert das nicht, dass sie, der Natur folgend, in vielerlei Hinsicht moralisch gut leben» (Tavernier, Six Voyages, 2, 459). So würden die Ehemänner nur selten ihren Frauen untreu, allerdings verheirate man die Kinder deshalb oft schon mit sieben oder acht Jahren. Bei der Hochzeit ließen die Brahmanen das als heilig verehrte Wasser des Ganges herbeibringen, das Bräutigam, Braut und Gäste tränken. Überhaupt werde die Hochzeit mit großer Feierlichkeit und großem Aufwand begangen. Zudem werden andere Feste der Hindus im Detail beschrieben. Indien blieb auch danach im Fokus europäischer Reisender.

## *Vitus Bering, Sibirien und die Nordostpassage*

Der Reiz des Fernen Ostens führte dazu, dass die Europäer weiterhin neue Wege nach China und Japan suchten. Eine mögliche Option war die Umschiffung der europäisch-asiatischen Landmasse nicht im Süden, sondern im Norden, entlang der Küsten Skandinaviens, Russlands und Sibiriens. Die Idee einer «Nordostpassage» dürfte aus der Praxis der russischen Seefahrt und des Handels im Bereich der Barentssee und des Weißen Meers entstanden sein. Neben Russen waren es zunächst vor allem Engländer und Niederländer, die nach Wegen durch das Nordpolarmeer suchten.

Im Mai 1553 brach eine Flotte von drei englischen Schiffen von London aus auf, um die Nordostpassage zu finden. Das Führungsschiff, die *Bona Esperanza*, stand unter dem Befehl des Adligen Hugh Willoughby, der eigentliche Navigator war Richard Chanceler, der das dritte Schiff, die *Edward Bonaventure*, befehligte. Die Reise wurde von einer Kaufleute-Kompanie finanziert, aus der sich die *Muscovy Company* entwickeln sollte, und mit Hilfe Sebastiano Cabotos geplant. Bei den Lofoten geriet die Flotte Ende Juli in einen Sturm, der Chancelers Schiff von den anderen trennte, die mit hoher Geschwindigkeit nach Norden getrieben wurden. Nachdem Chanceler eine Woche vergeblich am vereinbarten Treffpunkt in Vardö gewartet hatte, setzte er das Unternehmen eigenständig fort, erreichte die St. Nikolaus-Bucht im Norden Russlands, fand freundliche Aufnahme in Moskau und berichtete enthusiastisch von seinen Eindrücken.

Aus Willoughbys Journal ergibt sich, dass er sich zunächst nach Nordosten, dann auf der Suche nach dem Treffpunkt nach Südosten gewandt hatte. Mehrfach war dabei Land gesichtet worden, das noch bis ins 17. Jahrhundert mit dem Namen seines «Entdeckers» als «Willoughbys Land» auf Karten verzeichnet wurde, obwohl es sich wahrscheinlich um die Inselgruppe Nowaja Semlja handelte. Wegen der fortgeschrittenen Jahreszeit beschloss Willoughby im September 1553 zu überwintern, wohl an der Mündung des Flusses Warsina in Lappland. Zwar lag die St. Nikolaus-Bucht kaum mehr als eine Tagesreise östlich, doch konnten seine Männer im Umfeld des Landeplatzes keine menschlichen Siedlungen entdecken. Die Mannschaft war noch im Januar 1554 am Leben, aber die Männer starben vermutlich bald danach an einer Kohlenmonoxid-Vergiftung, die durch die Versieglung des Schiffes zum Schutz gegen die Kälte entstanden war. Willoughbys Schiffe wurden 1554 von russischen Fischern an der Küste Lapplands gefunden, sein Journal kam 1555 nach England zurück.

Während die Kaufleute der *Muscovy Company* regelmäßige Kontakte nach Moskau aufbauten, drangen weitere Missionen wie die von Arthur Pet und Charles Jackman 1580 nicht über Nowaja Semlja hinaus. So blieb offen, ob man China und Japan auch über die Nordostpassage erreichen konnte. In den Niederlanden war es der seeländische Kaufmann Balthasar Moucheron, der dennoch für weitere Unternehmen im Nordpolarmeer eintrat. Zunächst unterstützte er die Reise von Olivier Brunel, der in russischen Diensten umfangreiche Erfahrungen über die Schifffahrt im Nordpolarmeer gesammelt hatte. Über die in den 1560er Jahren gegründete niederländische Handelsniederlassung auf der Kola-Halbinsel könnte er 1584/85 als Erster durch die Matotschkin-Straße zwischen den beiden großen Teilinseln von Nowaja Semlja in die Karasee gesegelt sein, musste aber offenbar bald aufgeben und umkehren. Vermutlich kam er auf der Rückreise ums Leben.

Moucheron hielt an seinen Plänen fest und erreichte, dass zwischen 1594 und 1597 drei weitere niederländische Missionen ins Nordpolarmeer ausgerüstet wurden. An diesen war zwar auch Jan

Huygen van Linschoten beteiligt, doch spielte Willem Barents als Navigator die zentrale Rolle. Die Reise von 1594 verlief durchaus erfolgreich. So wurde die Nordspitze von Nowaja Semlja erreicht, auch wenn sie nicht umsegelt werden konnte. Cornelis Corneliszoon Nai und Brant Ysbrantszoon, die Kapitäne der beiden weiteren beteiligten Schiffe, konnten aufgrund von Hinweisen von Einwohnern der Region die kurze Periode nutzen, in der die Jugorstraße zwischen dem russischen Festland und der südlichsten Insel von Nowaja Semlja, der Waigatschinsel, in der Regel eisfrei ist. Sie gelangten so Anfang August 1594 erstmals in die Karasee und eröffneten damit die Chance für ein weiteres Vordringen nach Osten.

Das zweite Unternehmen endete jedoch 1595 mit einem Fehlschlag, da die aus sieben Schiffen bestehende Flotte der Niederländer unter Nai und Barents als Navigator die Jugorstraße erst am 19. August erreichte und schon der Durchbruch in die Karasee erzwungen werden musste. Eine Rebellion brach aus, und die weitere Fahrt nach Osten wurde durch Eismassen behindert, so dass sich Nai zur Umkehr entschloss. Dennoch wurde 1596 ein drittes Unternehmen ausgerüstet, mit zwei Schiffen unter Jakob van Heemskerck, Jan Corneliszoon Rijp sowie Barents als Navigator. Von Amsterdam aus segelten sie nordwärts bis zur Packeisgrenze, wandten sich dann nach Westen und sichteten bei 80 Grad nördlicher Breite erstmals seit der Wikingerzeit die Nordwestküste Spitzbergens. Ein weiterer Versuch, nach Norden vorzudringen, scheiterte, und man beschloss, die kleine Flotte zu teilen. Heemskerck und Barents sollten wie auf der ersten Reise versuchen, Nowaja Semlja nördlich zu umfahren. Das gelang am 6. August, jedoch war das Schiff bald darauf im Eis eingeschlossen. Die Mannschaft musste daher zehn Monate im Eis überwintern und auch das Schiff aufgeben. Von den siebzehn Mann Besatzung kamen zwei an Land um, drei weitere, darunter Barents selbst, starben auf der Reise. Die restlichen zwölf erreichten in zwei selbst gezimmerten Booten schließlich mit Mühe das russische

Festland und gelangten über die niederländische Niederlassung auf der Kola-Halbinsel nach Hause zurück.

Nach dem Fehlschlag der niederländischen Expeditionen kam es zu keinen größeren Fortschritten mehr. 1608 und 1609 versuchte der Engländer Henry Hudson zweimal, über Nowaja Semlja hinaus vorzudringen, beim zweiten Mal im Auftrag der VOC, doch scheiterte er aufgrund des Eises und musste 1609 nach einer Rebellion umkehren. 1609 und 1610 suchte auch der dänische Entdecker Jens Munk vergeblich nach einer Passage durch das Nordpolarmeer. 1619 verbot dann der erste Zar aus dem Haus Romanow, Michail, die Nutzung des Seewegs, nachdem zwei Jahrzehnte lang das Gebiet des Ob und Jenissei über die Handelsstädte Mangaseja und Archangelsk durch die Händler aus dem Volk der Pomoren mit Westeuropäern verbunden gewesen war. Grund war die Befürchtung, Engländer oder Niederländer könnten mit der russischen Expansion in Sibirien konkurrieren.

Die für fast zweihundert Jahre letzte größere Reise von West nach Ost unternahm 1648 Semjon Iwanowitsch Deschnjew. Er brach mit neunzig Mann in sieben Schiffen vom ostsibirischen Kolyma-Fluss aus auf, umsegelte unter großen Opfern die Tschuktschen-Halbinsel und wies so als Erster nach, dass Amerika und Asien nicht durch eine Landbrücke verbunden sind. Da er nicht selbst über die Reise berichtete, wurde seine Entdeckung erst durch die Forschungen des Historikers Gerhard Friedrich Müller in den Archiven von Jakutsk während der zweiten Expedition von Vitus Bering (1733–1743) bekannt. Die erste nachweisbare vollständige Durchquerung der Nordostpassage von West nach Ost gelang Adolf Erik Nordenskjöld in den Jahren 1878/79.

Nach Deschnjew gewannen Reisen in Ost-West-Richtung an Bedeutung. 1660/62 soll der Portugiese David Melgueiro als Erster Sibirien und Russland von Ost nach West umschifft haben, als Kapitän eines niederländischen Schiffs, das im März 1660 von Kagoshima in Japan aufbrach und 1662 in Porto ankam. Obwohl eine Phase klimatischer Erwärmung die Reise vielleicht möglich gemacht haben könnte, fehlen dafür zeitgenössische Belege; die vielen Probleme der anderen Reisenden im Nordpolarmeer lassen den Bericht eher als unwahrscheinlich erscheinen.

1639 erreichten Russen erstmals den Pazifik, und in der Folge wurde auch der Norden Sibiriens russischer Herrschaft unterworfen. Dabei lag es nahe, die Seewege auch von Osten, vom Pazifik her, zu erkunden. Zar Peter der Große wollte klären lassen, ob eine Landverbindung zwischen Asien und Amerika bestand. Dafür wählte er den Dänen Vitus Bering, der seit 1704 in der russischen Marine diente. Obwohl Bering schon im Februar 1725 von St. Petersburg aus aufbrach, verzögerte sich die Zusammenstellung der Flotte durch die lange Reise und fehlende Ressourcen. Auf der Kamtschatka-Halbinsel, in Nischni-Kamtschatsk, ließ Bering die *St. Gabriel* bauen und trat im Juli 1728 von dort die Fahrt nach Norden an. Bis Ende August hatte er 67 Grad nördlicher Breite erreicht und damit die später nach ihm benannte Straße durchquert, entschloss sich aber wegen des schlechten Wetters zur Rückkehr. Im Folgejahr setzte er seine Erkundung der Kamtschatka-Halbinsel fort und segelte 130 Meilen in den Pazifik hinein, bevor er sich wieder nach Süden wandte.

Als er 1730 in St. Petersburg Bericht erstattete, hatte er noch keinen endgültigen Beweis gegen eine Landverbindung zwischen Asien und Amerika in Händen. Während Michail Gwosdew bereits 1732 mit Berings Schiff *St. Gabriel* nach Alaska vordrang, erhielt Bering 1733 den Auftrag für eine zweite Kamtschatka-Expedition, um die offenen Fragen zu klären und auch die Möglichkeit einer Nordostpassage nach Japan und Amerika zu erkunden. Wieder kam es zu längeren Verzögerungen, so dass Bering erst im Juni 1741 mit den Schiffen *St. Peter* und *St. Paul* (letzteres unter dem Befehl Alexei Tschirikows) vom neuen Hafen Petropawlowsk aufbrechen konnte. Diesmal erreichte er die Küste Alaskas, kehrte aber schon nach wenigen Stunden wieder um. Aufgrund eines Sturms erlitt die *St. Peter* vor der Awatschainsel (heute Beringinsel) Schiffbruch. Bering musste dort überwintern und verstarb im Dezember 1741.

Ähnlich wie nach ihm James Cook fertigte Bering sehr exakte Karten der von ihm bereisten Küstenregionen an, insbesondere von Kamtschatka. Er suchte zudem auch von den Völkern der Region zu erfahren, ob sie Kenntnisse über Land weit im Osten besaßen. Der Bericht über die Reise Deschnjews dürfte ihm bereits vor 1741 für den Nachweis der Meeresstraße zwischen Asien und Amerika ausgereicht haben. Während seiner drei Jahre in Jakutsk organisierte Bering die kartographische Aufnahme des östlichen Sibirien, vor allem östlich und westlich der Lena. Er suchte die Entwicklung des russischen Ostens durch Vorschläge voranzubringen, die seine intensiven Kenntnisse der Geografie des Raums belegen. Seine Reisen markieren wichtige Fortschritte in der Erkundung des asiatischen Nordens und wurden auch von den Mitgliedern seiner Expeditionen fortgesetzt, so durch Semjon Iwanowitsch Tscheljuskin, der im Mai 1742 über Land den nördlichsten Punkt des asiatischen Festlands erreichte. Noch im 19. Jahrhundert ging die Erkundung der Region weiter.

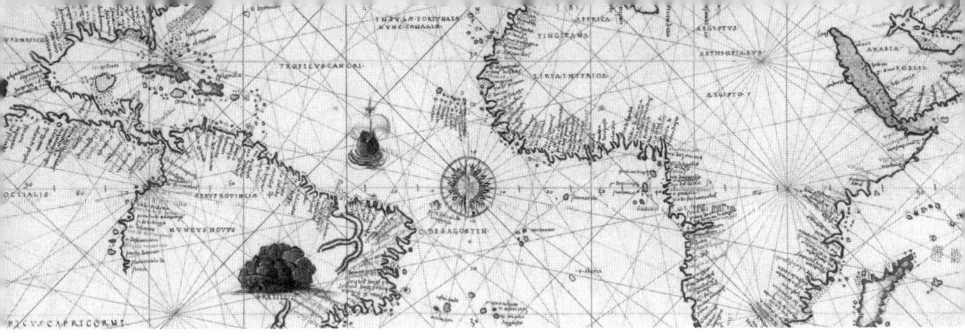

# — 8 —
# FORSCHUNGEN

## Die Wunder der Neuen Welt

### *Bis Kanada und Neufundland: Die Erschließung der Atlantikküste*

Während sich die Spanier auf die Karibischen Inseln, Mittel- und Südamerika konzentrierten und dort mit Hilfe ihrer indianischen Verbündeten eine koloniale Flächenherrschaft aufbauten, suchten die anderen europäischen Entdecker eigene Wege nach Westen, um so die Reichtümer Asiens zu erreichen.. Die Corte-Reals im Auftrag Portugals und Giovanni Caboto für England erreichten wahrscheinlich Neufundland, Giovanni Verrazzano war 1524 der erste Europäer, der – für Frankreich – die atlantische Küste Nordamerikas von Florida oder Carolina nordwärts bis nach Neufundland hinaufsegelte. Er befuhr die Bays, unter anderem die von New York, ging mehrfach an Land und brachte auch einen jungen Indianer mit nach Frankreich. In einem weit verbreiteten Brief an König Franz I. spricht Verrazzano von einer «Neuen Welt», die er erkundet habe. Sie sei fruchtbar, voll von Tieren, Gold und anderen Reichtümern. Ihre Bewohner, «edle Wilde», lebten dort im Überfluss. Seine Reise fand auch auf den Karten der Zeit Aufnahme. Von einer weiteren Forschungsfahrt in die Karibik 1528 kehrte er nicht zurück.

Auch eine spanische Mission unter dem Portugiesen Estevão Gomes folgte der nordamerikanischen Küste. Sie blieb ohne klares Ergebnis, zeigte aber auf jeden Fall, dass man den nordamerikanischen Landblock nicht leicht umschiffen konnte, wahrscheinlich der Grund, warum Spanien auf weitere Unternehmen dieser Art verzichtete. Auch englische Versuche, eine Nordwestpassage zu finden, scheiterten. 1527 suchte der aus Bristol stammende Weinhändler John Rut mit zwei Schiffen den direkten Weg über die Polarroute, kehrte aber angesichts massiven Eises nach Süden um. An der neuenglischen Küste traf er auf mehrere Fischer aus Frankreich und Portugal, denen er einen Brief an Heinrich VIII. von England mitgab. In der Karibik entschloss er sich dann angesichts von Problemen mit den spanischen Autoritäten zur Heimkehr. Nach dem Scheitern einer weiteren Expedition unter Richard Hore 1536 kam es für einige Jahrzehnte zu keinen größeren englischen Missionen nach Nordamerika.

Vielleicht auf Verrazzanos Spuren, sicher aber aufgrund seiner Erfahrungen als Seefahrer erhielt Jacques Cartier im März 1534 den königlichen Auftrag, den Seeweg nach China zu finden und für Frankreich Inseln und Länder zu entdecken, in denen man große Mengen an Gold, Silber und anderen wertvollen Dinge finden könne. Cartier startete im April 1534 mit zwei Schiffen und 61 Mann von St. Malo und überquerte innerhalb von 20 Tagen den Atlantik. Er erreichte zunächst die Westküste Neufundlands, das er im Norden umsegelte, um danach den St. Lorenz-Golf zu erkunden. Dort wandte er zuerst nach Süden bis zur Prince-Edward-Insel und nach New Brunswick und kehrte entlang der Anticosti-Insel und um Neufundland herum zurück in den Atlantik. Nach etwa sechs Monaten entschied er sich für die Rückkehr nach Frankreich.

Sein Bericht enthält viele Naturbeobachtungen. Auf Funk Island vor der Küste Neufundlands begegneten Cartier und seine Leute großen, flugunfähigen Seevögeln, den Riesenalken, die im 19. Jahrhundert ausstarben. Sie konnten sich mit Hilfe ihrer kurzen Flügel relativ schnell im Wasser bewegen, was die Europäer nicht daran hinderte, viele von ihnen als Proviant zu fangen. Zudem beobachteten sie kleine Vögel, die Lunde, Verwandte der Alke, sowie Walrösser. War der Norden felsig und unfruchtbar, so hebt Cartier für die Prince-Edward-Insel und ihr Umfeld die Fruchtbarkeit und die Vielfalt von Flora und Fauna hervor. Dort kam es auch zu einer ersten Begegnung mit Indianern, die mit den Fremden Handel treiben wollten. Cartier fürchtete einen Angriff und ließ über ihre Köpfe feuern, doch kehrten die Indianer am nächsten Tag zurück, und es kam zu einem friedlichen Austausch. Die Indianer erhielten dabei für ihre Pelze Messer und andere Eisenwaren.

Sie waren Mitglieder eines Teilstamms der Irokesen, der heute ausgestorbenen Stadaconas, benannt nach ihrem Hauptort Stadacona (heute Québec). Als Cartier an einer Stelle ein Kreuz mit drei *Fleurs-de-lys* und dem Motto *Vive le Roy de France* aufstellte, kam es zu einer Kontroverse mit ihrem Häuptling Donnacona, der den Franzosen eine lange Rede hielt und mit Zeichensprache deutlich machte, dass er keinen französischen Anspruch auf sein Territorium dulden würde. Es gelang Cartier, ihn mit der Erklärung, es handele sich um ein Seezeichen, und mit Geschenken zu besänftigen. Am Ende nahm Cartier sogar zwei Söhne Donnaconas mit nach Frankreich, die er europäisch einkleiden und Französisch lernen ließ.

Schon im Mai 1535 brach Cartier erneut von Frankreich aus auf, diesmal mit drei Schiffen. Nach zwei Monaten erreichte er erneut den St. Lorenz-Golf, und nach einigen Erkundungsfahrten im Golf folgte er dem St. Lorenz-Strom flussaufwärts. Die dabei durchquerte Region wurde nach Auskunft der Indianer Kanada genannt, ein Name, der auf das gesamte Land übergehen sollte. Dort trafen Cartier und seine Männer wieder auf Donnacona, mit dem sie nach Stadacona reisten. Donnacona wollte Cartier mit allen

Mitteln an der Weiterreise hindern, wohl weil er die Konkurrenz durch andere Stämme fürchtete. Die Franzosen folgten jedoch bald darauf dem Strom weiter flussaufwärts nach Hochelaga, wo heute Montréal liegt. Dort wurden sie überaus freundlich empfangen, vielleicht auch, weil die Indianer sie für göttlich hielten. So wurde nicht nur der gelähmte Häuptling, sondern es wurden auch weitere Kranke zu Cartier gebracht, weil man von ihm deren Heilung erhoffte. Er reagierte darauf, indem er laut aus dem Evangelium las und für die Kranken betete. Um mögliche Konflikte zu vermeiden, zogen sich die Franzosen aber schnell wieder nach Stadacona zurück, um dort in einem kleinen Fort am Ufer zu überwintern.

Die Indianer berichteten Cartier von einem sagenhaften, reichen Land namens Saguenay, das er von Stadacona aus zu finden suchte, allerdings vergeblich. Während des harten Winters, in dem die Franzosen wie die Indianer zeitweilig an Skorbut erkrankten, konnte Cartier die Lebensweise der Stadaconas beobachten. Sie lebten gemeinschaftlich, fast ohne Privatbesitz, und verheirateten die Mädchen zu einem sehr frühen Zeitpunkt, wobei die Männer jeweils mehrere Frauen hatten. Ihr Essen bestand vor allem aus Mais und anderen Gemüsen, und Cartier notierte als erster Europäer den Gebrauch von Tabak, den die Männer zunächst in der Sonne trockneten, dann in kleinen Beuteln am Hals trugen und schließlich – fein zerstoßen – in der Pfeife rauchten. Cartier vermerkt: Sie «sagen, dass [... der Tabak] sie gesund und warm erhält, und gehen niemals ohne etwas davon herum. Wir haben denselben Rauch probiert; nachdem wir ihn in unseren Mund genommen hatten, schien es, als hätten wir Pfefferpulver genommen, das ebenso scharf ist» (Bref récit, 31).

Da man das sagenhafte Saguenay nicht finden konnte, brauchte Cartier zumindest Zeugen für diese Geschichte. Deshalb ließ er Donnacona, seine Söhne und weitere Kinder gewaltsam an Bord bringen, gab den Stadaconas Geschenke und kehrte im Sommer 1536 nach Frankreich zurück. Donnacona berichtete auch am Hof

König Franz' I. von den Reichtümern Saguenays, doch verzögerten die Kriege Frankreichs gegen Spanien den erneuten Aufbruch. Währenddessen starben die Indianer bis auf ein Mädchen an europäischen Krankheiten wie Windpocken und Masern. Die Franzosen setzten nunmehr auf die Gründung einer Kolonie, und der König berief einen reichen Adligen, Jean-François de La Roque, Sieur de Roberval, zum ersten Befehlshaber in «Neu-Frankreich».

Während Roberval noch auf Proviant und Kanonen wartete, brach Cartier im Mai 1541 zu seiner dritten Reise auf. Nach drei Monaten kam er zu den Stadaconas zurück und musste zunächst erklären, warum Donnacona und die anderen nicht mehr dabei waren. Die Gründung einer europäischen Siedlung unweit von Stadacona, *Charlesbourg-Royal*, schlug fehl, auch Saguenay konnte trotz intensivster Bemühungen nicht gefunden werden, so dass sich Cartier im Juni 1542 zur Heimkehr entschloss, mit Steinen, die er für Gold und Diamanten hielt, die aber wertlos waren (Quarz und Pyrit). Vor Neufundland stieß er auf die Flotte Robervals, der ihm befahl, mit ihm zu kommen; er konnte sich aber durch nächtliche Flucht entziehen. Auch Roberval war allerdings nicht in der Lage, sich in seinem unweit von *Charlesbourg-Royal* gegründeten Fort *France-Roy* zu halten, und musste im Sommer 1543 aufgeben. Die französischen Religionskriege verhinderten bis zum Anfang des 17. Jahrhunderts weitere Expeditionen nach Kanada.

Spätere spanische, französische und englische Missionen zur Errichtung von Stützpunkten und Kolonien an den nordamerikanischen Küsten schlugen ebenso fehl. Die einzige Ausnahme bildete Fort St. Augustine im Norden Floridas, von den Spaniern unter Pedro Menéndez de Avilés im August 1565 während der Kämpfe gegen französische Ansiedlungsversuche gegründet. Es ist die älteste durchgängig bestehende europäische Siedlung in Nordamerika. Dagegen waren die Versuche unter Juan Pardo (1566/67), Forts zur Kontrolle von North Carolina und Tennessee zu errichten, nur kurzzeitig erfolgreich, so dass der spanische Einfluss auf Florida beschränkt blieb.

Zu den gescheiterten Unternehmen zählen auch die englischen Versuche unter Sir Walter Raleigh, an der nordamerikanischen Küste zu siedeln. 1584 brachen Philipp Amadas und Arthur Barlowe in Raleighs Auftrag mit zwei Schiffen auf, um die Möglichkeiten zur Gründung einer Kolonie zu erkunden. Von der Karibik aus erreichten sie die Küste von Carolina, nahmen bei *Roanoke Island* friedlichen Kontakt mit Algonkin-Indianern auf und traten bald darauf die Heimreise an. Ihr enthusiastischer Bericht über die Fruchtbarkeit des bald als Virginia bezeichneten Landes veranlasste Raleigh 1585 zur Entsendung einer größeren Gruppe von Siedlern, 600 Männer und Frauen, die vielfach zwangsweise rekrutiert worden waren. Die Leitung des Unternehmens hatte Richard Grenville; mit dabei waren auch der Wissenschaftler Thomas Hariot, der über die Natur und über die indigenen Völker berichten, sowie der Zeichner John White, der die fremden Landschaften, Siedlungen und Menschen im Bild festhalten sollte.

Die Flotte segelte zuerst nach Puerto Rico, wo ein Fort errichtet wurde, und dann über Hispaniola zur Küste von Carolina. Die Siedler ließen sich mit Ralph Lane als Gouverneur in Roanoke nieder, während Grenville nach England zurücksegelte. Ihre Lage machte die Kolonie von guten Beziehungen zu den Indianern abhängig, doch kam es bald zu Konflikten. Als Francis Drake 1586 vor der Siedlung ankam, baten alle Siedler darum, wieder nach England zurückgebracht zu werden. Grenville fand so wenig später die Kolonie verlassen vor, und auch von den 18 Siedlern, die er seinerseits zurückließ, fehlte später jede Spur. Dennoch wurde die Kolonie im Folgejahr unter John White in Roanoke erneuert. Allerdings blieb wegen des Angriffs der Großen Armada auf England 1588 weitere Unterstützung aus, und so fand die nächste Expedition nach Virginia 1590 die Kolonie verlassen und zerstört vor; das Schicksal der Kolonisten ist unbekannt. Die erste dauerhafte englische Siedlung war erst das 1607 durch eine private Gesellschaft gegründete Jamestown, das aber die Anfangsjahre ebenfalls nur mühsam und unter vielen Opfern überstand und 1624 von der Krone übernommen wurde. 1620 folgte die Gründung von Plymouth, Massachusetts, durch religiöse Dissidenten, die «Pilgerväter».

## *Nordwestpassage: Engländer und Franzosen im Nordpolarmeer*

Schon vor Raleighs Siedlungsversuchen hatte sich die Aufmerksamkeit wieder verstärkt auf die Suche nach der Nordwestpassage gerichtet. Humphrey Gilbert, ein Halbbruder Raleighs, hatte 1566 einen Traktat mit dem Titel *A discourse of a discoverie for a new Passage to Cataia* verfasst, der eine Nutzung der wirtschaftlichen Möglichkeiten Nordamerikas für die Nordwestpassage nach Asien vorschlug, aber auch die fiktive, angeblich hinter der Sierra Nevada gelegene und bis nach Kalifornien reichende Meeresstraße von Anian postulierte, die sogar in Karten einging. Dieser Text, mehrfach überarbeitet, erschien 1576 im Druck, vielleicht ohne Zustimmung des Verfassers. Schon 1574 hatte Martin Frobisher mit ihm Kontakt aufgenommen, da er ein Unternehmen zur Entdeckung der Nordwestpassage plante.

Nachdem Frobisher die Erlaubnis der Muscovy Company für sein Unternehmen erhalten hatte, brach er im Juni 1576 mit zwei größeren und einem kleinen Schiff auf. Anfang Juli wurde Grönland gesichtet, das Frobisher für die auf einigen Karten verzeichnete Insel Friesland hielt, doch scheiterte eine Landung an Eis und Nebel. In einem Sturm ging bald darauf das kleine Schiff verloren, und das zweite, die *Michaell*, wurde von Frobishers *Gabriell* getrennt und kehrte nach London zurück. Frobisher segelte dennoch in Richtung Baffin Island weiter und entdeckte die nach ihm benannte, 230 Kilometer lange Bucht, die er für eine Straße hielt (dieser Irrtum wurde erst 1861 geklärt). Dort kam es zu einer ersten Begegnung mit den Inuit, die Frobisher für Mongolen hielt. Der Reisebericht beschreibt ihre Boote aus Leder und eine freundschaftliche Begegnung, bei der die Inuit Lachs, andere Fische und Fleisch an Bord brachten, Waren eintauschten und an den Seilen des Schiffes Kunststücke «nach der Art unserer Seeleute» (The Voyages of Frobisher, 73) vollführten. Als fünf Mann bei einer Mission an Land spurlos verschwanden, verdächtigte Frobisher die Inuit und nahm einen von ihnen gefangen. Dieser zerbiss sich aus Verzweiflung die Zunge und starb nach der Ankunft in England aufgrund mehrerer Krankheiten. Frobisher kehrte mit einer Ladung Pyrit, das man für Gold hielt, nach England zurück.

Da das Pyrit nicht überprüft wurde, löste der Fund einen Goldrausch aus, der auch die beiden folgenden Missionen Frobishers nach Nordamerika ermöglichte. Im Mai 1577 brach er mit drei Schiffen auf und erreichte Anfang Juli Grönland, das er kartierte. Ab Mitte Juli verbrachte er in der Frobisher Bay lange Zeit mit der Suche nach Erzen, von denen er im September 200 Tonnen nach England zurückbrachte. Dies führte im Mai 1578 zur dritten Expedition mit 15 Schiffen, die dem Ziel der Gründung einer Kolonie dienen sollte, aber fehlschlug. Allerdings kam man diesmal sogar mit 1350 Tonnen Erzen zurück. Kurz darauf wurde erkannt, dass es sich nicht um Gold handelte. So endete das Unternehmen im Bankrott.

Drei weitere englische Reisen zur Suche nach der Nordwestpassage unternahm 1585–1587 John Davis. 1585 segelte er auf den Spuren Frobishers nach Baffin Island, 1586 folgte er der später nach ihm benannten Straße nach Nordwesten, bis diese von Eis blockiert war, und 1587 erreichte er einen Punkt 72 Grad nördlicher Breite, ehe er umkehren musste, und erkundete auf dem Rückweg noch den nach ihm benannten Meeresarm an der Küste Labradors. Die auf der ersten Reise anfangs noch freundschaftlichen Beziehungen zu den Inuit, die Davis von einer Gruppe mitgereister europäischer Musiker unterhalten ließ, verschlechterten sich im Laufe der Zeit dramatisch.

Der Angriff der spanischen Armada führte 1588 zunächst einmal zum Ende englischer Unternehmungen zur Suche der Nordwestpassage. Sie wurden aber 1602 durch George Waymouth mit der Erkundung der späteren Hudson-Straße wieder aufgenommen. Waymouth segelte mehrere Hundert Kilometer in die Straße hinein, wurde aber von seiner Besatzung zur Umkehr gezwungen. Zu den weiteren englischen Entdeckern im Norden zählt auch Henry Hudson, der 1607 im Auftrag der *Muscovy Company* zu seiner ersten bekannten Reise ins Nordpolarmeer aufbrach. Er erreichte dabei unter anderem Spitzbergen und entdeckte die Insel Jan Mayen. 1608 und 1609 machte er sich auf die Suche nach der Nordostpassage, 1609 im Auftrag der niederländischen VOC. Bei dieser Reise rebellierte die Mannschaft vor Nowaja Semlja gegen längere Erkundungen, so dass er sich nach Westen wandte. Dabei erreichte er die Bucht von New York und erforschte den später nach ihm benannten Hudson River bis nach Albany. Dies war der Ausgangspunkt für weitere niederländische Expeditionen nach Nordamerika, die unter anderem zur Gründung New Yorks (als Neu Amsterdam) führten.

1610 kam Hudson auf der erneuten Suche nach der Nordwestpassage in die nach ihm benannte Straße und in die Hudson Bay. Er glaubte, schon im Pazifik zu sein, und wurde darin durch die Begegnung mit einem Indianer bestärkt, der – laut späteren Beschreibungen – mit einem mexikanischen oder japanischen Dolch bewaffnet war. Allerdings kam es zu einem Konflikt, und der Indianer verschwand, so dass es keine Möglichkeit zur Versorgung mit frischen Lebensmitteln gab. Als dann das Schiff bei der Erkundung der Region im November einfror, musste man überwintern, und die Nahrung wurde knapp. Im Juni 1611 rebellierte die Mannschaft und setzte Hudson, seinen Sohn und weitere Besatzungsmitglieder in einem Boot aus. Ihr weiteres Schicksal ist unbekannt.

Während der glücklosen Reisen Hudsons gelang es den Franzosen, sich dauerhaft in Nordamerika zu etablieren. Samuel Champlain sammelte als Geograph am Königshof schon seit 1601 Informationen von den französischen Fischern und Pelzhändlern, die die nordamerikanische Küste besuchten. 1603 und 1604–1607 nahm er an Forschungsreisen zum St. Lorenz-Strom und nach Neuschottland teil, wo er im Auftrag von Pierre Dugua de Mons eine 1605 nach Port Royal verlegte Niederlassung gründete. 1608 rüstete de Mons eine Flotte aus, die eine dauerhafte Niederlassung am St. Lorenz-Strom errichten sollte. Im Juli ließ Champlain im Zentrum des heutigen Québec ein Fort erbauen, mit drei zweistöckigen Gebäuden aus Holz, die von einer Palisade und einem Graben umgeben waren, die *Habitation de Québec*.

Die Irokesen waren hier seit der Zeit Cartiers von Huronen und Algonkin-Indianern vertrieben worden, und die Huronen baten Champlain um Unterstützung gegen die Irokesen. Tatsächlich kam es Ende Juli 1609 am späteren Lake Champlain zu einem Gefecht mit den Irokesen, bei dem die französischen Feuerwaffen die Entscheidung brachten. Obwohl die erste Überwinterung zahlreiche Opfer forderte, konnten sich Champlain und die Franzosen dauerhaft in Québec halten. Champlain reiste bis zu seinem Tod 1635 mehrfach nach Frankreich zurück, um für weitere Unterstützung zu werben, nach der Ermordung Heinrichs IV. dann am Hof des jungen Ludwig XIII. Québec wurde zum Ausgangspunkt für die weitere Erkundung Kanadas und des Nordens der heutigen USA. Missionen unter Champlain, Étienne Brûlé und anderen erfassten die großen nordamerikanischen Seen und erreichten Wisconsin und New York.

Die Suche nach einer Nordwestpassage blieb weiterhin auf der Tagesordnung. Champlains Hoffnung, einen Weg nach Asien zu finden, spiegelt sich etwa 1613 in seiner Benennung von Stromschnellen am Unterlauf des St. Lorenz-Stroms als China-Schnellen. Zahlreiche weitere Unternehmungen im Norden Amerikas folgten, von englischer Seite unter anderem 1612 durch Thomas Button, 1615/16 durch William Baffin und Richard Bylot und 1631 durch Luke Fox und Thomas James. Erst die Mission von George

Vancouver 1792–1794 machte klar, dass eine Nordwestpassage nur durch die Beringstraße zu finden war. Selbst im 19. und 20. Jahrhundert setzten sich die Erkundungen der Nordpolargewässer fort. Die erste amerikanische Durchquerung Nordamerikas zum Pazifik hin unternahmen 1804–1806 Meriwether Lewis und William Clark.

## *Humboldt und die wissenschaftliche Erschließung Südamerikas*

Nachdem sich Spanien unter Hernán Cortés in Mittelamerika etabliert hatte, wandten sich die Entdecker und Eroberer verstärkt Südamerika zu. Noch vor der Eroberung des Inkareichs unter Francisco Pizarro vergab die spanische Krone *Asientos*, Lizenzen für die Erkundung, Eroberung, Christianisierung und Besiedlung einzelner Regionen und Provinzen. Einer der Lizenznehmer war das Augsburger Handelshaus der Welser, das im März 1528 die Statthalterschaft für Venezuela übernahm. Diese Verwaltung Venezuelas verlief jedoch wenig glücklich. Die Provinz verfiel, weil die Indios zwangsrekrutiert, als Sklaven ins Landesinnere verkauft oder vertrieben wurden und den Siedlern die Nahrungsgrundlage fehlte. 1546 wurden der letzte Generalkapitän Philipp von Hutten und der junge Bartholomäus Welser von Gegenspielern und enttäuschten Anhängern ermordet. Die spanische Krone, die inzwischen ihre Politik geändert hatte, übernahm dann die Provinz 1556 auch formell.

Die Gouverneure und Generalkapitäne der Welser verfolgten in Venezuela ihre eigenen Ziele, die wenig mit der vorsichtigen Politik eines etablierten Handelshauses zu tun hatten. Wirtschaftliche Möglichkeiten blieben ungenutzt, während sogenannte *Entradas*, teuer finanzierte Erkundungs- und Eroberungsmissionen, auf Wegen von rund 20 000 Kilometern den Norden Südamerikas erforschten. Das Zentrum des nur an der Küste etwas erschlossenen Venezuela war Coro. Der erste Welser-Gouverneur, Ambrosius Alfinger, begann mit Erkundungen in der Region des heutigen Maracaibo und gründete die gleichnamige Stadt. Bei einer zweiten Reise ins Tal des Rio Magdalena erfuhr er als Erster von einem sagenhaften Goldland im Süden Venezuelas, dem Reich El Dorado. Ähnlich wie die Entdecker Nordamerikas lange das sagenhafte Saguenay suchten, begann auch in Südamerika eine intensive Suche nach den Schätzen El Dorados, die die Amtsträger der Welser in Bann hielt.

Alfinger musste seine Mission abbrechen und starb 1533 auf der Rückreise nach Coro, doch führte sein Nachfolger Georg Hohermuth von Speyer 1534 eine Truppe von 600 Mann nach Venezuela, mit denen er in Coro und Maracaibo halbwegs geordnete Verhältnisse herstellte. 1535 begann er mit einer Mission entlang des Ostrands der kolumbianischen Kordilleren, durch die er aber keinen Pass zur Chibchahochebene mit ihrer alten indianischen Hochkultur, dem Reich der Muisca, finden konnte. Dies gelang erst Nikolaus Federmann, der sich 1537 auf eigene Faust auf die Suche nach El Dorado gemacht hatte, allerdings die Hochebene 1539 bereits durch einen spanischen Eroberer geplündert vorfand. Während Federmann mit diesem nach Spanien zurückkehrte, dort auf Betreiben der Welser verhaftet wurde und im Gefängnis ums Leben kam, starb Hohermuth 1539 während der Vorbereitungen für eine weitere Expedition. Diese übernahm ab 1541 sein Nachfolger Philipp von Hutten. Er suchte aber jetzt in der kolumbianischen Tiefebene nach Schätzen, bis er 1546 ermordet wurde.

Federmanns knapper Bericht enthält auch Informationen zum Schicksal der Indios. So berichtet er bei seiner Ankunft in der Karibik 1529 von den Indios auf Hispaniola, dass sie keine eigenen Siedlungen mehr hatten, sondern nur noch als Diener bei den Christen lebten. In den 40 Jahren nach der christlichen Eroberung sei ein großer Teil der ursprünglich 500 000 Einwohner der Insel aufgrund von Krankheiten und Kriegen gestorben, aber auch *ain grosser thail auß übertribener arbait, darzu sie die Christen, in den*

*Goldbergwercken, genöttigt, welches doch wider ihre gewonhait ist* (N. Federmanns und H. Stades Reisen, S. 10). Federmann beschreibt auch seine ersten Begegnungen mit den Indios im Landesinneren von Venezuela im Herbst 1530, die er mit Hilfe von Dolmetschern und mit Geschenken von seinen friedlichen Absichten zu überzeugen suchte. Einmal kam es allerdings fast zu Kämpfen, so dass Federmann seine Angebote mit der Drohung gewaltsamen Vorgehens verband. Daraufhin kam ein kleinwüchsiger Kazike mit seinen Leuten zu ihm, ließ sich und die Seinen taufen und wurde von Federmann beschenkt. Nun gelang auch die friedliche Kontaktaufnahme mit anderen Gruppen, die jedoch vielfach untereinander verfeindet waren.

Genauere Beobachtungen der indigenen Völker gelangen erst einem anderen Deutschen, Hans Staden, der als Büchsenschütze in Diensten der iberischen Mächte stand und von Januar bis Oktober 1554 neun Monate in Gefangenschaft von Indios in Brasilien verbrachte. Er war erstmals 1548 nach Nordbrasilien gelangt und Ende 1549 nach Portugal zurückgekehrt, nahm aber schon 1550 wieder an einer spanischen Mission in die La-Plata-Region teil. Nach einem Schiffbruch musste er sich zwei Jahre lang durch den Dschungel kämpfen, bevor er in das brasilianische São Vicente gelangte. Dort wieder in portugiesischen Diensten, nahmen ihn die Tupinambá-Indios gefangen, die mit den Franzosen gegen die Portugiesen verbündet waren. Anders als anderen Gefangenen gelang es ihm nach seiner Darstellung, sich dem rituellen Kannibalismus der Tupinambá zu entziehen, auch, indem er sich erfolgreich als Schamane ausgab. Am Ende kauften ihn Franzosen frei, so dass er im Sommer 1555 heimkehren konnte.

Seine auf Anregung des Marburger Gelehrten Johannes Dryander verfasste *Warhaftig Historia und beschreibung eyner Landtschafft der Wilden / Nacketen / Grimmigen Menschfresser Leuthen / in der Newenwelt America gelegen [...]*, die 1557 in zwei Ausgaben erschien, fand weite Verbreitung. Neben zwei Vorworten enthält der Band drei Teile: zu den Reisen Stadens im Auftrag der Portugiesen und Spanier, zu seiner Gefangenschaft und den Gebräuchen der Tupinambá sowie zu seiner Rückkehr nach Europa, jeweils durch Holzschnitte illustriert. Der zweite Teil bietet detaillierte Informationen, auch zur rituellen Anthropophagie. Ein Kapitel ist den Ritualen gewidmet, mit denen die Indios Staden zufolge ihre Feinde töteten und verspeisten. Danach wurde der Gefangene zunächst von den Frauen versorgt und ehrenvoll behandelt, ehe man ihn nach einigen Tagen mit einer Art großer Keule erschlug und seinen Körper aufteilte. Seine Tötung galt als ehrenvoller Akt, der dem Täter Ruhm einbrachte. Staden berichtet aber auch über die Gestalt der Dörfer und Hütten, das Feuermachen, die Hängematten, in denen die Indios schliefen, ihr Geschick auf der Jagd, ihre Werkzeuge zum Hauen und Schneiden, die Herstellung von Gefäßen, ihr Brot, ihre Ernährung und ihre Getränke, ihre Gebräuche bei der Hochzeit, den Schmuck der Männer und Frauen sowie die politische Ordnung der Indios. So gab es in jeder Hütte einen Häuptling, und der Stamm führte gemeinsam Krieg. Die Jüngeren waren den Älteren gehorsam, und alle folgten freiwillig den Anordnungen der Häuptlinge.

Einige Jahre früher, 1535, reiste der junge Spanier Pedro de Cieza nach Kolumbien, um sich dort und im von den Spaniern eroberten Peru als Landsknecht zu verdingen. Dabei begann er bald, die Geschichte der Inkas und die Ereignisse der spanischen Eroberung aufzuzeichnen, und legte dies in seiner dreiteiligen Chronik von Peru nieder. Zu seinen Lebzeiten (bis 1554) erschien allerdings nur ein Band im Druck, wohl auch wegen seiner Kritik am «Indienrat» und am König, der diesen 1524 berufen hatte; der zweite Teil wurde erst im 19. Jahrhundert wiederentdeckt. Darin hebt Cieza die fortgeschrittene Organisation des Inkareichs hervor, dessen Herrscher auf 1200 Meilen Küstenlinie Amtsträger und Verwalter einsetzten und überall für den Bedarf ihrer Heere Magazine einrichteten. Die Inkaherrscher werden für ihre Gerechtigkeit gelobt, weil sie nicht davor zurückschreckten, «die Ausführung von Strafen gegen ihre eigenen Söhne zu befehlen»

(Pedro de Cieza, Crónica, 153), aber ebenso für ihre Paläste und Tempelbauten. Überhaupt gilt Cieza als einer der zuverlässigsten Berichterstatter über die untergegangene Kultur und die frühe Kolonialgeschichte.

Die Ausweitung der spanischen und portugiesischen Kolonialherrschaft brachte zwar eine zunehmende Erschließung des südamerikanischen Kontinents mit sich, doch blieben immer noch viele «weiße Flecken». Diese wurden erst nach und nach von den Forschungsreisenden seit dem 18. Jahrhundert erforscht. Eine erste bedeutsame Reise war die des Franzosen Charles Marie de la Condamine, der 1735 mit anderen Mitgliedern der Pariser Akademie der Wissenschaften zum Äquator aufbrach, um durch Messungen eine Antwort auf die viel debattierte Frage nach der genauen Gestalt der Erde zu finden. Noch bevor die Expedition im Juni 1736 über die Meerenge von Panama Quito erreichte, kam es zu erheblichen Spannungen, die auch die Messungen behinderten. Diese waren erst Anfang 1743 beendet, und Condamine beschloss, über den Kontinent nach Frankreich zurückzukehren. Nach der Überquerung der Anden reiste er vier Monate mit Kanus und Flößen auf dem Amazonas und sammelte Informationen zu Geografie, Flora und Fauna sowie zu den Völkern der Region. Dies setzte er in Französisch-Guyana fort, während er auf sein Schiff wartete. Anfang 1745 kehrte er nach Paris zurück und berichtete unter anderem 1751 in seinem *Journal du voyage fait par ordre du roi a l'équateur* über seine Reisen.

Darin schildert er den Verlauf des Unternehmens und nimmt dabei immer wieder Details über seine Beobachtungen auf. So sammelte er Pflanzen für den königlichen Garten, vermaß die Lage und Höhe von Orten und konstatierte den Niedergang von Städten, «die nicht mehr den Namen eines Weilers verdienen» (Condamine, Journal, 186). Bei den *Yameo* beobachtete er eine Sprache, die keiner anderen glich, und beschreibt die Blasrohre mit vergifteten Pfeilen als Waffen der Indios. Die *Omagua* im Westen Brasiliens nennt er die «am meisten zivilisierten [...] von allen

Wilden, die an den Ufern des Amazonas wohnen», die allerdings den für ihn «bizarren Brauch» hatten, ihre Stirnen flach zu halten und ihre Ohren zu verlängern (ebd., 189).

Die wissenschaftliche Erkundung Südamerikas erreichte mit den Reisen Alexander von Humboldts ihren ersten Höhepunkt. Vielfältig begabt, immer bestrebt, neue naturwissenschaftliche Methoden zu entwickeln und anzuwenden, hatte er wohl nicht erst durch seine Begegnung und Freundschaft mit Georg Forster das Vorhaben einer Erkundung der Welt, einer «physikalischen Erdbeschreibung» (so im Untertitel seines späteren fünfbändigen Werks *Kosmos*), in den Blick genommen. Nach Studien in Paris und mehreren Anläufen zu einer größeren Reise erhielt er im März 1799 in Madrid die Erlaubnis der spanischen Regierung, auf eigene Kosten im gesamten spanischen Kolonialreich in Amerika Forschungen durchzuführen. Einen Aufenthalt auf Teneriffa nutzte er zur Erstellung eines Höhenprofils für den Pico del Teide, und im Juli 1799 erreichte er mit seinem Begleiter, dem Arzt und Botaniker Aimé Bonpland, bei Cumaná die Küste Venezuelas.

Eineinhalb Jahre lang erforschte er intensiv die Region, und im Frühjahr 1800 unternahm er eine ausgedehnte Fahrt über den Orinoco bis zum Rio Negro, auf der er die Verbindung zwischen den Flusssystemen des Orinoco und des Amazonas nachwies. Ende 1800 folgte eine Reise nach Kuba, im März 1801 wandte er sich in der Hoffnung, sich einer französischen Ostasienmission anschließen zu können, über Cartagena, den Magdalenenstrom und den Raum um Bogotá nach Quito. Als er dort Anfang 1802 ankam, stellte sich zwar die Nachricht über den Weg der Ostasienmission als falsch heraus, doch nutzte Humboldt seinen Aufenthalt in Quito zu umfangreichen Erkundungen der Bergwelt der Umgebung. Dabei erreichte er am über 6300 Meter hohen Chimborazo ohne moderne Hilfsmittel eine Höhe von rund 5600 Metern – lange Zeit einmalig – und hielt die Folgen der großen Höhe für den menschlichen Organismus fest. In den Anden fand er auch die legendären Überreste von Palästen des Inkareichs.

Alexander von Humboldt (Altersbild), Gemälde von Joseph Stieler (1843)

Vom Amazonas-Urwald aus erreichte Humboldt im September Trujillo an der peruanischen Küste und zog nach Lima weiter. Dort nahm er ein Schiff nach Acapulco und reiste danach zu Land nach Mexiko-Stadt, wo er neun Monate lang in den bisher unzugänglichen Archiven arbeitete. Als Ergebnis publizierte er, auch basierend auf vielen Kontakten und Gesprächen, 1811 seinen *Essai politique sur le royaume de la Nouvelle Espagne*, eine ausführliche Landesbeschreibung Mexikos, begleitet von einem Atlas. Danach segelte er zur Fortsetzung seiner Untersuchungen nach Kuba und von dort in die USA, wo er mehrfach mit Präsident Thomas Jefferson zusammentraf. Im August 1804 kehrte er wieder nach Europa zurück.

Anders als vielen früheren Entdeckern ging es Humboldt nicht um wirtschaftliche, machtpolitische oder missionarische Interessen. Er konzentrierte sich bewusst auf die bekannten Regionen Lateinamerikas und suchte durch seine Erkundungsreisen das

Alexander von Humboldt
Hudson Bay
Fort Garry
OREGON-GEBIET
Quebec
Louisiana
Boston
VEREINIGTE STAATEN
Philadelphia
Washington
San Francisco
Santa Fé
Los Angeles
VIZE-KGR. NEU-SPANIEN
Mobile
New Orleans
Golf von Mexiko
Kuba
Mexiko
Belize
Caracas
GUAY
Pazifischer Ozean
VIZE-KGR. NEU-GRANADA seit 1739
Manau
Amerika
VIZE-KGR. PERU
Callao
La Paz
VIZE-KGR LA PLATA seit 1776
Reiseroute Alexander von Humboldts
Portugal und überseeische Besitzungen
Spanien und überseeische Besitzungen
Großbritannien und überseeische Besitzungen
Frankreich und überseeische Besitzungen
Niederländischer Kolonialbesitz
(1795–1815 von Großbritannien verwaltet; größtenteils 1815/17 zurückgegeben)

Kristiana
GROSSBRITANNIEN
London
Berlin
Neufundland
Paris
FRANKREICH
Bordeaux
La Coruña
Rom
PORTUGAL
Madrid
Lissabon
SPANIEN
Tanger
Algier
Atlantischer Ozean
Teneriffa
Afrika
Arguin
1727 franz.
St. Louis
Bathurst
brit.
Freetown
brit.
Accra brit.
Gr. Friedrichbg.
1717 ndl.
ARABIEN
São Paulo
de Loanda
VIZE-KGR.
BRASILIEN
seit 1760
Atlantischer Ozean
Rio de Janeiro

Die Darstellung der Kordilleren von Alexander von Humboldt ist Teil der umfangreichen Dokumentation seiner Reise.

Wissen über diese zu vertiefen. Seine Erfahrungen und Ergebnisse veröffentlichte er zwischen 1805 und 1834 in zahlreichen Bänden mit dem Gesamttitel *Voyage aux régions équinoxiales du Nouveau Continent fait en 1799, 1800, 1801, 1802, 1803 et 1804, par A. de Humboldt et A. Bonpland*, die in zahlreichen weiteren (Teil-)Ausgaben und Übersetzungen große Verbreitung fanden. Das Werk enthält neben dem eigentlichen Reisebericht zahllose weitere Informationen und Beobachtungen sowie allgemeine Reflexionen zur Einordnung der Erkenntnisse. Humboldt geht dabei teilweise auf kleinste Details ein, wenn er etwa den von Tischlern im Gebiet des Orinoco verwendeten Leim und seine Gewinnung aus einer Liane beschreibt. Neben Flora und Fauna interessiert er sich aber ebenso für die politischen Verhältnisse und kulturellen Besonderheiten wie etwa den Gegensatz zwischen den Völkern im Tiefland und auf den Bergen.

Humboldts Einstellung zu seinen Entdeckungen zeigt sich zum

Beispiel deutlich im Kontext einer Begegnung mit den Missionaren im Raum des Orinoco. Der Pfarrer im Ort Cari konnte sich die Gesteins- und Pflanzenproben seines Gastes nicht anders erklären, als dass Humboldt auf der Suche nach Gold und wertvollen Arzneipflanzen war. Dazu vermerkte dieser kritisch: «Hier, wie in so vielen Ländern in Europa, meint man, die Wissenschaft sei nur dann eine würdige Beschäftigung für den Geist, wenn dabei für die Welt ein materieller Nutzen herauskomme» (Humboldt, Reise, 2, 1397). An anderer Stelle kritisierte Humboldt die Europäer, die wachsendem Wohlstand auf anderen Kontinenten ablehnend gegenüberstanden. Er sah einen «Wetteifer» zwischen den Kontinenten, der «keineswegs, wie man so oft prophezeien hört, den alten Kontinent auf Kosten des neuen ärmer machen» wird (ebd., 1465), und sagte voraus, Amerika werde in 150 Jahren genauso stark bevölkert sein wie Europa. Dabei ging er davon aus, dass «freie, starke, den Interessen aller entsprechende Staatsformen» (ebd.) zu einem Ausgleich zwischen den Kontinenten führen würden, sofern auch Europa seine Kriege überwinden könnte. Humboldts Werk ist zwar nicht ohne Fehler und Missverständnisse, auch weil es die europäische Sicht seiner Zeit spiegelt. Dennoch bedeutete es den endgültigen Durchbruch für wissenschaftlich ausgerichtete Entdeckungsreisen.

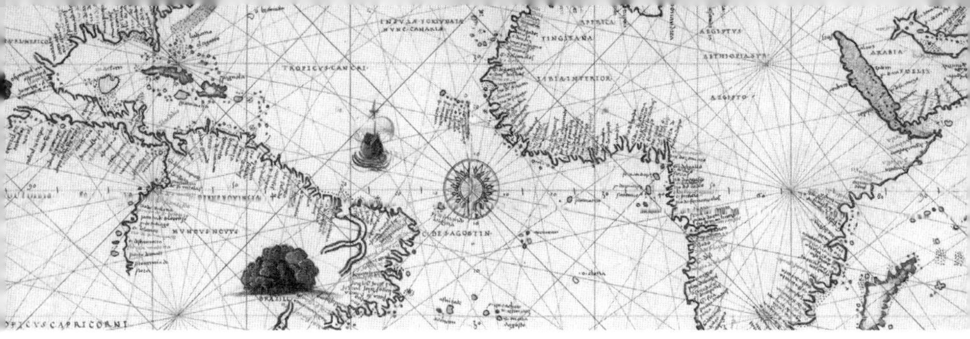

# EPILOG

## Entdecken, erobern, erforschen

Alexander von Humboldt unternahm seine Erkundungsreisen in Lateinamerika zu einem Zeitpunkt, als die letzten spanischen Reformversuche in den Kolonien gescheitert waren und die Unzufriedenheit dort wuchs; nicht zufällig bringt er in seinen Schriften ebenfalls klare Kritik an den kolonialen Verhältnissen zum Ausdruck. Die französische Besetzung Spaniens und die Einsetzung von Napoleons Bruder Joseph als spanischer König gaben schon 1810 den Anstoß für die erste Unabhängigkeitserklärung, die des Vizekönigreichs des Rio de la Plata in Buenos Aires. Bis 1821 folgten die weiteren spanischen Kolonien, zuletzt die alten Vizekönigreiche Peru und Neu-Spanien (Mexiko). Während Spaniens Kolonialreich danach im Wesentlichen auf Kuba, Puerto Rico und die Philippinen beschränkt blieb, begann Frankreich, das sein erstes Kolonialreich in Nordamerika und Indien zu großen Teilen 1763 an Großbritannien verloren hatte, seit 1830 mit dem Aufbau kolonialer Herrschaft in Afrika und Indochina. Im Laufe des 19. Jahrhunderts kam es so zu einer kolonialen Aufteilung der Welt, die vor allem Afrika, aber auch Nord-, West-, Süd- und Südostasien, den Pazifik und die Karibik betraf und an der neben

Großbritannien, Frankreich und den alten Kolonialmächten Spanien und Portugal auch die Niederlande, Russland, Belgien und das 1871 entstandene Deutsche Reich beteiligt waren. Die Entdeckungsreisen fanden daher nach 1800 zumeist innerhalb der kolonialen Einflusszonen im Auftrag und/oder mit Beteiligung oder zumindest Billigung der zuständigen Kolonialmächte statt und erfuhren so eine wachsende Professionalisierung, die auch durch die Wissenschaftlichen Akademien und die dafür gegründeten Institutionen gefördert wurde.

Das Ende des 18. Jahrhunderts markiert somit einen Einschnitt in der Geschichte der Entdeckungsreisen. Nach 1800 waren die Expeditionen vielfach gezielt speziellen Fragen der Geografie, der Naturwissenschaften, aber auch der Ethnologie gewidmet. Auf diese Weise wurden sukzessive die «weißen Flecken» in Amerika, Afrika und Asien beseitigt und auch Arktis und Antarktis erforscht. Diese weitere Erkundung der Welt, die sich bis heute fortsetzt, lässt sich aber nicht ohne die Geschichte der Entdeckungsreisen seit dem 13. Jahrhundert verstehen, die Gegenstand der vorangegangenen Kapitel war.

Auch wenn es zweifellos bedeutende Erkundungsreisen von Nicht-Europäern gab – zu den berühmtesten zählen sicher zu Recht die des Admirals Zheng He zwischen 1405 und 1433 –, lassen sich die europäischen Unternehmungen leichter in ein Gesamtbild bringen. Das liegt zum einen an der Zielstrebigkeit, mit der einmal gefundene Wege zumindest im Ansatz immer weiter verfolgt und einmal aufgenommene Kontakte gepflegt wurden. Das galt bereits für die Beziehungen zwischen den Europäern und dem Mongolenreich, bei denen die ersten Kontaktaufnahmen mehrfach zu neuen Missionen führten, die über die maritime Seidenstraße auch Indien als Zwischenstation ins Spiel brachten. Auch wenn es hier zu einem Abbruch oder einer neuen Orientierung der Reisen kam, bieten danach die portugiesischen Missionen entlang der afrikanischen Westküste und bis nach Indien trotz einiger Phasen der Stagnation ein weiteres Beispiel für die

Konsequenz, mit der die Ergebnisse älterer Unternehmen zu neuen Forschungsreisen führten. Ähnlich wiederholte sich das nach der Entdeckung des Seewegs nach Amerika durch Kolumbus und nach der ersten Weltumsegelung durch Magellan und Elcano, ebenso wie im Pazifik, in Asien und in Amerika. Ein weiterer Faktor war die Konkurrenz zwischen den europäischen Mächten, zunächst zwischen Portugal und Spanien, dann zusätzlich zwischen England, Frankreich und den Niederlanden.

Die weitreichenden Folgen der einzelnen Entdeckungsreisen lassen sich nicht ohne die zunehmende Schriftlichkeit verstehen, mit der Reiseverlauf, Route sowie Beobachtungen über Geografie, Natur, fremde Völker, Religionen und Kulturen festgehalten wurden. Nicht immer wissen wir von den Reisenden selbst, was sie erlebt haben, sondern erfahren davon durch die Vermittlung anderer. Die vielleicht bekanntesten frühen Beispiele sind Marco Polo, der im Gefängnis der Genuesen seinem Mitgefangenen, dem Pisaner Rustichello, von seinen Reisen durch das Mongolenreich berichtete, sowie Niccolò de' Conti, der bei seiner Rückkehr aus Süd- und Südostasien dem Humanisten Poggio Bracciolini seine Lebensgeschichte erzählte, vermischt mit Informationen über Indien. Aber selbst James Cook überließ noch einem in seiner Zeit bekannten englischen Autor, John Hawkesworth, die Veröffentlichung des Berichts über seine erste Reise, eine Entscheidung, die er nach dem Erscheinen des Werks bereute, denn die Unmittelbarkeit geht in der Regel durch literarische Konstruktionen verloren.

Oft waren es auch nicht die Leiter der Unternehmen selbst, die über die Reisen Bericht erstatteten, sondern einzelne Mitreisende, teils, weil die Leiter unterwegs ums Leben kamen, teils aber auch, weil sich deren Berichte nicht erhalten haben. So stammt die vielleicht wichtigste Beschreibung der ersten Weltumsegelung von einem der wenigen Überlebenden, Antonio Pigafetta, und die zentrale Quelle über die erste Indienreise Vasco da Gamas ist ein anonymer Bericht, der bisher nicht überzeugend einem einzelnen Mitglied der Mannschaft zugeordnet werden konnte. Ebenso haben sich über die Weltumsegelung unter Francis Drake verschiedene Berichte erhalten, der wichtigste ist der des Schiffskaplans Francis Fletcher, aus dem Drakes gleichnamiger Neffe erst später eine eigene Darstellung kompilierte. In allen derartigen Fällen werden die eigentlichen Intentionen, Wahrnehmungen und Vorstellungen der Entdecker nur aus der Sicht Dritter, wenn auch oft ihnen nahestehender Berichterstatter, präsentiert.

Auf die quellenkritischen Probleme bei der Lektüre der Reiseberichte ist schon eingangs hingewiesen worden. So müssen auch immer die Kenntnisse und der Bildungsstand der Autoren berücksichtigt werden. Die nautisch beschlagenen Berichterstatter gingen zu immer genaueren Angaben über ihre Fahrten und die geografische Gestalt der besuchten Regionen über, die allgemeiner gebildeten Verfasser nahmen stärker wirtschaftliche, religiöse und/oder kulturelle Phänomene in den Blick. Zudem spielten auch immer die Motive eine Rolle, die den Ausschlag für die Reisen gegeben hatten.

In enger Verbindung damit lässt sich über die Jahrhunderte ein grundlegender Wandel im Charakter der Berichte ausmachen. Die ältesten europäischen Reiseberichte ab dem 13. Jahrhundert stammten von Pilgern und von Missionaren, mit Ausnahme einiger weniger diplomatischer Missionen. Bei ihnen standen die christlichen heiligen Stätten, die Kontakte mit Christen oder die Bekehrung fremder Völker im Zentrum. Die von ihnen überlieferten Berichte über fremde Völker und Religionen kreisten somit vielfach um die Frage, wie leicht und mit welchen Mitteln eine Christianisierung der besuchten Regionen möglich sein würde. Das galt noch für die Missionen der Bettelorden im kolonialen Amerika und der Jesuiten insbesondere in Indien, China und Japan, auch wenn sich die Missionare immer stärker um eine intensive Wahrnehmung der fremden Kulturen bemühten und auch – nicht zuletzt in China – durch das Erlernen der Sprachen und die Übernahme von Lebensformen einen Blick «von innen» zu gewinnen suchten. Einen Höhepunkt erreichte dies mit Matteo Ricci in China, aber auch – mit gewissen durch die Abschottung Japans bedingten Abstrichen – mit Engelbert Kämpfer in Japan.

Wie auch Vasco da Gamas Mission nach der bekannten Äußerung im anonymen Tagebuch der Suche nach Christen und Gewürzen galt (in dieser Reihenfolge), spielten generell wirtschaftliche Motive bei den Entdeckungsreisen eine entscheidende Rolle. Das betraf zunächst die zahlreichen, oft anonym bleibenden Kaufleute im eurasischen Raum, über die wir, außer im Sonderfall der Familie Polo, zumeist wenig wissen, dann aber wesentlich die portugiesischen Unternehmungen, die vom Fernziel eines Seewegs nach Indien angetrieben wurden, aber auch schon mit handfesten wirtschaftlichen Interessen im Westen Afrikas einhergingen.

Spätestens seit dem Erfolg der ersten Kolumbusreise war ein großer Teil der Expeditionen durch die Absicht motiviert, einen anderen Seeweg nach Asien zu finden, um mit den als reich vorgestellten süd- und ostasiatischen Ländern Handelsbeziehungen aufnehmen zu können. Magellan und seine Nachfolger wollten Indien, China und die Gewürzinseln über den Weg nach Südwesten erreichen, und die englischen und französischen Entdecker im Nordamerika des 16. und 17. Jahrhunderts versuchten einen Durchbruch im Norden. Dies beeinflusste ihre Berichte, die immer wieder auch die Handelswaren und Handelszentren der besuchten Regionen ins Zentrum stellen. Einen ersten Höhepunkt erreichte dies in portugiesischen Werken, die schon aus der Perspektive einer kolonialen Identität entstanden, so bei Tomé Pires und Duarte Barbosa. Dieser Fokus bestimmte aber auch die französischen Berichte aus Kanada, jene Jacques Cartiers und Samuel Champlains.

Nicht zufällig wurden die Reisenden immer wieder von Nachrichten über mythische Reichtümer getrieben, die sie in den fremden Ländern vermuteten. Jacme Ferer, Jean de Béthencourt und Gadifer de la Salle, aber auch viele andere suchten nach dem sagenhaften Goldfluss (*Río d'Ouro*) in Westafrika, der vielleicht mit den

Schätzen des Reiches von Mali assoziiert wurde. In Nordamerika glaubte Martin Frobisher massenhafte Goldvorkommen entdeckt zu haben, Cartier suchte nach dem sagenhaft reichen Saguenay, und im Süden Amerikas hofften die Welser und andere Konquistadoren, das Reich El Dorado zu finden. Das ging mit vielfachen geografischen Missverständnissen einher. Die genuesischen Entdecker des 13. Jahrhunderts, die Vivaldi-Brüder, setzten offenbar auf eine schnelle Umrundung Afrikas, und Kolumbus wie Magellan unterschätzten die Entfernung zwischen Europa und Asien um ein Vielfaches. Kolumbus, Giovanni Caboto und Giovanni da Verrazzano beschrieben die Karibik, Kuba und die nordamerikanische Ostküste mit Begriffen und Kategorien, die dem Bericht Marco Polos entlehnt waren, Martin Frobisher glaubte bei den Inuit, schon bei den Mongolen zu sein, und Henry Hudson wähnte sich im Norden Kanadas bereits im Pazifik.

Diese Irrtümer verbanden sich mit teilweise aus der Antike überlieferten geografischen Theorien über die Südhalbkugel, die nur langsam widerlegt werden konnten. Das betraf zunächst die Frage der Umschiffbarkeit Afrikas. So zeigten die Karten in ptolemaischer Tradition lange Zeit den Indischen Ozean als Binnenmeer, das durch eine mit Afrika verbundene Landmasse eingeschlossen war. Dies änderte sich erst mit den portugiesischen Entdeckungsreisen, wie bereits die 1459 von dem Kamaldulensermönch Fra Mauro gefertigte Karte deutlich macht. In enger Verbindung damit stand die Annahme eines großen Südkontinents, einer *Terra australis*, der die Landmassen der Nordhalbkugel gewissermaßen ausbalancieren sollte. Nach der Entdeckung der Verbindung zwischen Atlantik und Pazifik durch Magellan verband man lange Feuerland mit einem als *Magellanica* bezeichneten Südkontinent, doch zeigten spätere Missionen wie die von Le Maire und Schouten 1616, dass Amerika eine eindeutige Südspitze hat. Eine noch von Pedro Fernández de Quirós 1606 angenommene Landmasse im Süden des Pazifiks wurde schließlich durch die Unternehmen von Abel Tasman bis James Cook ausgeschlossen. Ähnlich zerschlugen sich die Hoffnungen auf eine (leichte) Nordost- oder Nordwestpassage zwischen Europa und Ostasien.

Die Auseinandersetzung mit geografischen Theorien war aber nur ein Aspekt, mit dem sich spätestens seit dem 17. Jahrhundert eine Verwissenschaftlichung der Reiseberichte vollzog. Ein anderer war zweifellos der Aspekt ethnologischer Beobachtungen. Zwar waren die Berichte über die politischen und sozialen Verhältnisse, die Traditionen, Kulturen und Religionen der fremden Völker lange auch durch Vorurteile und Missverständnisse geprägt, doch kam es seit dem 16. Jahrhundert zu einem langsamen Wandel. Nicht zu Unrecht hat man Antonio Pigafetta, den Berichterstatter über die Weltumsegelung Magellans, als ersten Ethnographen bezeichnet, da er ein intensives Interesse an Kartographie und Sprachen mit vielfältigen Beobachtungen über die indigenen Völker verband. Auch wenn dieser Aspekt je nach der Vorbildung und den Interessen der Autoren eine sehr unterschiedliche Ausprägung erfuhr, gewann er im Folgenden an Bedeutung. Beispiele sind unter anderem die Berichte Hans Stadens aus Brasilien, Jean-Baptiste Taverniers aus Indien und Engelbert Kämpfers aus Persien und Japan.

Ab dem 17. Jahrhundert gewannen die Entdeckungsreisen einen immer stärker wissenschaftlichen Charakter. Ein frühes Beispiel sind zweifellos die Reisen Abel Tasmans im Raum um Australien und Neuseeland 1642–1644, der um besonders exakte Aufzeichnungen und Informationen bemüht war. Ähnliches gilt für den britischen Korsaren William Dampier, der nach seiner Mission im Südpazifik in seiner Reisebeschreibung nicht nur genaue Zeichnungen von Vögeln, Fischen und Pflanzen publizierte, sondern auch seine gesammelten Pflanzenproben an Mitglieder der Royal Society übergab. Auch Vitus Bering, der Däne in russischen Diensten, bemühte sich um die exakte Aufzeichnung seiner Beobachtungen. Die wissenschaftlichen Pazifik-Expeditionen erreichten mit James Cook ihren Höhepunkt, da er nicht nur eine gründliche geografische Erkundung der Region unternahm, sondern dafür auch modernste technische Hilfsmittel einsetzte. Charles Marie de la Condamines Mission im Auftrag der Pariser Akademie der Wissenschaften hatte schon zuvor einem rein wissenschaftlichen Zweck gedient, und Humboldt schloss sich mit seinem selbst finanzierten Unternehmen an diese Vorgänger an.

Cook, Condamine und Humboldt waren gleichermaßen bestrebt, ihre Ergebnisse einer wissenschaftlich interessierten Öffentlichkeit in ausführlichen Dokumentationen zugänglich zu machen. Während insbesondere die portugiesische Krone versuchte, die auf Entdeckungsreisen gewonnenen Informationen zu monopolisieren – so dass Tomé Pires' Bericht erst 1937 in einer vollständigen Fassung wiederentdeckt wurde –, zielten viele der Entdeckungsreisenden seit dem 16. Jahrhundert darauf, ihre Berichte zu publizieren, nicht zuletzt, um auch ihre eigene Rolle bei der Erkundung der verschiedenen Weltregionen festzuhalten. Am Ende entstand so – trotz aller Schwächen der Berichte – ein europäischer Wissensvorsprung, der wohl auch die europäische Dominanz spätestens seit dem 19. Jahrhundert erklärt. Dennoch war die frühe Globalisierung, die die Reiseberichte deutlich machen, kein einseitiger Prozess. So wie die Europäer sich in die fremden Länder und Kulturen einschalteten, übernahmen sie von dort vieles, was ihre eigene Kultur beeinflusste. Das betraf nicht nur die Handelswaren, die bald vom europäischen Markt nicht mehr wegzudenken waren, sondern auch Stile und Moden ebenso wie intellektuelle Strömungen, die mit den europäischen Vorstellungen in Konkurrenz traten. Die Geschichte der frühen Entdeckungsreisen bietet somit eine wichtige Grundlage für das Verständnis der modernen Welt.

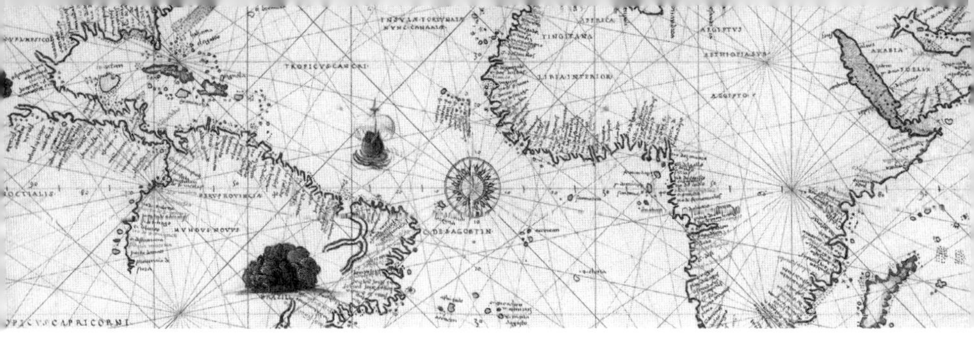

# ZEITTAFEL

| | | |
|---|---|---|
| 1234/35–1237 | Frater Julianus | Zentralasien, «Groß-Ungarn» |
| 1245–1247 | Giovanni di Pian del Carpine | Zentralasien, Mongolen |
| 1248–1249 | David, Markus | aus Zentralasien nach Europa |
| 1253–1255 | Willem van Rubruk | Zentralasien, Karakorum |
| 1260–1269 | Niccolò u. Maffeo Polo | Zentralasien, Buchara, Mongolen |
| 1271–1291/95 | Marco, Niccolò u. Maffeo Polo | Zentralasien, Wüste Gobi, Khanbalik (Peking) |
| 1287–1288 | Rabban Sauma | aus China, Persien nach Europa |
| 1289–n. 1306 | Giovanni da Montecorvino | Persien, Malabarküste, Khanbalik |
| 1291 ff. | Ugolino u. Vadino Vivaldi | Westküste Marokkos |
| 1314/18–1330 | Odorico de Pordenone | Indien, Südchina, Khanbalik |
| vor 1321 – nach 1330 | Jourdain/ Cathala de Séverac | Thana b. Bombay, Gujarat, Malabarküste |
| 1332/34–1336? | Wilhelm von Boldensele | Syrien, Palästina, Ägypten |
| 1336 | Lancelotto Malocello | Lanzarote, Fuerteventura |
| 1336–1341 | Ludolph von Sudheim | Ägypten, Palästina |

| | | |
|---|---|---|
| 1338–1353 | Giovanni de' Marignolli | Zentralasien, Khanbalik, Malabarküste |
| 1341 | Niccoloso da Recco | Kanarische Inseln |
| 1346 ff. | Jacme Ferrer | Westküste Nordafrikas |
| 1396–1427 | Hans Schiltberger | Zentralasien, Irak |
| 1402–1403 | Jean de Béthencourt, Gadifer de la Salle | Kanarische Inseln |
| 1403–1405 | Ruy González de Clavijo | Trapezunt, Samarkand, Täbris |
| ca. 1414–1439 | Niccolò de' Conti | Damaskus, Irak, Indien, Südostasien |
| 1434 | Gil Eanes | Kap Bojador, Mauretanien |
| 1455–1456 | Antoniotto Usodimare, Alvise Ca' da Mosto | Senegal, Gambiafluss |
| 1466/68–72/74 | Afanassi Nikitin | Persien, Dekkan, Maskat |
| 1472 | Fernão do Pó | Fernão do Poo-Inseln |
| 1482–1486 | Diogo Cão | Kongo, Angola, Südwestafrika |
| 1487–1488 | Bartolomeu Dias | Südafrika, Kap der Guten Hoffnung |
| 1489 ff. | Pero da Covilhã | Kairo, Aden, Malabarküste, Sofala, Äthiopien |
| 1492–1506 | Christoph Kolumbus | Karibik, Hispaniola, Nordküste Südamerikas |
| 1496–1498 | Arnold von Harff | Ägypten, Palästina, Syrien, Istanbul |
| 1497–1525 | Vasco da Gama | Ostafrika, Calicut und Malabarküste |
| ca. 1497–1504 | Amerigo Vespucci | Karibik, Ostküste Südamerikas bis Rio |
| 1497–1498 | Giovanni Caboto | Neufundland, Nordamerika |
| 1499 ff. | Alonso de Ojéda | Karibik, Nordküste Südamerikas |
| 1500 ff. | Gaspar Corte-Real | Nordamerika |
| 1500–1501 | Pedro Álvares Cabral | Brasilien, Ostafrika, Malabarküste |
| 1500 ff. | Duarte Barbosa | Ostafrika, Malabarküste |

| | | |
|---|---|---|
| 1501–1502 | João da Nova | Ostafrika, Malabarküste |
| 1502–1508 | Ludovico de Varthema | Arabien, Mekka, Malabarküste |
| 1504–1505 | Lopo Soares de Albergaria | Ostafrika, Malabarküste |
| 1505–1510 | Francisco de Almeida | Ostafrika, Malabarküste, Gujarat |
| 1505–1506 | Balthasar Sprenger | Afrika, Malabarküste |
| 1506–1515 | Afonso de Albuquerque | Südindien, Hormuz, Goa, Malakka |
| 1508–1513 | Juan Ponce de Léon | Puerto Rico, Florida |
| 1510–1517 | Vasco Núñez de Balboa | Panama, Pazifik |
| 1511–ca. 1524 | Tomé Pires | Malabarküste, Malakka, China |
| 1511–1512 | António de Abreu, Francisco Serrão | Malakka, Banda-Inseln, Ambon |
| 1517 | F. Hernández de Córdoba | Yukatán |
| 1519–ca. 1522 | Hernan Cortés | Mexiko |
| 1519–1521 | Fernando Magellan | Südamerika, Pazifik, Philippinen |
| 1519–1521 | Antonio Pigafetta | Weltumsegelung, mit Magellan |
| 1523–1524 | Pedro de Alvarado | Guatemala, San Salvador |
| 1524–ca.1533 | Francisco Pizarro, Diego de Almagro | Panama, Westküste Südamerikas, Peru |
| 1524, 1528 | Giovanni da Verrazzano | Ostküste Nordamerikas, Florida, Karibik |
| 1525–1526 | García Jofre de Loaísa, Juan Sebastián Elcano | Südamerika, Pazifik, Molukken |
| 1525 | Estevão Gomes | Ostküste Nordamerikas |
| 1527 | John Rut | Polareis, Ostküste Nordamerikas |
| 1527–1529 | Alvaro de Saavedra | Molukken, Neu-Guinea |
| 1534–1542 | Jacques Cartier | Neufundland, St. Lorenz-Golf, St. Lorenz-Strom |
| 1535–1554 | Pedro de Cieza | Kolumbien, Peru |
| 1537–1539 | Nikolaus Federmann | Venezuela, Kolumbien |
| 1537–1558 | Fernão Mendes Pinto | Indien, China, Japan, Südostasien |

| | | |
|---|---|---|
| 1542–1546 | Ruy López de Villalobos | Philippinen, Molukken |
| 1548–1555 | Hans Staden | Brasilien, La-Plata-Region |
| 1553–1554 | Hugh Willoughby | Nowaja Semlja |
| 1564–1565 | Miguel Lopéz de Legazpi | Philippinen |
| 1564–1565 | Andrés de Urdaneta | Philippinen, Mexiko |
| 1573–1603 | Alessandro Valignano | Indien, Macao, Japan |
| 1573–1610 | Michele Ruggieri, Matteo Ricci | Südchina, Peking |
| 1576–1578 | Martin Frobisher | Grönland, Frobisher Bay |
| 1577–1580 | Francis Drake | Südamerika, Pazifik, Molukken, Java |
| 1580 | Arthur Pet, Charles Jackman | Nowaja Semlja |
| 1583–1589 | Jan Huyghen van Linschoten | Goa, Südindien |
| 1583–1591 | Ralph Fitch | Goa, Mogulreich, Pegu, Malakka, Südindien |
| 1584–1585 | Olivier Brunel | Nowaja Semlja |
| 1584–1586 | Philipp Amadas, Arthur Barlow, Richard Grenville | Carolina |
| 1585–1587 | John Davis | Baffin Island, Labrador |
| 1586–1588 | Thomas Cavendish | Südamerika, Kalifornien, Molukken |
| 1594–1597 | Willem Barents | Nowaja Semlja, Karasee, Spitzbergen |
| 1595–1599 | Cornelis de Houtman | Java, Bali, Aceh (Nord-Sumatra) |
| 1598–1601 | Olivier an Noort | Südamerika, Pazifik, Philippinen, Java |
| 1600–1601 | James Lancaster | Aceh, Banten auf Java |
| 1602 | George Waymouth | Hudson-Straße |
| 1603–1635 | Samuel Champlain | St. Lorenz-Strom, Neuschottland, Kanada |
| 1605–1606 | Pedro Fernández de Quirós | Südpazifik, Neue Hebriden |
| 1605–1607 | Luis Vaéz de Torres | Südpazifik, Torres-Straße, Neu-Guinea |

| | | |
|---|---|---|
| 1605 | Willem Janssen | Java, Nordwestküste Australiens |
| 1607–1611 | Henry Hudson | Nordpolarmeer, Hudson River, Hudson Bay |
| 1614–1617 | Joris van Spielbergen | Südamerika, Pazifik, Molukken, Java |
| 1615–1617 | Willem Cornelisz Schouten, Jacques Le Maire | Südamerika, Kap Hoorn, Pazifik |
| 1615–1616 | Willem Hartog | Westaustralien |
| 1615–1616 | Richard Steele, John Crowther | Mogulreich, Persien |
| 1618–1621 | Ove Giedde | Koromandelküste |
| ca. 1620 | Yamada Nagasama | aus Japan nach Thailand |
| 1639–1644 | Abel Tasman | Japan, Australien, Tasmanien, Neuseeland |
| 1640–1666 | Jean-Baptiste Tavernier | Mogulreich, Goa, Persien, Java |
| 1648 | Semjon Deschnjew | Ostsibirien, Tschuktschen-Halbinsel |
| 1648–1654 | Rijklof van Goens | Mataram (Java) |
| 1655–1657 | Johan Nieuhof | Kanton, Peking |
| 1659–1667 | François Bernier | Mogulreich, Kaschmir, Bengalen |
| 1669–1671 | John Narborough | Magellan-Straße, Südamerika |
| 1683–1693 | Engelbert Kämpfer | Persien, Indien, Deshima (Japan) |
| 1687 | Jan Bervelt | Blambangan (Banjuwangi, Ostjava) |
| 1699–1701 | William Dampier | Brasilien, Australien, Timor, Neu-Guinea |
| 1725–1741 | Vitus Bering | Kamtschatka-Halbinsel, Alaska |
| 1735–1741 | Charles de la Condamine | Panama, Ecuador, Amazonas |
| 1740–1743 | George Anson | Pazifik, Philippinen |
| 1766 | Samuel Wallis, John Carteret | Pazifik, Salomon-Inseln, Tahiti |

| | | |
|---|---|---|
| 1768–1779 | James Cook | Pazifik, Tahiti, Neuseeland, Hawai, Alaska |
| 1799–1804 | Alexander von Humboldt | Venezuela, Amazonas, Kuba, Anden, Mexiko |

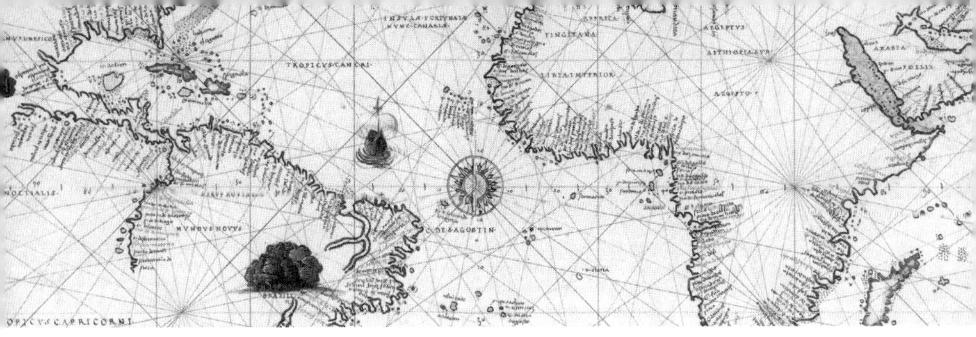


# QUELLEN UND LITERATUR

## Allgemeines

Lexika und biographische Lexika ohne Einzelnachweis: Allgemeine Deutsche Biographie; Neue Deutsche Biographie; Lexikon des Mittelalters; Dizionario Biografico degli Italiani; (New) Oxford Dictionary of National Biography; Biographisch Woordenboek der Nederlanden; Nieuw Nederlandsch Biograafisch Woerdenbook; Deutsches Literatur-Lexikon, Mittelalter; Dictionary of Canadian Biography; Australian Dictionary of Biography

Amerika 1492–1992. Neue Welten – Neue Wirklichkeiten. Essays, bearb. D. Briesemeister, H. J. Domnick, Berlin 1992.

Bitterli, U.: Die Entdeckung Amerikas. Von Kolumbus bis Alexander von Humboldt, 4. Aufl. München 1992, ND 2006.

Diffie, B. W., Winus, G. D.: Foundations of the Portuguese Empire, 1415–1580, Minneapolis, MN, 1977.

Fernandez-Armesto, F.: Before Columbus, London 1987.

Goodman, J. R.: Chivalry and Exploration, 1298–1630, Woodbridge, Suffolk, 1998.

Kohler, A.: Columbus und seine Zeit, München 1996.

Lach, D.: Asia in the Making of Europe, 3 Bde. in 9 Teilbden., Chicago 1965–1993.

Newitt, M.: A History of Portugese Overseas Expansion 1400–1668, Abingdon 2005.

Phillips, J. R. S.: The Medieval Expansion of Europe, 2nd ed., Oxford 1998.

Reichert, F.: Erfahrung der Welt. Reisen und Kulturbegegnung im späten Mittelalter, Stuttgart 2001.

Russell-Wood, A. J. R.: The Portuguese Empire, 1415–1808. World on the Move, Baltimore–London 1992, ND 1998.

## Zu Kapitel 2 und 3

### *Quellen*

Annali di Geografia, e di Statistica, Bd. 2, hrsg. v. G. Gråberg, Genua 1802.

Clavijo, Embassy to Tamerlane, 1403–1406, übers. v. G. Le Strange, London 1928, ND 2005.

Der Mongolensturm. Berichte von Augenzeugen und Zeitgenossen 1235–1250, hrsg. v. H. Göckenjan, J. R. Sweeney, Graz u. a. 1985.

Des Edelherrn Wilhelm von Boldensele Reise nach dem Gelobten Lande, hrsg. v. C. L. Grotefend, in: Zeitschrift des Historischen Vereins für Niedersachsen (1852), S. 226–286.

Die mittelalterlichen Ursprünge der europäischen Expansion, hrsg. v. E. Schmitt, C. Verlinden, München 1986.

Die Mönche des Kublai Khan. Die Reise der Pilger Mar Yahballaha und Rabban Sauma nach Europa, hrsg. v. A. Toepel, Darmstadt 2008.

Die Mongolengeschichte des Johannes von Piano Carpine, hrsg. v. J. Gießauf, Graz 1995.

Die Pilgerfahrt des Ritters Arnold von Harff von Cöln [...] in den Jahren 1496 bis 1499, hrsg. v. E. Groote, Köln 1860. // Rom – Jerusalem – Santiago. Das Pilgertagebuch des Ritters Arnold von Harff (1496–1498), hrsg. v. H. Brall-Tuchel, F. Reichert, Köln u. a. 2007.

Die Reise des seligen Oderich von Pordenone nach Indien und China (1314/18–1330), übers. v. F. Reichert, Heidelberg 1987.

Die Ritterlich und lobwirdig rayß des gestrengen und über all ander weyt erfarnen ritters und Lantfarers herren Ludowico vartomans von Bolonia [...], Augsburg: Hans Miller 1515 // Ludovico de Varthema, Reisen im Orient, übers. v. F. Reichert, Sigmaringen 1996.

Fracanzano de Montalboddo, Paesi novamente retrovati et Novo Mondo da Alberico Vesputio Fiorentino intitulato, Vicenza 1507 // Paesi novamente retrovati – Newe unbekanthe landte. Eine digitale Edition früher Entdeckerberichte, hrsg. v. N. Ankenbauer, Stand: 10.7.2014, Adresse: http://diglib.hab.de/wdb.php?dir=edoc/ed000145, letzte Einsichtnahme 10.2.2015.

Gomes Eanes de Zurara, Crónica do descobrimento e conquista de Guiné, hrsg. v. Visconde da Carreira, Paris 1841.

Hans Schiltbergers Reisebuch, hrsg. v. V. Langmantel, Tübingen 1885.

India in the Fifteenth Century, übers. v. R. H. Major, London 1857.

Johannis de Marignola Chronicon, hrsg. v. J. Emler, in: Fontes rerum Bohemicarum, Bd. 3, Prag 1882, S. 485–604.

Le Canarien, Livre de la conquête et conversion des Canaries, 1402–1422, hrsg. v. G. Gravier, Rouen 1874.

Libro del conoscimiento de todos los reynos tierras señoríos que son por el mundo, hrsg. v. M. Jiménez de la Espada, Madrid 1877 // Book of the Knowledge of all the Kingdoms, Lands, and Lordships that are in the World, übers. v. C. Markham, London 1912.

Ludolphi Rectoris Ecclesiae Parochialis in Suchem de Itinere Terrae Sanctae Liber, hrsg. v. F. Deycks, Stuttgart 1851.

Monumenta Germaniae Historica, Scriptores in folio, Bd. 18, hrsg. v. G. H. Pertz, Hannover 1863.

Monumenta Henricina, Bd. 1–9, hrsg. v. M. Lopes de Almeida, I. Ferreira da Costa Brochado, A. J. Dias Dinis, OFM, Coimbra 1960–1968.

Wilhelm von Rubruk, Beim Grosskhan der Mongolen. 1253–1255, übers. v. H. D. Leicht, Stuttgart 2003.

## *Literatur*

Asrih, L.: Die Darstellung der Welt im Katalanischen Weltatlas von 1375, in: Vorstellungswelten der mittelalterlichen Überlieferung, hrsg. v. J. Sarnowsky, Göttingen 2012, S. 13–42.

Denke, A.: Konrad Grünembergs Pilgerreise ins Heilige Land 1486. Untersuchung, Edition und Kommentar, Köln usw. 2011.

Feldbauer, P.; Liedl, G.; Morrissey, J.: Venedig 800–1500, Wien 2010.

Haw, S. G.: Marco Polo's China. A Venetian in the Realm of Khubilai Khan, London, New York 2006.

Herkenhoff, M.: Der dunkle Kontinent. Das Afrikabild im Mittelalter bis zum 12. Jahrhundert, Pfaffenweiler 1990.

Hippler, C.: Die Reise nach Jerusalem. Untersuchungen zu den Quellen, zum Inhalt und zur literarischen Struktur der Pilgerberichte des Spätmittelalters, Frankfurt a. M. 1987.

Jackson, P.: The Mongols and the West, 1221–1410, Harlow 2005.

Kölling, B.: Das Islambild Arnolds von Harff, in: Vorstellungswelten der mittelalterlichen Überlieferung, hrsg. v. J. Sarnowsky, Göttingen 2012, S. 207–236.

Rauchenberger, D.: Johannes Leo der Afrikaner, Seine Beschreibung des Raumes zwischen Nil und Niger, Wiesbaden 1999.

Schmieder, F.: Europa und die Fremden. Die Mongolen im Urteil des Abendlandes vom 13. bis in das 15. Jahrhundert, Sigmaringen 1994.

Schröder, S.: Zwischen Christentum und Islam. Kulturelle Grenzen in den spätmittelalterlichen Pilgerberichten des Felix Fabri, Berlin 2009.

Zheng He, Images and Perceptions / Bilder und Wahrnehmungen, hrsg. v. C. Salmon, R. Ptak, Wiesbaden 2005.

## Zu Kapitel 4 und 5

### *Quellen*

Álvaro Velho, Roteiro da Primeira Viagem de Vasco da Gama, hrsg. v. Neves Águes, Lissabon 1987. // Em Nome de Deus. The Journal of the First Voyage of Vasco da Gama to India, 1497–1499, übers. v. G. J. Ames, Leiden 2009.

Amerigo Vespucci, Novus mundus, Augsburg: Magister Johannes Otmar 1504.

Bartolomé de las Casas, Brevíssima relación de la destruycíon de las Indias, Sevilla: Sebastian Trujillo, 1552 // Bartolomé de las Casas, Kurzgefaßter Bericht von der Verwüstung der Westindischen Länder, übers. v. U. Kunzmann, hrsg. v. M. Sievernich, Frankfurt 2006.

Bernal Diaz del Castillo, Historia Verdadera de la Conquista de la Nueva-España, hrsg. v. A. Remon, Madrid 1632 // Bernal Diaz del Castillo, Wahrhafte Geschichte der Entdeckung und Eroberung von Mexiko, bearb. G. Narciß, Stuttgart 1965.

Calcoen. A Dutch Narrative of the Second Voyage of Vasco da Gama to Calicut, Antwerpen um 1504, Facs., übers. v. J. Ph. Berjeau, London 1874.

Jean et Sébastien Cabot. Leur origine et leurs voyages, hrsg. v. H. Harrisse, Paris 1882.

Les Corte-Real et leurs voyages au Noveau-monde d'après des documents nouveaux ou peu connus […], hrsg. v. H. Harrisse, Paris 1883.

Livro Em que dá relação do que viu e ouviu no Oriente Duarte Barbosa, hrsg. v. A. Reis Machado, Lisbon 1946 // The Book of Duarte Barbosa. An Account of the Countries Bordering on the Indian Ocean […], übers. v. M. Longworth Dames, 2 Bde., London 1918–1921.

Martin Waldseemüller, Matthias Ringmann, Martin Ringmann, Cosmographie introductio cum […] quattuor Americi Vespucii navigationes […], Straßburg: Johann Adolph Mulich 1509.

The Suma Oriental of Tomé Pires. An Account of the East, from the Red Sea to China, hrsg. / übers. v. A. Cortesão, 2 Bde., London 1944.

Viajes de Cristobal Colon, hrsg. v. M. Fernandez de Navarrete, Madrid 1922 // Bordbuch dt.: Christoph Kolumbus Bordbuch, übers. v. A. Zahorsky, Frankfurt a. M. 2006.

### *Literatur*

Airaldi, G.: Colombo da Genova al nuovo mondo, Rom 2012.

Catz, R.: Christopher Columbus and the Portuguese, 1476–1498, Westport, Conn., usw. 1993.

Helps, A.: The Spanish Conquest in America and Its Relation to the History of Slavery and to the Government of Colonies, 2. Aufl. (bearb. M. Oppermann), 4 Bde., London–New York 1900–1904.

Hughes, T. L.: «The German Discovery of America». A Review of the Controversy over Pining's 1473 Voyage of Exploration, in: German Studies Review 27,3 (2004), S. 503–526.

Jayne, K.: Vasco da Gama and his Successors, London 1910.

Levy, B.: Conquistador. Hernán Cortés, King Montezuma, and the Last Stand of the Aztecs, New York 2008.

Novos Mundos – Neue Welten. Portugal und das Zeitalter der Entdeckungen [Ausstellungskatalog], hrsg. v. M. Kraus, H. Ottomeyer, Berlin–Dresden 2007.

Restall, M.: Seven Myths of the Spanish Conquest, New York 2003.

Rubiès, J.-P.: Travel and Ethnology in the Renaissance. South India through European Eyes, 1250–1625, Cambridge 2000.

Sarnowsky, J.: Zur Rezeption der Entdeckungsreisen im Heiligen Römischen Reich um 1500, in: Perzeption und Rezeption, hrsg. v. J. Laczny und J. Sarnowsky, Göttingen 2014, S. 241–267.

Sauer, C. O.: Sixteenth-Century North America, Berkeley–Los Angeles 1975.

Subrahmanyam, S.: The Career and Legend of Vasco da Gama, Cambridge 1997.

## Zu Kapitel 6 und 7

### *Quellen*

An Account of the Voyages [...] for Making Discoveries in the Southern Hemisphere [...] by Commodore Byron, Captain Wallis, Captain Carteret, and Captain Cook, hrsg. v. John Hawkesworth, 3 Bde., 3. Aufl., London 1785.

De reis om de wereld van Joris van Spilbergen, 1614–1617, hrsg. v. J. C. M. Warnsinck, 's-Gravenhage 1943.

De reizen van Abel Janszoon Tasman en Franchoys Jacobszoon Visscher ter nadere ontdekking van het Zuidland in 1642/43 en 1644, hrsg. v. R. P. Meyjes, 's-Gravenhage 1919.

Early Spanish Voyages to the Strait of Magellan, übers. v. C. Markham, London 1911.

Early Voyages to Terra Australis Now Called Australia, übers. v. R. H. Major, London 1859.

Ein warhafftige und eygentliche Beschreibung der langwirigen, sorglichen und gefährlichen Schiffahrt so Olivier von Noort [...] umd die gantze Kugel der Welt [...]gethan [...], übers. v. M. Godthardt Artus von Dantzigk, Frankfurt a. M. 1602.

Antonio Galvano, The Discoveries of the World. From Their First Original unto the Year of Our Lord 1555, hrsg. / übers. v. C. R. Drinkwater Bethune, London 1862.

Magellans Boten. Die frühesten Berichte über die erste Weltumsegelung: Maximilanus Transylvanus, Johannes Schöner, Pietro Martire d'Anghiera, hrsg. v. R. Wallisch, Wien 2009.

Ongeluckige Voyagie van't Schip Batavia nae Oost-Indien, uytgevaren onder den E. Francois Pelsaert [...], Amsterdam 1645.

Antonio Pigafetta, Magellans Voyage around the World, hrsg. v. J. A. Robertson, 3 Bde., London 1906. // Antonio Pigafetta, The First Voyage around the World, 1519–1522, übers. v. T. J. Chachey, 2007.

Relation Herrn Petri Ferdinandi de Quir [...], Augsburg: Dabertzhofer 1611.

Rijklof van Goens, Javaense Reyse. De bezoeken van een VOC-gesant aan het hof van Mataram, 1648–1654, hrsg. v. D. de Wever, Amsterdam 1995.

The Journals of Captain Cook. The Voyages of the Resolution and Adventure, 1772–1775, hrsg. v. J. C. Beaglehole, Cambridge 1961.

The Philippine Islands, Bd. 17: 1606–1616, hrsg. v. E. H. Blair, J. A. Robertson, Cleveland 1911.

The World Encompassed by Sir Francis Drake. Being his Next Voyage to that of Nombre de Dios, hrsg. v. W. S. W. Vaux, London 1854.

## *Literatur*

Andaya, L. Y.: The World of Maluku: Eastern Indonesia in the Early Modern Period, Honolulu 1993.

Background to Discovery. Pacific Exploration from Dampier to Cook, ed. D. Howse, Berkeley u. a. 1990.

Borschberg, P.: Security, VOC Penetration and Luso-Spanish Co-operation. The Armada of Philippine Governor Juan de Silva in the Straits of Singapore, 1616, in: Iberians in the Singapore-Melaka Area and Adjacent Regions, hrsg. v. ders., Wiesbaden u. a. 2004, S. 35–62.

–: The Singapore and Melaka Straits: Violence, Security and Diplomacy in the 17th Century, Singapur 2010.

Burney, J.: A Chronological History of the Discoveries in the South Sea, Bde. 1–5, London 1803–1817.

European Perceptions of Terra Australis, hrsg. v. A. M. Scott, A. Hiatt u. a., Farnham 2011.

Guillemard, F. H. H.: The Life of Ferdinand Magellan and the First Circumnavigation of the World, London 1890.

Kelsey, H.: Sir Francis Drake. The Queen's Pirate, New Haven 1998.

Margana, S.: The White Tiger King: The Dutch Account on the Political and Religious Life in the Eastern Tip of Java in the Late 17th Century, unveröff. Manuskript.

Parthesius, R.: Dutch Ships in Tropical Waters. The Development of the Dutch East India Company (VOC) Shipping Network in Asia, 1595–1660, Amsterdam 2010.

Sir Francis Drake and the Famous Voyage, 1577–1588. Essays, hrsg. v. N. J. W. Thrower, Berkeley u. a. 1984.

Ubillos Salaberria, M.: Andrés de Urdaneta (1508–1568), in: Lurralde, 19 (1987), S. 145–164.

Williams, G.: The Great South Sea. English Voyages and Encounters 1570–1750, New Haven u. a. 1997.

## Zu Kapitel 8 und 9

### *Quellen*

Bref récit et succint narration de la navigation faite en MDXXXV et MDXXXVI par le Capitaine Jacques Cartier aux Iles de Canada, hrsg. v. M. 'Avezac, Paris 1863.

Pedro de Cieza de León, La crónica del Perú, Madrid 1922. // The Travels of Pedro de Cieza de Leon, A. D. 1532–50, contained in the First Part of his Chronicle of Peru, übers. v. C. Markham, London 1864.

Charles Marie de la Condamine, Journal du voyage fait par ordre du roi a l'équateur, servant d'introduction historique a la mésure des trois premiers degrés du méridien, Paris 1751.

N. Federmanns und H. Stades Reisen in Südamerika, 1529 bis 1555, hrsg. v. K. Klüpfel, Stuttgart 1859.

Ralph Fitch, England's Pioneer to India, hrsg. v. J. H. Ryley, London 1899.

Henry Hudson the Navigator. The Original Documents in which His Career is Recorded, hrsg. v. G. M. Asher, London 1860.

Alexander von Humboldt, Reise in die Äquinoktial-Gegenden des Neuen Kontinents, hrsg. v. O. Ette, 2 Bde., Frankfurt a. M. 1991.

Engelbert Kaempfer, The History of Japan together with a Description of the Kingdom of Siam, 1690–1692, übers. v. J. C. Scheuchzer, 2 Bde., London 1727–1729 // dt. Engelbert Kaempfer, Heutiges Japan, 2 Bde., hrsg. v. W. Michel, B. J. Terwiel, München 2001.

Les six voyages de Jean-Baptiste Tavernier Ecuyer Baron d'Aubonne qu'il a fait en Turquie, en Perse, et aux Indes, 2 Bde., Paris 1676, 1692. // Travels in India by Jean Baptise Baron of Aubonne, übers. v. V. Ball, 2 Bde., London 1889.

Un libertin dans l'Inde moghole. Les voyages de François Bernier, hrsg. v. F. Tinguely u. a., Paris 2008.

Narratives of Voyages Towards the North-West in Search of a Passage to Cathay and India, 1496–1631, hrsg. v. T. Rundall, London 1846.

Joan Nieuhof, Het Gezandtschap der Neêrlandtsche Oost-Indische Compagnie aan den grooten Tartarischen Cham den tegenwoordigen Keizer van China [...], 5. Aufl. Amsterdam 1693.

Peregrinaçam de Fernam Mendez Pinto, em que da conta de mvytas e mvytas estranhas cousas que vio et ouuio no reyno da Chinam no da Tartaria ..., Lissabon: Pedro Crasbeeck 1614.

Hans Staden, Warhaftige Historia. Zwei Reisen nach Brasilien (1548–1555) – História de duas viagens ao Brasil, hrsg. v. F. Obermeier, übers. v. J. Tiemann, portugies. G. Carvalho Franco, Kiel 2007.

The Voyages and Works of John Davis, the Navigator, hrsg. v. A. H. Markham, London 1880.

The Voyages of Martin Frobisher, hrsg. v. R. Collinson, London 1867.

Nicolas Trigault, De Christiana expeditione apud Sinas suscepta ab Societate Jesu ex P. Matthei Ricii eiusdem Societatis commentariis libri V, Augsburg: Christoph Mangius 1615.

Gerrit de Veer, The Three Voyages of William Barents to the Arctic Regions, hrsg. v. C. T. Beke, K. Beynen, London 1876.

Voyage de Jacques Cartier au Canada en 1534, hrsg. v. M. J. Michelant / Documents inédits sur Jacques Cartier et le Canada, hrsg. v. A. Rame, Paris 1865.

Voyages de Samuel de Champlain, übers. v. C. P. Otis, 3 Bde., Boston 1880.

*Literatur*

Brockey, L. M.: Journey to the East. The Jesuit Mission to China, 1579–1724, Cambridge, Mass., u. a. 2007.

Brook, T.: A Global History of Trade and Conflict since 1500, in: A Global History of Trade and Conflict since 1500, ed. L. Coppolaro, F. McKenzie, London 2013, S. 20–37.

Catz, R.: Fernão Mendes Pinto and His Peregrinação, in: Hispania 74 (1991), S. 501–507.

Clossey, L.: Salvation and Globalization in the Early Jesuit Missions, Cambridge 2008.

Cox, C.; Albala, K.: Opening Up North America, 1497–1800, New York 2005.

Demel, W.: Als Fremde in China: Das Reich der Mitte im Spiegel frühneuzeitlicher europäischer Reiseberichte, München 1992.

Denzer, J.: Die Konquista der Augsburger Welser-Gesellschaft in Südamerika (Schriftenreihe für Unternehmensgeschichte, 15), München 2005.

–: Die Welser in Venezuela. Das Scheitern ihrer wirtschaftlichen Ziele, in: Die Welser, hrsg. v. J. Burkhardt, Berlin 2002, S. 285–319.

Diller, S.: Die Dänen in Indien, Südostasien und China (1620–1845), Wiesbaden 1999.

Exploring Polar Frontiers. A Historical Encyclopedia, hrsg. v. W. J. Mills, 2003.

Fontana, M.: Matteo Ricci. A Jesuit in the Ming Court, Lanham, Maryland, 2011.

Gordon, E. C.: The Fate of Sir Hugh Willoughby and His Companions. A New Conjecture, in: The Geographical Journal 152 (1986), S. 243–247.

Moran, J. F.: The Japanese and the Jesuits. Alessandro Valignano in Sixteenth-Century Japan, London–New York 1993.

Oliveira e Costa, J. P.: A Route under Pressure. Communication between Nagasaki and Macao (1597–1617), in: Bulletin of Portuguese / Japanese Studies, 1 (2000), S. 75–95.

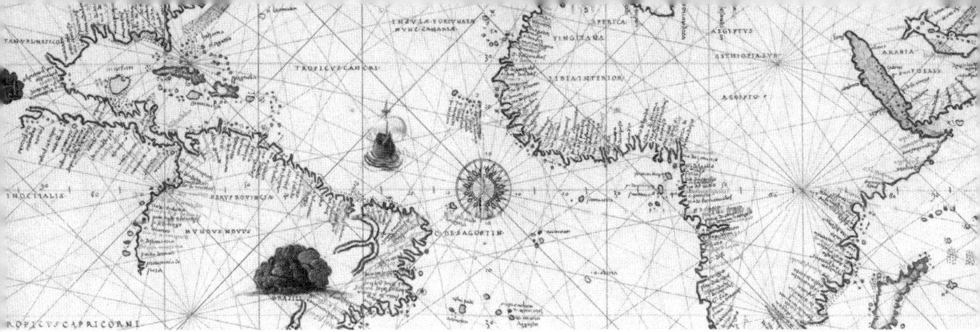

# BILDNACHWEIS

Vorderer Vorsatz: Europa und Nordafrika auf dem Katalanischen Weltatlas von Abraham und Jehuda Cresques (1375), der auch Karten des Nahen und Fernen Ostens umfasst. Die vorliegende Karte zeigt neben einem etwas zu weit nach Osten reichenden Atlasgebirge im westlichen Nordafrika den reichen Sultan von Mali auf seinem Thron, den «Goldfluss», die Kanarischen Inseln und das Schiff des 1346 auf der Suche nach Gold von Mallorca aus aufgebrochenen Jacme Ferrer. © Library of Congress / Science Photo Library

Hinterer Vorsatz: Die Cantino Planisphäre aus dem Jahr 1502 ist die älteste Weltkarte, die die Trennungslinie des Vertrags von Tordesillas (1494) zeigt. Wohl von Spionen in portugiesischen Archiven kopiert, dokumentiert sie die portugiesischen Ansprüche u. a. in Nordamerika und Brasilien. Biblioteca Estense Universitaria, Modena, Italy

Seite 5 und Kapitelanfänge: Ausschnitt aus einer Portolankarte von Battista Agnese, um 1542/52. © akg-images

Seite 24: Aus: Folker Reichert, Die Erfahrung der Welt, Reisen und Kulturbegegnung im späten Mittelalter, Stuttgart 2001, S. 190

Seite 32: © akg-images

Seite 57: © akg-images / De Agostini Picture Library / G. Dagli Orti

Seite 63: © Roland und Sabrina Michaud / akg-images

Seite 70: © akg-images

Seite 82 / 83: © Science Photo Library / akg-images

Seite 98: © akg-images

Seite 113: © akg-images / Album / Oronoz
Seite 114 / 15: © IAM / akg-images
Seite 131: © Library of Congress, Rare Book and Special Collections Division / Science Photo Library
Seite 144: © akg-images / Quint & Lox
Seite 152: © akg-images
Seite 157: © akg-images
Seite 164: © akg-images
Seite 165: © akg-images / De Agostini Picture Library / A. Dagli Orti
Seite 172: © akg-images
Seite 177: Aus: Jean-Baptiste Tavernier, Travels in India, transl. V. Ball, Bd. 2, London 1889, Frontispiece
Seite 201: © akg-images
Seite 204: © akg / Bildarchiv Steffens

Karten S. 12, 28, 68, 154 und 202: © Peter Palm, Berlin

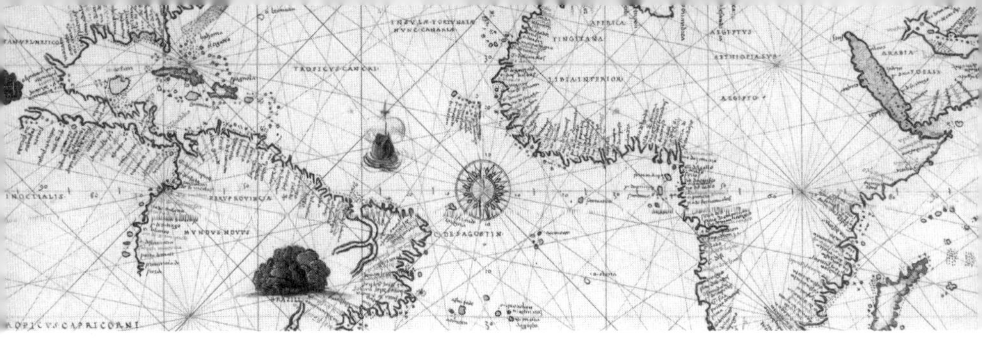

# PERSONEN- UND ORTSREGISTER

Das Register enthält Namen von Personen, Orten und Inseln. Andere geografische Namen wurden nicht aufgenommen.

# AUS DEM VERLAGSPROGRAMM